초보자도 간단히 단숨에 배우는 파이썬

초간단

보자도 단히 숨에 배우는

파이썬

동영상 강의 제공

조인석 지음

터닝포인트

인공지능 프로그래밍과 빅데이터 분석은 현재 뜨거운 관심을 받고 있는 분야이다. 정보기술을 기반으로 하는 전자상거래 업계는 물론 제조, 물류, 의학, 예술 등 다양한 산업군에서 인공지능과 빅데이터 분석 기술이 적용되고 있다. 이러한 흐름은 교육계도 예외가 아니다. 산업계의 변화에 부응하여 대학에서는 전통적인 계열 구분을 파괴하고 이공계와 인문사회계열 간의 융합을 통해 새로운 교육 비전을 제시하고 있다. 어쩌면 이러한 융합화 교육은 우리 사회의 미래를 위해 빠른 시일 내에 정착화 시켜야 할 교육계의 미션일지도 모른다.

이러한 시기에 조인석 저자가 집필하고 터닝포인트 출판사에서 출간한 초간단 파이썬은 매우 귀한 교재라고 하겠다. 잘 알려진 바와 같이 파이썬(Python)은 기계학습, 딥러닝과 같은 인공지능 범주의 소프트웨어 개발에 널리 사용되는 프로그래밍 언어이다. 다른 프로그래밍 언어에 비해서 쉬운 문법과 높은 가독성으로 인해 개발 생산성이 높기 때문이다. 최근 들어 전문 소프트웨어 개발자 외에 인문사회계열의 대학생, 직장인 그리고 중고등학생에 이르기까지 비전공자들 사이에서도 파이썬 프로그래밍 학습에 대한 반응이 뜨겁다.

이 책의 장점은 저자가 십수 년간 산업현장에서 축적한 개발 경험과 노하우를 바탕으로 집필되었다는 것이다. 그래서 이 책은 단순히 프로그래밍 언어를 소개하는 데에 그치지 않고 Numpy, Pandas, 그리고 Matplotlib와 같은 외부 라이브러리를 사용하여 실제 데이터들을 분석하는 방법에 이르기까지 파이썬 프로그래밍에 대한 전반적인 내용을 담고 있다. 다소 그 내용이 광범위한 것이 아닌가 싶겠지만, 그럼에도 불구하고 공학도가 아닌 비전공자들이 접근하기에 전혀 장벽이 느껴지지 않는다.

이 책을 다음과 같은 분들에게 추천한다.

1. 기업에서 마케팅과 세일즈, 재무분석 부문에 종사하고 있는 직장인. 파이썬은 대부분의 기업에서 사용하는 스프레드 시트보다 더 강력한 기능을 제공하고 더 빠른 속도의 데이터 분석 퍼포먼스를 보여줄 것으로 기대된다.

2. 경영학 및 행정학 등 사회과학 분야의 연구자. 사회과학 분야 데이터 처리에 있어서 기존의 통계 처리 결과인 과거와 현재의 현상에 대한 분석을 넘어서 미래에 대한 예측과 문제 해결을 위한 의사결정 분야로 연구의 영역을 확대할 수 있을 것으로 기대된다.

3. 공학도로서의 비전을 갖고 있는 중고등학생. 이 책은 컴퓨터공학이나 데이터사이언스 분야로 진학하려는 학생들에게 파이썬 입문서로서 충분한 가치를 지니고 있다. 중학교 수준의 함수 개념을 알고 있다면 파이썬을 통해 프로그래밍의 세계로 입문하는 길을 보게 될 것이다.

아무쪼록 이 책을 탐독하는 모든 분들이 산업계와 교육계에 불고 있는 융합의 흐름에 부응할 수 있는 인재가 되길 소망한다.

양 재 용 (한양대학교 산업융합학부 겸임교수, Ph.D.)

"파이썬을 배우는데 얼마나 시간이 걸리나요?"

얼마 전 모 업체에서 파이썬 특강을 할 때 받은 질문입니다. 컴퓨터 프로그래밍을 한 번도 해본 적이 없는 직원이 파이썬을 한번 배워보고 싶은데, 학습 시간이 얼마나 걸릴지 궁금했던 모양입니다. 필자는 잠시 질문자가 파이썬 문법을 어느 정도 배워야 할까 고민을 한 다음, 예전 파이썬 강의를 진행한 경험을 빌려 다음과 같이 대답했습니다.

"지금 맡고 있는 업무와 연관된 데이터 분석을 하기 위해 배우는 파이썬 문법은 그렇게 많지 않습니다. 분량은 '하루나 이틀 정도'면 기본 문법을 충분히 익힐 수 있습니다."

그 순간, 믿을 수 없다는 표정으로 필자를 쳐다보던 청중들의 표정이 잊혀지지가 않는군요. 하루 만에 파이썬 프로그래밍을 배울 수 있다니... 술렁이는 분위기를 뒤로 한 채, 필자는 대답을 다시 고쳤습니다.

"물론, 처음 프로그래밍을 하시는 분에게 하루에 프로그래밍을 시작할 수 있다는 것이 말도 안 된다고 생각할 수 있을 것 같습니다. 제 생각에는 여유 있게 일과 이후 시간을 투자한다면, '1~2주 정도면 충분히 시작할 수 있다'고 봅니다."

그날 저녁, 필자는 아래 질문에 대한 답을 깊이 고민해봤습니다.

"정말 컴퓨터 프로그래밍 지식이 전혀 없는 사람이 하루나 이틀, 혹은 2주 만에 파이썬을 배울 수 있을까?"

여전히 필자는 가능하다고 믿고 있고, 이를 증명하기 위해 이 책을 집필하기 시작했습니다.

필자는 이미 파이썬 프로그래밍과 관련된 책을 2권을 집필하였습니다. 하나는 입문에서 시작하여 전문가로 가기 위한 필수적인 정보들을 가득 담은 600페이지가 넘는 초급서이며, 최근에 개정증보판이 나올 만큼 독자 여러분의 많은 관심을 받고 있습니다. 다른 하나는 비전공자 대상 프로그래밍 교재이며, 여러 대학교에 채택되어 활용되고 있습니다. 하지만, 이 책들을 가지고 짧은 시간 내에 전체 내용을 학습하는 것은 불가능해 보였습니다.

파이썬 프로그래밍을 시작하기 위해 필수적으로 알아야 할 기초 내용만을 담고, 실전 프로젝트에서 사용하는 필수적인 기법들을 담은 책을 만들기 위해 이 책의 집필을 시작했습니다. 프로그래밍 기초 지식이 없는 누구라도 2일 동안 8시간씩 혹은 10일 동안 2시간씩 투자하면, 파이썬을 사용한 데이터 분석 프로젝트를 스스로 진행할 수 있게 하는 것이 필자의 목표입니다.

파이썬 프로그래밍에 관심을 가지고 있지만, 선뜻 프로그래밍 공부를 시작하지 못하고 있지는 않은가요? 업무로 바쁘시다면, 필자와 함께 하루 2시간 정도만 투자해 보세요. 본 책으로 2주 안에 파이썬으로 스스로 프로그래밍을 하는 여러분의 모습을 만날 수 있을 것입니다.

조만간 "초보 파이썬 프로그래머"인 여러분을 만나기를 진심으로 바랍니다. 그럼 시작해 볼까요?

2020년 봄이 찾아오는 푸른 광교산 자락에서

조 인 석 드림

P.S : 책을 집필하느라 물심양면으로 도와준 가족들에게 고마움을 전합니다. 영원한 동반자 지희, 이쁜 큰 딸 안나, 씩씩한 둘째 아들 신후 그리고 귀염둥이 막내 우진, 모두 사랑합니다.

설치 버전

본 책은 2019년 7월 8일 공개된 파이썬 3.7.4 기준으로 집필되었으며, 파이썬 3 전체 버전에서 소스 코드를 실행시킬 수 있습니다. 이외에 사용한 써드파티 라이브러리 버전은 아래와 같습니다.

- numpy   1.17.4
- pandas   0.25.3
- matplotlib   3.1.2

운영체제는 윈도우 10 기준입니다.

챕터 구성

모든 장은 아래와 같은 흐름으로 진행합니다.

❶ 각 장의 학습 목표 및 개요 (목차, 주요 용어 정리, 예상 소요 시간)
❷ 개념 및 문법 설명
❸ 소스 코드 예제 및 실행 결과
❹ 전체 장의 학습 내용 정리
❺ 문제 풀이를 통한 학습 내용 최종 점검

추가 장치

아래 몇 가지 장치를 곳곳에 심어두었으니 참고하기 바랍니다.

- **[주의하세요!]** : 반드시 주의해야 하는 내용을 담았습니다. 무심코 넘어가면 많은 시간을 허비할 수 있으니 꼭 읽어 주세요!

- **[참고 사항]** : 내용에 덧붙여서 참고할만한 사항을 명시하였습니다. 참고하세요!

- **[하나 더 알기]** : 다소 난이도가 높은 정보를 제공합니다. 내용이 본인에게 어렵다면, 넘어가도 좋습니다만 좋은 소스 코드 작성을 하기 위해 필요한 내용을 담았으니, 기억해두면 좋습니다.

- **[쉬어 갈까요?]** : 잠시 학습을 멈추고 머리를 식히면서 가볍게 읽을 수 있는 내용을 담았습니다.

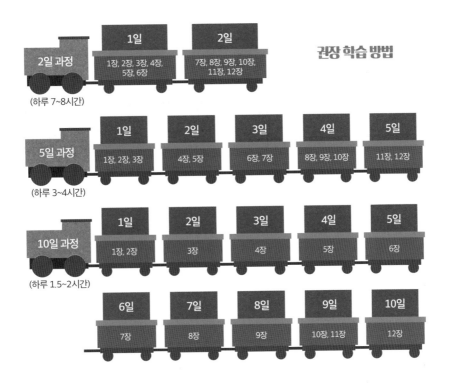

권장 학습 방법

2일 과정 (하루 7~8시간)	1일	2일
	1장, 2장, 3장, 4장, 5장, 6장	7장, 8장, 9장, 10장, 11장, 12장

5일 과정 (하루 3~4시간)	1일	2일	3일	4일	5일
	1장, 2장, 3장	4장, 5장	6장, 7장	8장, 9장, 10장	11장, 12장

10일 과정 (하루 1.5~2시간)	1일	2일	3일	4일	5일
	1장, 2장	3장	4장	5장	6장
	6일	7일	8일	9일	10일
	7장	8장	9장	10장, 11장	12장

동영상 강의와 함께

● http://www.youtube.com/ChoChris

책에서 설명하는 소스 코드 다운로드

● https://github.com/insukcho/chogandan-python

대상 독자

이 책은 아래와 같은 분들을 위해 집필이 되었습니다.

● 프로그래밍 경험이 없는 분

● 프로그래밍을 시작하기 위한 기초 지식만을 가볍게 배워보고 싶은 분

● 엑셀 대신 파이썬으로 데이터 분석 작업을 하고 싶은 현업 담당자

● 서버 인프라 운영 담당자로 업무 자동화에 파이썬을 사용하고 싶은 실무자

목 차

PART 01 | 파이썬 프로그래밍 세계로 초대합니다!

PART 02 | 프로그래밍의 첫 걸음, 함수와 변수

PART 05 | 논리 타입을 if 문과 함께 배워보자

PART 06 | 반복을 하기 위한 while 문과 for 문을 배워보자

PART 09 | 세트와 딕셔너리를 배워보자

PART 10 | 소스 코드 재사용하기

PART 01 | 파이썬 프로그래밍 세계로 초대합니다!

목차

PART 01. 파이썬 프로그래밍 세계로 초대합니다!

○ 프로그래밍 언어의 역할을 이해합니다.

○ 파이썬의 장단점을 살펴 봅니다.

○ 파이썬 프로그래밍 개발 및 실행 환경을 구축합니다.

○ 소스 코딩 도우미, IDLE를 사용할 수 있습니다.

○ 내 생애 첫 소스 코드를 실행해 봅니다.

○ 프로그래밍 언어 : 컴퓨터에게 명령을 하기 위해 필요한 명령어의 집합

○ 인터프리터 : 프로그래밍 언어를 기계어로 바꿔주는 통역자

○ 파이썬 : 프로그래밍 언어 중 하나

○ IDLE(Integrated DeveLopment Environment) : 파이썬 설치시 기본으로
제공되는 소스 코드 편집 도구

○ print() : 텍스트를 화면에 출력하기 위해 사용하는 표준 출력 함수

50분

http://www.youtube.com/ChoChris

프로그래밍 언어, 파이썬

안녕하세요, 여러분!
프로그래밍 세계에 오신 것을 환영합니다.

한 번도 접해보지 못한 낯선 곳이라 처음에는 어색하고 이해하기 어려운 곳이라 생각할 수도 있겠지만, 알고 보면 이 세계가 그리 어렵고 힘든 곳이 아닙니다. 필자가 쥐어 줄 열쇠와 함께 프로그래밍 세계의 문을 열어 봅시다!

그림 1.1 ▶ 프로그래밍 세계에 오신 것을 환영합니다, 여러분!

'프로그래밍'이라는 단어는 현대 사회에서 흔히 접할 수 있는 단어입니다. 우리가 매일 업무와 일상 생활에서 컴퓨터와 스마트폰에서 사용하는 다양한 프로그램을 만드는 행위를 바로 '프로그래밍'이라고 합니다. 프로그래밍은 결국 컴퓨터에게 명령을 하기 위한 명령어들을 나열하는 과정의 연속입니다. 그러한 명령어들의 집합이 바로 '프로그래밍 언어'입니다.

재미있는 예를 들어 보겠습니다. 사람이 사는 나라와 컴퓨터가 사는 나라가 있다고 가정해 봅시다. 사람이 사는 나라에는 사람들이 평상시에 사용하는 언어가 있어야 대화할 수 있습니다. 하지만, 컴퓨터 나라에는 오로지 '0'과 '1'로만 대화를 할 수 있습니다. 사람이 하는 말을 바로 이해할 수가 없습니다. 사람들은 컴퓨터에게 말을 걸고 명령을 하고 싶지만, '0'과 '1'로 이루어진 암호와 같은 문장으로 도저히 말을 할 수가 없었습니다.

이 문제에 마주한 사람들은 컴퓨터와 대화하기 위해 여러 방법을 고민하기 시작합니다. 그래서 탄생한 언어가 바로 '프로그래밍 언어'입니다. 그리고 이 프로그래밍 언어를 컴퓨터의 언어인 '기계어'로 변환해주는 통역관도 필요하게 되었습니다. 프로그래밍 세상에는 크게 두 종류의 통역관이 있는데 그 중에 하나를 '인터프리터(Interpreter)'라고 합니다. '번역기'로 해석할 수 있겠습니다. 보통 프로그래밍 언어는 문법을 구성된 '언어'와 '인터프리터'가 함께 공존합니다.

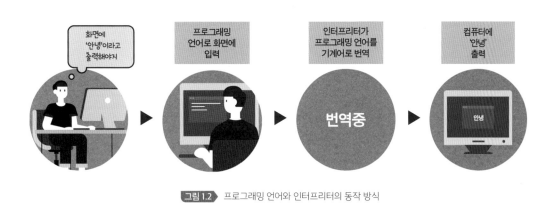

그림 1.2 ▶ 프로그래밍 언어와 인터프리터의 동작 방식

세상에는 굉장히 다양한 프로그래밍 언어가 있지만, 지금까지 널리 사용하고 있는 언어는 C, C++, 자바(Java), 파이썬(Python) 등이 있습니다. 요즘에는 스크래치(Scratch)처럼 어린 친구들이 블록으로 코딩 학습을 쉽게 할 수 있는 언어들도 등장하고 있습니다. 그런데 왜 우리는 많은 프로그래밍 언어 가운데 '파이썬'을 배우려고 하는 걸까요?

가장 큰 이유는 파이썬 프로그래밍 언어가 배우기 쉽기 때문입니다. 다른 언어에 비해서 문법이 간결하며, 반드시 기억해야 하는 내용들이 상대적으로 적습니다. 그러면서도 범용적인 목적으로 사용되고 있기 때문에, 웹/데스크톱 애플리케이션 개발 · 게임 개발 · 서버 운영 및 유지 보수 · 데이터 분석에 이르기까지 넓은 영역에서 다양한 용도로 사용할 수 있습니다. 또한, 다른 프로그래밍 언어와 잘 호환되기 때문에 여러 프로그램들을 서로 이어서 통합하는 상황에서도 탁월합니다.

그림 1.3 파이썬 로고 (출처: https://www.python.org/community/logos/)

이런 여러 이유로, 파이썬은 현재 가장 인기가 많은 프로그래밍 언어이며, 그 위상이 날로 높아지고 있습니다. 파이썬을 프로그래밍 및 컴퓨터 과학을 가르치기 위해 채택하는 대학이 점점 많아지고 있으며, 국내에서 중 · 고등학교 교육 과정에도 채택이 되고 있다고 합니다. 또한, 근래 자주 화자가 되고 있는 인공지능 · 머신러닝 세상에서도 파이썬의 활약은 독보적입니다.

파이썬은 여러분이 처음 프로그래밍을 배우기 위해서 안성맞춤인 셈입니다. 그럼 이제 파이썬 프로그램을 만들고 실행하기 위해 필요한 파이썬을 설치해 보겠습니다.

하나 더 알기

파이썬 개발 커뮤니티와 함께 하세요!

파이썬을 배우면서 꼭 알아야 할 것이 바로 전 세계에 퍼져있는 파이썬 개발자 커뮤니티이에요. 많은 파이썬 개발자가 커뮤니티의 즐거움 때문에 파이썬에 빠져들었다고 해도 과언이 아닙니다. 매년 전 세계 곳곳에서 파이콘(PyCon)이라 불리는 파이썬 개발자 컨퍼런스가 개최되고 있고, 국내에도 매년 큰 규모로 열리고 있습니다. 파이썬을 활용한 데이터 분석가들이 모이는 파이데이터(PyData)도 국내에서 활동을 시작했습니다. 각 커뮤니티는 페이스북 그룹을 통해서 만날 수가 있습니다.

● PyCon Korea : https://www.facebook.com/groups/pythonkorea/

그림 1.4 파이썬 개발자 컨퍼런스 PyCon Korea행사 모습

파이썬 설치하기

파이썬 프로그래밍 언어를 작성하고 실행하기 위해서는 번역기를 포함하고 있는 파이썬 개발 및 실행 환경을 컴퓨터에 설치해야 합니다. 아래 주소를 웹 브라우저의 주소창에 입력해보세요.

https://www.python.org/downloads/

화면 좌측 중간에 위치한 노란색 버튼, [Download Python 3.7.4]를 〈클릭〉하고 파일을 다운 로드합니다.

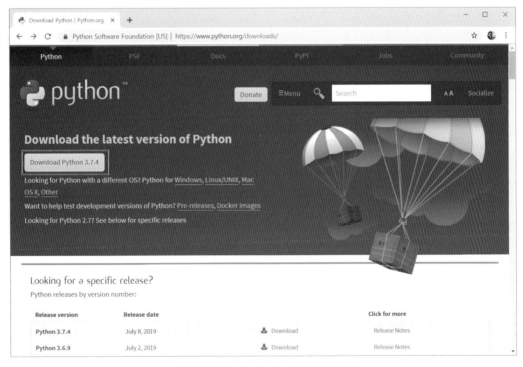

그림 1.5 [Download Python 3.7.4] 버튼 클릭

 주의하세요!　　　다운로드할 파일 버전은 반드시 파이썬 3 버전이어야 합니다.

책 집필 시점 파이썬 최신 버전은 3.7.4입니다. 여러분이 다운로드하는 시점에는 더 높은 버전이 보일 것입니다. 그렇다고 당황할 필요는 없습니다. 이 책의 모든 소스 코드는 파이썬 3으로 시작되는 버전(3.X.X)에서 실행됩니다. 숫자 2로 시작하는 파이썬 2에 서는 실행이 되지 않으니 주의하세요!

필자와 정확하게 같은 버전을 설치하려면, "https://www.python.org/downloads/release/python-374/"를 방문하세요. 아래쪽으로 [스크롤 다운] 하면, "Files" 섹션이 나오면서 여러 파일 링크가 있는 테이블이 보일 것입니다. 본 책은 윈도우 10 기준으로 작성하였고, 64비트 운영체제를 사용하고 있으니, 아래와 같이 "Windows x86-64 executable installer" 파일을 다운로드 하겠습니다. 해당 링크를 클릭해보세요!

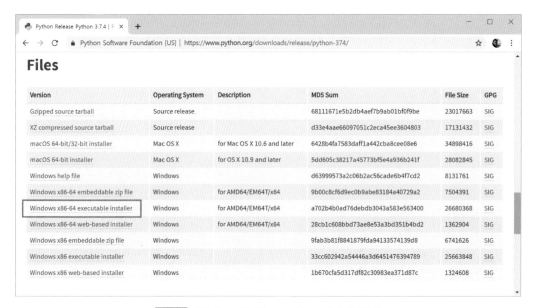

그림 1.6 [Windows x86-64 executable installer] 링크 클릭

───────── 윈도우 버전과 32비트/64비트에 따른 설치 파일 ─────────

여러분이 사용하는 윈도우 버전이 필자의 버전과 일치하지 않는다고 해서 파이썬을 설치하지 못하는 것은 아닙니다. 윈도우 7, 8 사용자는 같은 파일을 다운로드 받으면 됩니다. 혹시 64비트가 아닌 32비트 운영체제를 사용하고 있다면, 설치 파일에 '64' 숫자가 없는 "Windows x86 executable installer"를 다운로드 하세요 나머지 설치 과정은 동일합니다!

파이썬 설치 파일이 다운로드 되는 것을 확인할 수 있습니다. 필자의 노트북에는 "python-3.7.4-amd64.exe" 파일이 다운로드 되었습니다. 만약, 여러분이 다른 버전의 파일을 다운로드 받았다면, 파일 이름의 버전 번호가 다를 것입니다. 해당 파일을 [더블 클릭]하여 설치 과정을 시작합니다.

설치 과정은 아래 내용을 참고하세요!

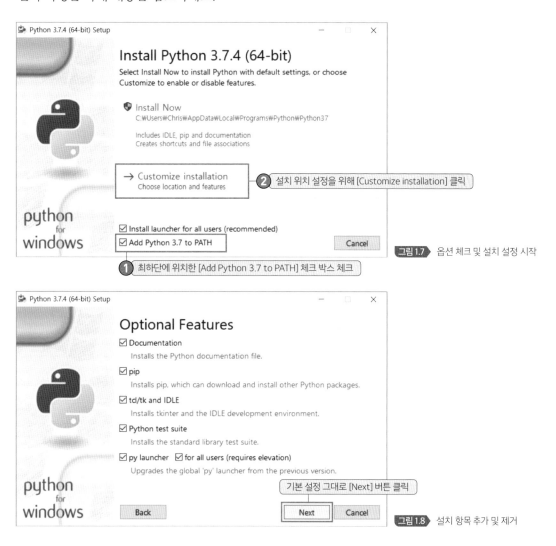

그림 1.7 ▶ 옵션 체크 및 설치 설정 시작

그림 1.8 ▶ 설치 항목 추가 및 제거

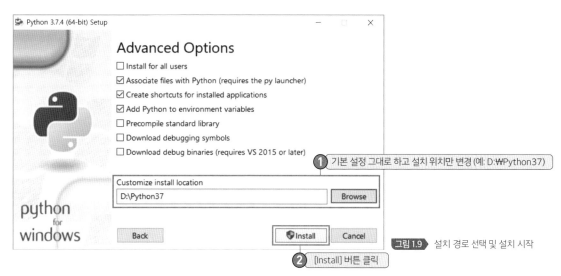

그림 1.9 ▶ 설치 경로 선택 및 설치 시작

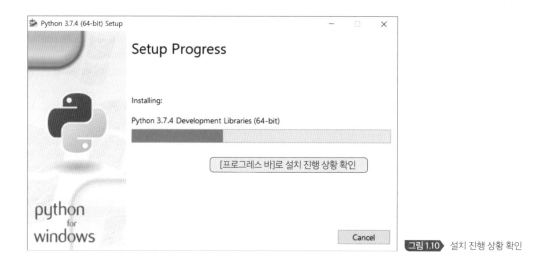

그림 1.10 설치 진행 상황 확인

그림 1.11 설치 종료

그럼 이제 설치가 잘 되었는지 확인해 보겠습니다.

LESSON 03

IDLE에 처음 실행해보는 소스 코드, print()

[파일 탐색기]를 열어서 설치 과정에 설정했던 설치 경로로 이동해 봅시다. 'python.exe'와 같이 파이썬을 실행하기 위한 실행 파일과 여러 폴더들이 보이면, 설치가 잘 진행된 겁니다.

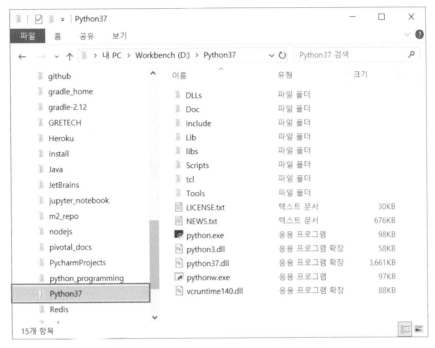

그림 1.12 ▶ 파이썬 설치 경로 확인하기 (D:₩Python37)

소스 코드 작성을 하려면, 소스 코드를 작성하고 쉽게 실행할 수 있는 '편집기'가 필요합니다. 전문 프로그래머라면 선호하는 소스 코드 편집기가 있게 마련인데 파이썬 프로그래밍을 처음 배우는 상황이라면, 파이썬 설치시 기본으로 설치되는 [IDLE]가 좋습니다. [IDLE]는 Integrated DeveLopment Environment의 약자입니다. '프로그래밍을 쉽게 하기 위한 소프트웨어 개발 환경을 통합하여 제공하는 도구'라고 할 수 있습니다.

[IDLE]는 파이썬을 설치한 사람이면 누구든 실행할 수 있습니다. 그럼 아래를 참고하여 한 번 실행해 보도록 하겠습니다.

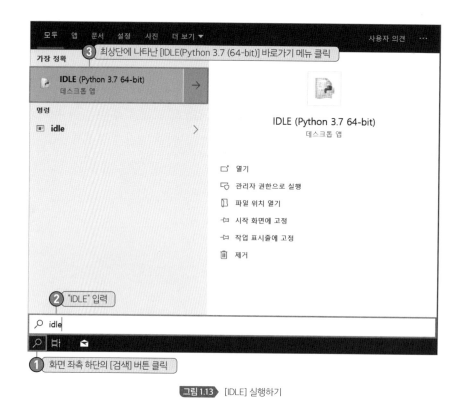

그림 1.13 [IDLE] 실행하기

정상 실행이 되면 아래와 같은 단순한 텍스트 편집기와 같은 도구가 나타납니다.

첫 번째 줄에는 여러분이 설치한 파이썬 버전인 "Python 3.7.4"이 출력되어서 버전을 쉽게 확인할 수 있습니다. 맨 아래쪽에 ">>>" 우측에 깜빡이고 있는 검은색 커서가 보입니다. 이 커서가 바로 여러분이 입력할 소스 코드를 기다리고 있는 상태를 말합니다. 그리고 우측 하단에는 글자를 입력하는 커서의 위치가 몇 번째 라인에 몇 번째 칸에 있는지 표시해주는 숫자가 보입니다.

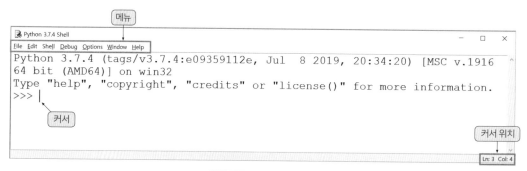

그림 1.14 IDLE 실행 화면

이제 아래 소스 코드를 입력할 겁니다. ">>>" 우측에 있는 문장을 차근차근 써보세요. 소괄호((,))나 홑따옴표(')가 누락되지 않도록 조심해야 합니다. 입력이 끝났으면, 〈Enter〉 키를 눌러 봅시다.

```
>>> print('Hello').⏎
```

조금 전 입력한 소스 코드는 컴퓨터에게 아래와 같이 작업 지시를 내린 명령문입니다.

'Hello'를 출력해줘.

소스 코드에는 파이썬이 기본으로 내장하고 있는 함수 중 표준 출력을 담당하고 있는 "print" 함수를 사용하고 있습니다. 여기서 말하는 '함수'에 대한 설명은 천천히 하겠습니다.

그럼 소스 코드 실행 결과를 한번 살펴 보겠습니다.

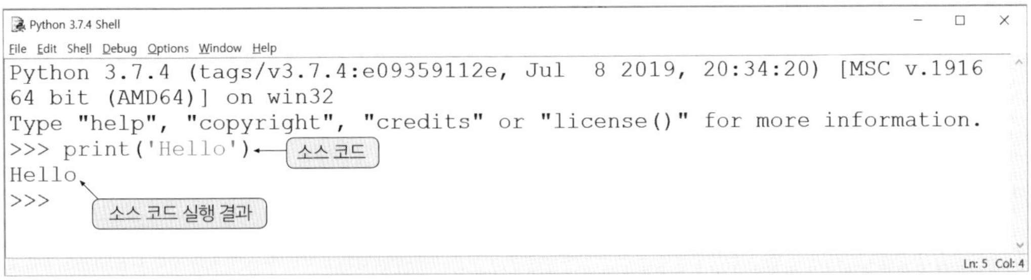

그림 1.15 ▶ 첫 소스 코드 입력 및 실행 결과

〈Enter〉 키를 눌러보니, 입력한 소스 코드 바로 아래 줄에 'Hello'가 출력되고 나서, '>>>'와 커서가 보이기 시작합니다. 이 'Hello'가 바로 여러분이 컴퓨터에게 작업을 지시하여 실행된 결과입니다.

이제 앞으로 소스 코드 예시를 볼 때 '>>>' 표시가 있다면, 파이썬 소스 코드를 입력하는 곳이라는 의미이니, 기억해두세요!

IDLE의 편리한 기능

앞 절에서 소스 코드를 타이핑할 때 무언가 잠시 나타난 것을 보셨나요? 눈치채신 분들도 있을 것 같습니다. 이번에는 [IDLE]에 같은 소스 코드를 'print('까지만 작성한 다음 잠시 기다려 보세요. 아래와 같이 소스 코드 작성에 도움을 주는 노란색 툴팁(Tool Tip)이 등장할 것입니다. 이 툴팁은 print() 함수의 인수가 어떤 것이 들어가야 하는지 알려주는 조언자입니다.

```
Python 3.7.4 Shell*                                              —   □   ×
File Edit Shell Debug Options Window Help
Python 3.7.4 (tags/v3.7.4:e09359112e, Jul  8 2019, 20:34:20) [MSC v.1916
64 bit (AMD64)] on win32
Type "help", "copyright", "credits" or "license()" for more information.
>>> print('Hello')
Hello
>>> print(
         print(value, ..., sep=' ', end='\n', file=sys.stdout, flush=False)
                                                                  Ln: 5  Col: 10
```

그림 1.16 print 함수의 툴팁 예시

혹시 [IDLE] 창 상단의 제목이 경우에 따라서 변하고 있다는 것을 눈치 채셨나요? 위 [그림 1.16]과 [그림1.18]의 창 제목을 한 번 살펴 보세요. [그림1.16]은 'Python 3.7.4 Shell'이 보이는 반면에, [그림1.18]은 이 제목 양쪽에 별표 기호(*)가 보입니다. 이는 현재 소스 코드가 작성 중이라는 의미에요. 소스 코드 작성이 끝나서 〈Enter〉 키를 누르면, 별표 기호는 사라집니다.

한 가지 더 짚고 넘어가고 싶은 부분이 있습니다. 소스 코드를 끝까지 작성한 다음, 〈Enter〉 키를 누르기 전에 화면을 잠시 주시해봅시다. 아래와 같이 소괄호의 시작(( )과 끝( )) 부분에 회색 음영이 잠시 나타나는 것을 볼 수 있습니다.

이 기능은 print() 함수 인수를 넣기 위한 소괄호의 시작과 끝이 빠짐없이 잘 작성되었다는 것을 알려줍니다.

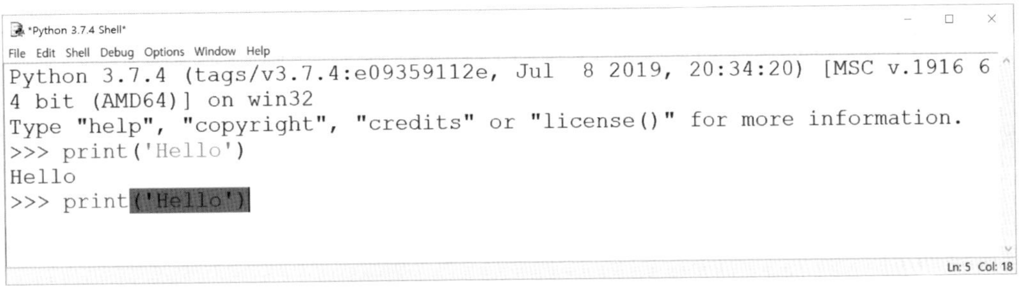

그림 1.17 괄호 시작과 끝을 표기하는 회색 음영

마지막으로 한글도 한번 써보겠습니다.

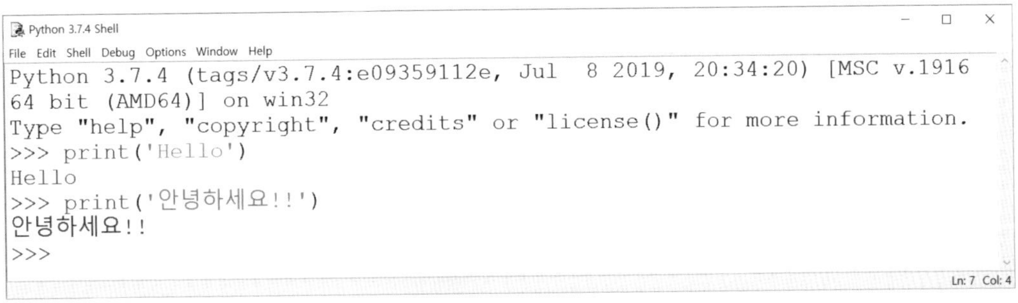

그림 1.18 한글 사용 예시

지금까지 살펴 본 기능 몇 가지를 보더라도, [IDLE]가 프로그래머의 삶을 얼마나 많이 도와주는지 조금이나마 느껴보셨나요?

정리해 볼까요?
★★★

파이썬을 설치하고, 여러분 생애 첫 소스 코드를 실행하는 과정이 어땠나요? 생각보다 너무 쉽지는 않았나요? 물론, 프로그래밍의 과정과 결과물이 항상 이렇게 단순할 수는 없습니다. 하지만, 앞으로 배울 내용을 위한 초석이니, 잘 기억하시길 바랍니다.

이번 파트에서 배운 내용은 다음과 같습니다.

✖   프로그래밍 언어의 역할과 파이썬의 인기

✖   파이썬 설치 및 확인

✖   내 생애 첫 소스 코드 실행

✖   [IDLE] 실행 및 사용법 확인

이제 파이썬 프로그래밍을 배울 준비가 끝난것 같군요. 그럼 다음 파트로 넘어가 보겠습니다.

1. 아래는 프로그래밍 언어에 대한 설명입니다. 빈 칸에 들어가는 한 가지 단어는 무엇인가요?

> 프로그래밍은 결국 컴퓨터에게 명령을 하기 위한 _____들을 나열하는 과정의 연속입니다.
> 그러한 _____들의 집합이 바로 '프로그래밍 언어'입니다.

2. 다음 항목 중 파이썬의 특징으로 옳지 않은 것을 고르세요.

    a. 파이썬은 쉽게 배울 수 있는 프로그래밍 언어이다.

    b. 파이썬은 다른 프로그래밍 언어와 호환이 잘 된다.

    c. 파이썬으로 웹 프로그래밍을 할 수 없다.

    d. 파이썬은 데이터 분석에서 널리 사용된다.

3. 파이썬을 설치하면 소스 코드 편집을 위한 도구를 제공합니다. 한글로 '통합 개발 환경'이라는
의미의 도구 이름은 무엇인가요? (영문 4글자)

4. 아래 빈 칸을 채워서 'Hello'를 출력하는 소스 코드를 작성해보세요.

```
>>> _____ ( '_____' )
```

5. 여러분의 이름을 출력하는 소스 코드를 작성해 보세요.

```
>>> _____
```

6. 다음과 같이 홑따옴표 하나를 실수로 누락하면, 무슨 일이 발생하는지 선택하세요.

```
>>> print('파이썬)
```

    a. '파이썬'이 그대로 출력된다.

    b. 구문 에러(SyntaxError)가 발생한다.

    c. 오타가 발생했다고 알려준다.

7. "Hello"를 출력하려고 하였으나, 아래와 같이 실수로 "Helo"로 오타를 입력했다고 가정해봅시다. 무슨 일이 발생하는지 선택하세요.

```
>>> print('Helo')
```

    a. 'Helo'가 그대로 출력된다.

    b. 구문 에러(SyntaxError)가 발생한다.

    c. 오타가 발생했다고 알려준다.

PART 02 | 프로그래밍의 첫 걸음, 함수와 변수

목차

**학습
목표**

- 함수와 변수의 개념을 이해합니다.
- 문자열을 입력하거나 출력할 수 있습니다.
- [IDLE]로 파이썬 파일을 만들어서 실행할 수 있습니다.

**주요
용어**

- 함수 : 미리 약속한 작업을 수행하는 장치
- 변수 : 데이터를 쉽게 찾아 주는 꼬리표
- input() : 표준 입력 함수

**학습
시간**

50분

**동영상
강의**

http://www.youtube.com/ChoChris

함수의 개념

이번 파트는 프로그래밍 언어에서 필수적으로 사용하는 '함수'와 '변수'에 대해서 알아보도록 합시다. '함수'와 '변수'라는 용어는 익숙하죠? 학창 시절 수학 시간에 흔하게 접한 용어들입니다. 이 개념은 수학의 그것과 크게 다르지 않습니다.

필자의 집에는 캡슐을 넣어서 커피를 만드는 커피 머신이 있습니다. 캡슐의 종류에 따라서 다른 종류의 커피를 즐길 수 있습니다. 커피 머신에 삽입되는 캡슐에 따라서 다양한 커피를 만들어내는 이 과정을 함수와 비교해 보겠습니다.

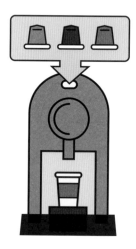

그림 2.1 캡슐에 따라 다양한 커피를 만드는 커피 머신

아래 공식은 우리가 수학 시간에 흔히 접하는 공식입니다. 커피 머신으로 따지면 x는 캡슐, f() 는 커피 머신 그리고 y는 만들어진 커피를 의미합니다.

```
y = f(x)
```

이를 도식으로 표현하면 아래와 같습니다.

커피 머신에서 넣을 수 있는 캡슐은 제한이 있겠지만, 수학 공식에서는 x 값이 무엇이 되든 상관 없습니다. 그래서 x를 '변수'라고 표현하죠. 변할 수 있는 숫자라는 의미입니다.

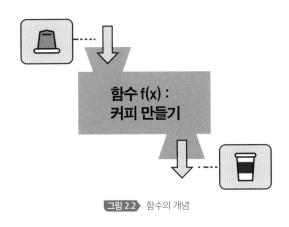

그림 2.2 함수의 개념

프로그래밍을 하는 사람의 언어로 이 함수를 정의하면 아래와 같습니다.

\<정의\>

> 함수 *f*는 변수 *x*를 인수(*argument*)로 받아서 값을 반환(*return*)하며,
> 이 반환값(*return value*)을 변수 *y*에 대입한다.

조금 어렵나요? 하지만 개념은 수학에서 배운 것과 크게 다르지 않습니다. 결국, 함수는 인수를 받아서 미리 약속한 작업을 수행한 뒤 값을 반환해주는 장치라고 볼 수 있습니다. 이러한 함수는 경우에 따라 인수나 반환값이 없거나, 여러 개 있을 수도 있습니다.

반환값이 없는 표준 출력 함수, print()와 변수

다음 소스 코드는 'print' 함수에 'Hello' 값을 집어 넣어서, 화면에 그 값을 출력한 예시입니다. 'Hello'와 같이 함수에 입력되는 것을 프로그래밍 세계에서는 인수라고 부릅니다. 'print 함수' 는 화면에 출력만 하면 되기 때문에, 굳이 특정 값을 반환하지 않아도 됩니다.

```
🐍 Python 3.7.4 Shell                              —    □    ×
File  Edit  Shell  Debug  Options  Window  Help
>>> print('Hello')
Hello
>>>
                                                    Ln: 12  Col: 4
```

그림 2.3 반환값이 없는 함수, print() 사용 예시

이번에는 변수를 한 번 사용해 보겠습니다. 다음 소스 코드를 실행해 봅시다.

❶ 줄에서 사용한 'x'가 바로 '변수'입니다. '변수 x'에 'Hello' 문자열을 '대입'한 경우입니다. 여 기서 '=' 기호는 프로그래밍 세계에서 어떤 값을 변수에 '대입'할 때 사용합니다. 오른쪽에 있는 값을 왼쪽 변수에 대입하는 것입니다. 이렇게 하면, 값을 찾기 위해서 이 변수 이름만 기억하면 됩니다.

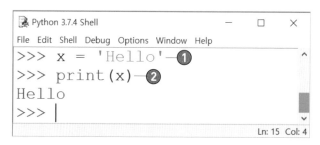

그림 2.4 print() 함수에 변수로 값을 전달한 예시

이렇듯, 데이터를 쉽게 찾아주는 것, 이게 바로 '변수'의 주요 역할입니다.

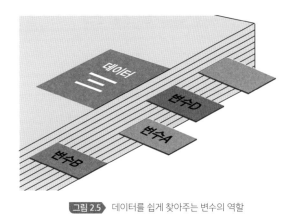

그림 2.5 데이터를 쉽게 찾아주는 변수의 역할

이렇게 저장한 값은 ❷ 줄에서 print 함수에 인수로 입력되고 있습니다. 괄호 안에 'x'가 보이죠? 이처럼 변수는 값이 저장된 장소를 가리키면서, 다른 함수로 해당 값을 전달하는 용도로 사용됩니다. 프로그래밍할 때 없어서는 안되는 존재입니다. 그럼 print 함수의 동작 방식을 도식으로 확인해보겠습니다.

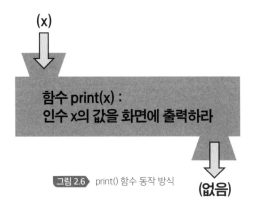

그림 2.6 print() 함수 동작 방식

그럼 이번에는 반환값이 있는 함수 이야기를 해보겠습니다.

LESSON 03 반환값이 있는 표준 입력 함수, input()과 변수 활용

지금까지 사용했던 print() 함수는 인수로 받은 값을 화면에 출력하는 '표준 출력 함수'이었습니다. 그렇다면, 사용자에게 값을 입력받는 '표준 입력 함수'도 있겠죠? 그 함수가 바로 input() 함수입니다. 이 함수는 아래와 같이 동작합니다.

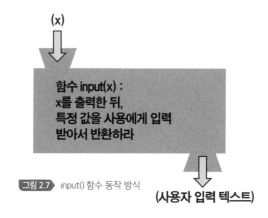

그림 2.7 input() 함수 동작 방식

이렇게 도식으로만 보면 이해하기가 쉽지 않을 수 있습니다. 소스 코드를 일단 실행해 보면 이해하기가 훨씬 쉽습니다. 다음 소스 코드를 실행해 봅시다.

그림 2.8 input() 함수 사용하기

❶ 줄에 보면, '변수 name'으로 소스 코드가 시작되고 있습니다. '변수 name'에 값을 대입하기 위한 '=' 이후에 input() 함수가 등장합니다. 〈Enter〉 키를 눌러보니, input() 함수의 인수로 받은 텍스트를 출력한 뒤, 끝부분에 커서가 깜빡이는 것(❷)을 확인할 수 있습니다. 이 커서가 바로, 여러분의 입력을 받으려고 대기하고 있는 것입니다.

원하는 값을 입력하고 〈Enter〉 키를 누르면, 그 값이 '변수 name'에 대입될 것입니다. 사용자가 입력한 데이터를 저장하는 셈이죠. 여러분 이름을 넣고 〈Enter〉 키를 눌러봅시다.

input() 함수를 사용하여 사용자에게 입력 받은 텍스트가 반환되어 'name' 변수에 대입되었고, 이 'name' 변수는 다른 함수인 print() 함수의 인수가 되어서 값을 전달하고 있습니다.

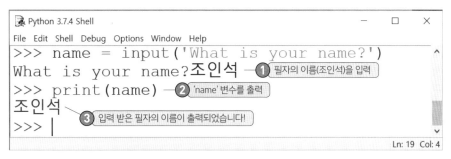

그림 2.9 input() 함수로 입력 받은 값 print() 함수로 출력하기

이렇듯, 변수는 서로 다른 함수간에 값을 전달하는 용도로도 빈번히 사용되고 있습니다.

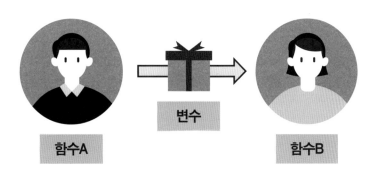

그림 2.10 함수 간에 값을 전달하는 변수

이제 함수와 변수의 개념과 역할이 이해가 되죠? 잘 이해가 되지 않는다면, 다시 한번 앞 내용을 차근차근 읽어 보세요. 단순한 개념이지만 앞으로 프로그래밍을 하기 위해서 반드시 이해해야 하기 때문입니다.

좋은 변수 이름이란?

변수의 이름은 짓는데는 몇 가지 규칙이 있습니다.
아래 규칙을 지키지 않으면 변수를 생성할 수가 없습니다.

---

1. 첫 글자는 반드시 영문 대소문자 혹은 언더바(_)로 시작한다.

2. 나머지 글자는 영문자, 숫자 혹은 언더바(_)로 이루어진다. 언더바를 제외한 특수기호는 사용하지 못한다.

3. 대소문자를 구분한다. 'name'과 'nAme'은 다른 변수다.

4. 길이에 대한 제약이 없지만 짧을 수록 좋다. 일반적으로 79자가 넘으면 너무 길다고 볼 수 있다.

5. 아래 문자들은 이미 파이썬이 다른 용도로 사용하고 있기 때문에 변수명으로 사용할 수 없다. 이런 단어들을
   보통 '예약어(reserved words)'라고 부른다.

```
False      await      else       import     pass
None       break      except     in         raise
True       class      finally    is         return
and        continue   for        lambda     try
as         def        from       nonlocal   while
assert     del        global     not        with
async      elif       if         or         yield
```

위 규칙을 지켰다고 무조건 좋은 변수 이름은 아닙니다. 가령, 이번 파트에서 사용한 'name'이라
는 변수 이름은 회원 이름을 담기 위해서 충분한 의미를 담고 있는 변수 이름으로 볼 수 있습니다.
하지만, 'n'과 같은 약자로 변수 이름을 썼다면 어떻게 되었을까요? 이 변수가 'name'인지
'number'인지 전혀 알 길이 없습니다.

함축적이고 포괄적인 의미를 담고 있는 단어보다는 정확하게 담고자하는 데이터를 유추할 수 있
는 변수 이름이 좋은 변수 이름이라고 할 수 있습니다.

함수와 변수를 활용한 첫 프로그램

여러분이 어떤 웹 사이트에 회원 가입을 한다고 가정해 보겠습니다. 그럼 회원 가입을 하기 위해서 여러 정보를 입력해야겠죠? 간단하게 가입 대상자의 이름, 아이디, 이메일 주소를 입력하여 3가지 정보를 출력하는 프로그램을 한번 작성해 봅시다.

회원 정보 입력 양식

이름

ID

이메일

그림 2.11 회원 정보 입력 프로그램 예시

위 프로그램이 동작하기 위해서는 사용자에게 각 정보를 입력 받아서 출력하여 확인하는 과정이 필요합니다. 단순하게 정보를 입력하고 출력하는 부분만 구현해 보겠습니다. 아래 스탭의 소스 코드를 하나씩 [IDLE]에서 작성하여 실행해 봅시다.

첫 번째 줄 '>>>' 우측에 소스 코드를 입력하여 〈Enter〉를 누르면, 이름을 입력받기 위한 커서가 보일 것입니다. 본인 이름을 입력하여 〈Enter〉 키를 누르세요!

```
>>> name = input('What is your name? ')
What is your name? 조인석
>>>
```

그림 2.12 이름 입력 받기 소스 코드 실행 및 이름 입력

'변수 name'에 제 이름(조인석)이 입력되었습니다. 같은 방식으로 ID도 입력 받아 보겠습니다. 아래 박스 안에 있는 부분이 추가된 소스 코드 및 실행 결과입니다.

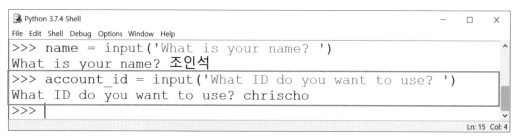

그림 2.13 ID 입력 받기 소스 코드 실행 및 ID 입력

저는 'chrischo'라는 ID를 'account_id' 변수에 넣어 보았습니다. 마지막으로 이메일 주소도 넣어 보겠습니다.

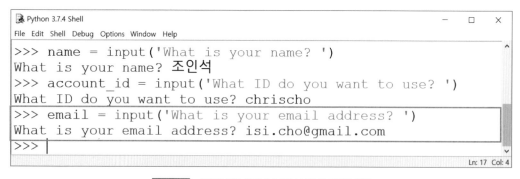

그림 2.14 이메일 입력 받기 소스 코드 실행 및 이메일 입력

좋습니다. 이제 3가지 정보를 3개 변수에 각각 넣었군요! 이제 그 내용을 출력해봅시다. 표준 출력 함수인 print() 함수에 인수를 2개씩 집어 넣어서, 입력 받은 값을 하나씩 차례대로 출력해 봅시다.

```
Python 3.7.4 Shell                                          —    □    ×
File  Edit  Shell  Debug  Options  Window  Help
>>> name = input('What is your name? ')
What is your name? 조인석
>>> account_id = input('What ID do you want to use? ')
What ID do you want to use? chrischo
>>> email = input('What is your email address? ')
What is your email address? isi.cho@gmail.com
>>> print('Name:', name)
Name: 조인석
>>> print('ID:', account_id)
ID: chrischo
>>> print('Email:', email)
Email: isi.cho@gmail.com
>>>
                                                          Ln: 40  Col: 4
```

그림 2.15 3개의 변수 값 출력하기

정리하자면, 3개의 변수를 만들어서, 하나씩 값을 입력받은 다음, 다시 하나씩 출력하는 아주 간단한 소스 코드입니다. 표준 출력 함수 print() 함수에 인수를 2개 넣으니, 값이 한 줄로 출력됩니다. 이는 print() 함수의 특별한 기능입니다. 값을 여러 개 인수에 넣을 수 있고, 이는 모두 한 줄에 차례대로 출력이 됩니다. 여기서, 함수의 인수가 여러 개 될 수 있다는 것도 알 수 있습니다.

그런데 만약, 변수의 이름을 제대로 입력하지 않으면 어떻게 될까요? 소문자와 대문자를 잘못 입력하여 문제가 생기는 경우는 매우 흔한 일입니다. 다음 절에서 변수를 잘못 사용한 결과를 확인해 보겠습니다.

06 철자에 민감한
파이썬 변수와 에러 메시지

변수 이름은 철자에 무척 민감합니다. 심지어, 대소문자도 구분하고 있습니다. 아래 예시는 '변수 email'의 값을 출력하려고 하는데, '변수 email'의 첫 글자를 대문자(Email)로 입력한 경우입니다. 함께 실행해 보겠습니다.

```
🐍 Python 3.7.4 Shell                                    —    □    ✕
File  Edit  Shell  Debug  Options  Window  Help
>>> print(Email)
Traceback (most recent call last):—①
  File "<pyshell#20>", line 1, in <module>—②
    print(Email)—③
NameError: name 'Email' is not defined—④
>>>
                                              Ln: 45  Col: 4
```

그림 2.16 ▶ 변수 이름을 잘못 입력한 예시

원하던 내용이 아닌, 에러 메시지가 출력되는 것을 확인할 수 있습니다. 에러 메시지를 풀이해 보겠습니다.

① Traceback은 '역추적'이라는 뜻으로, 에러가 난 경우에 거꾸로 소스 코드를 추적하는 개념을 뜻합니다. 어디에서 에러가 났는지 추적해 주겠다는 의미입니다.

② 에러가 난 위치를 알려주고 있습니다. 지금 발생한 에러는 한 줄로 작성된 소스 코드이기 때문에, 'line 1'로 위치가 보이고 있군요. 다른 정보 역시 에러 발생 위치를 추적하는데 도움이 되는 정보이지만 당분간은 크게 신경쓰지 않아도 되겠습니다.

③ 에러가 난 소스 코드를 그대로 출력합니다.

④ 가장 중요한 에러 메시지입니다. 한글로 번역하면 아래와 같습니다.
"이름 에러: 'Email' 이름은 정의되지 않았습니다"

이렇듯, 변수 이름을 잘못 입력하는 경우 에러가 발생할 수 있으니 주의하기 바랍니다. 그리고 실수로 오타가 발생했다 하더라도, 에러 메시지를 잘 읽어보면 그 원인을 파악할 수 있으니 참고하기 바랍니다.

LESSON
07
파이썬 파일 만들어서 실행하기

지금처럼 소스 코드를 작성하여 한줄씩 실행하여 결과를 확인하는 방식을 "상호 작용 (Interactive, 인터렉티브)" 방식이라고 말합니다.

우리는 소스 코드를 마치 하나의 문서처럼 작성하여 저장하고, 실행할 수 있는 방법이 필요합니다. 한번 알아 보겠습니다.

[IDLE] 상단에 보면 메뉴가 보입니다. 신규 파이썬 파일을 만들기 위해서, 아래와 같이 메뉴의 [File] – [New File]를 클릭하거나, 〈Ctrl〉 키와 〈N〉 키를 동시에 눌러 봅시다.

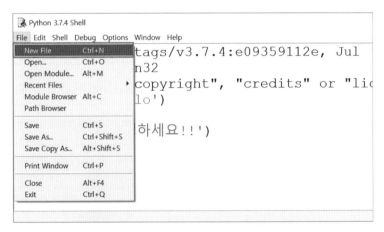

그림 2.17 신규 파이썬 파일 만들기 (<Ctrl> + <N> 키 누르기)

그럼 아래와 같이, 윈도우 메모장 앱과 비슷하게 생긴 창이 뜹니다. 조금 전에 보았던 [IDLE] 메인 창에서 보이던 글자나 '>>>'와 같은 문장 없이 첫 번째 줄, 첫 번째 칸에 커서가 깜빡거리는 것을 확인할 수 있습니다. 이 커서가 여러분이 작성할 소스 코드를 기다리고 있습니다.

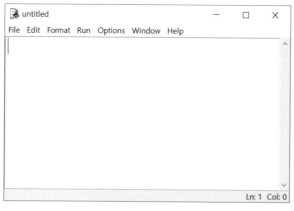

그림 2.18 IDLE 새 파일 열기

아래와 같이 앞에서 한줄씩 작성하여 실행하던 소스 코드를 전부 넣어 봅시다.

```python
name = input('What is your name? ')
account_id = input('What ID do you want to use? ')
email = input('What is your email address? ')
print('Name: ', name)
print('ID: ', account_id)
print('Email: ', email)
```

그림 2.19 소스 코드 여러 줄 한 번에 입력하기

창 위쪽에 위치한 창 제목을 보면 "*untitled*"라는 문구가 보입니다. 양쪽에 별표 기호(*)가 있다는 것은 현재 이 창에 작성한 내용이 저장되어 있지 않고 '작성 중'이라는 표시입니다.

아래와 같이 상단 메뉴의 [File] – [Save]를 클릭하거나, ⟨Ctrl⟩ 키와 ⟨S⟩ 키를 동시에 눌러서 파일을 저장합니다. (알파벳 'S'는 'Save'를 의미합니다.)

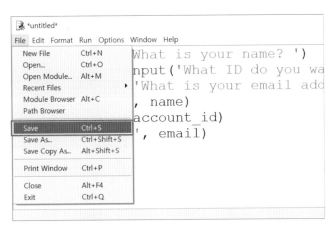

그림 2.20 새 파일 저장하기 (<Ctrl>+<S> 키 누르기)

필자는 편의상 파이썬 소스 코드를 저장하기 위한 폴더를 'D:\python_programming'에 만들고, 이번 절의 번호(2-7)를 파일 이름으로 하여 '2-7.py'로 정하였습니다. 참고로, 이름 끝에 붙이는 '.py'는 파일 형식을 타나태는 확장자로, 입력하지 않으면 자동으로 입력됩니다.

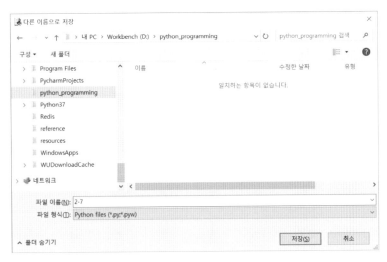

그림 2.21 파일 이름 정하기 (D:\python_programming\2-7.py)

잘 저장되었으면, 아래와 같이 창 제목이 '*untitled*'에서 파일 이름과 파일 경로로 변경된 것을 확인할 수 있습니다. 변경 내용은 [파일 이름] – [파일 위치] (파이썬 버전) 형식으로 보입니다.

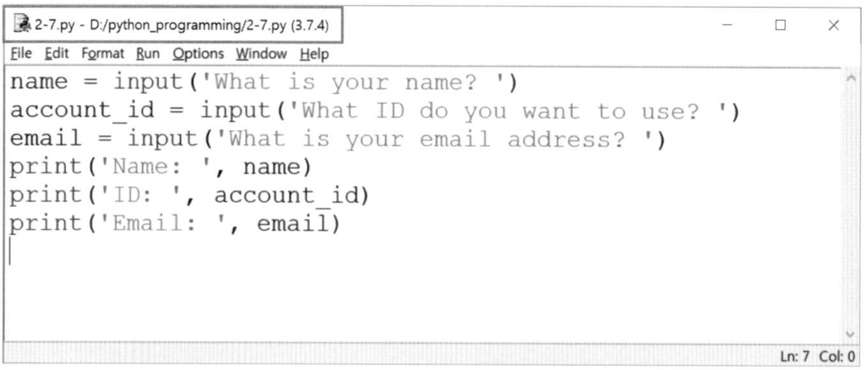

그림 2.22 창 제목 변경사항 확인하기 (2-7.py - D:₩python_programming₩2-7.py (3.7.4))

자, 그럼 이 파이썬 파일을 실행할 차례입니다. 창 상단 메뉴의 [Run] – [Run Module]을 클릭하거나, 〈F5〉 키를 누릅니다.

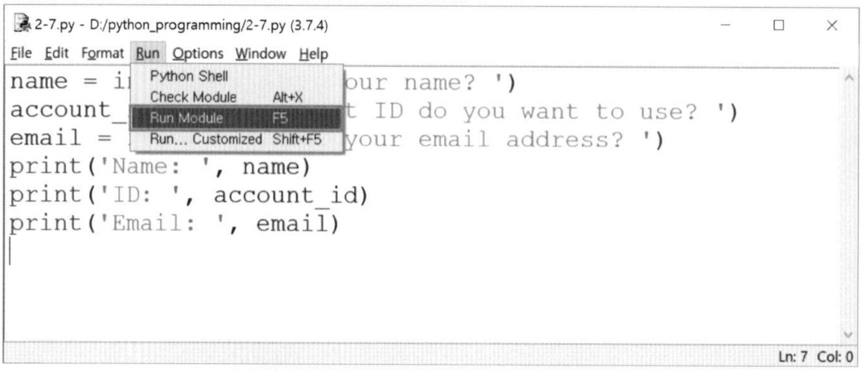

그림 2.23 파이썬 파일 실행하기 (〈F5〉 키 누르기)

실행이 잘 되었다면, 소스 코드를 편집한 창을 호출했던 기존 [IDLE] 메인 창이 나타나면서 아래 네모 영역의 출력문을 확인할 수 있습니다. 창 제목에는 소스 수정 중일 때와 같이, 별표 기호 (*)가 보입니다. 이는 현재 프로그램이 '실행 중'이라는 의미입니다. 그리고 마지막 줄의 출력문, 'What is your name? ' 끝에 커서가 깜빡 거리는 것이 보입니다. 여러분의 입력을 기다리고 있는 셈이죠.

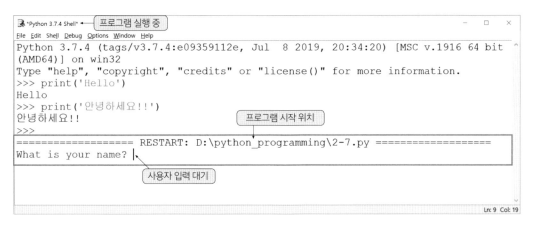

그림 2.24 2-7.py 파일 실행 결과

지난 [2-5절]에서 한줄씩 입력했던 값을 다시 한번 넣어 보도록 하겠습니다. 이름을 넣고 〈Enter〉 키를 누르면, 다음 질문이 나타날 것입니다. ID와 이메일 주소를 넣어 봅시다. 이메일 주소까지 넣고 〈Enter〉 키를 누르면, 3개 변수의 값을 출력하는 3줄의 출력문이 출력되는 것을 확인할 수 있습니다.

창 제목에 보니 별표 기호(*)가 없어졌고 마지막 줄에 '〉〉〉'가 다시 보이는군요! 프로그램 실행이 완료되었다는 것을 의미합니다.

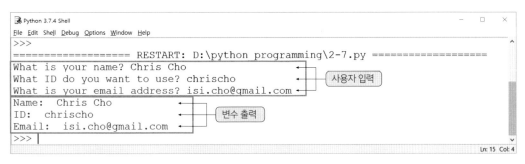

그림 2.25 값 입력 후 출력 결과 확인

지난 절에서 상호 작용 방식으로 한 줄씩 소스 코드를 작성하여 실행한 것과는 사뭇 다른 느낌일 것입니다.

━━━━━━━━━━━━━━━●━━━━━━━━ 소스 코드 실행을 위한 두 가지 방법 ━━━━━━━━━━━━━━━━━━━━━━━━

앞으로 본 책의 소스 코드는 두 가지 방식으로 작성할 것입니다. 첫 번째 방식은 상호 작용 방식으로 소스 코드 앞에 '>>>'가 보일 것입니다. 이런 경우는 [IDLE] 메인 창에서 한 줄씩 소스 코드를 작성하여 실행하면 됩니다. 다른 방식은 이번 절에서 배운 것처럼 소스 코드를 파일로 저장하여 실행하는 방식입니다. 이런 경우는 소스 코드 예시에 '>>>' 가 보이지 않을 것입니다.

━━━━━━━━━━━━━━●━━━━━━━ 모니터에 화면 배치를 적절하게 하여 소스 코드 편집과 실행을 함께 확인하세요 ━━━━━━━━━━━━━━━

여러분이 보고 있는 모니터의 크기가 넉넉하거나, 듀얼 모니터를 사용하는 경우라면, 소스 코드 편집기와 실행 결과를 동시에 확인하게 배치를 하면, 편하게 프로그래밍을 할 수 있습니다. 아래는 편집기를 상단에, 실행 결과를 하단에서 확인한 경우입니다. 위/아래 혹은 좌/우로 적절하게 배치하여 써보세요!

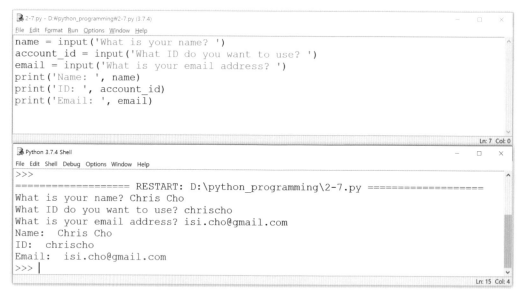

그림 2.26 ▶ 소스 코드 편집창과 실행창 동시에 확인하기

정리해 볼까요? ★★★

벌써 두 번째 파트가 끝났습니다! 초보 프로그래머가 되기 위해 한 발짝 다가간 느낌이 드나요?

이번 파트에서 배운 내용은 아래와 같습니다.

✖   함수 개념 : 미리 약속한 작업을 수행한 뒤 값을 반환해주는 장치

✖   변수의 주요 역할 2가지 : 데이터를 쉽게 찾아주고, 값을 전달할 수 있다

✖   반환값이 없는 표준 출력 함수 print()

✖   반환값이 있는 표준 입력 함수 input()

✖   함수와 변수를 활용한 사용자 정보 입력 프로그램 작성

✖   소스 코드 여러 줄을 새 파일로 저장 후 실행하는 방법

이제 파이썬 프로그래밍의 문법을 본격적으로 배울 준비가 모두 끝났습니다. [파트 1, 2]의 내용은 앞으로 책에서 설명할 소스 코드를 제대로 읽고 실습하기 위해 반드시 필요한 내용입니다. 이해가 되지 않는 부분이 있다면, 꼭 다시 살펴보도록 합시다. 그럼 다음 파트로 넘어가 보겠습니다.

1. 아래 빈칸을 채우세요.

● 함수는 ___ 를 받아서 미리 약속한 작업을 수행한 뒤 _____ 을 반환해 주는 장치
● 변수는 _____ 를 쉽게 찾아주고, _____ 를 전달하기 위한 매개체

2. 아래 함수에 대한 설명 중 바른 것은?

a. 함수는 반드시 인수가 있어야 한다.

b. 함수는 반드시 값을 반환해야 한다.

c. 인수가 있는 함수는 값을 반환해야 한다.

d. 값을 반환하는 함수는 인수가 있어야 한다.

e. 함수는 인수나 반환 값이 반드시 있을 필요는 없다.

3. email이라는 변수에 여러분의 이메일 주소를 저장하는 소스 코드를 작성해 보세요.

```
>>> email = '_____'
```

4. 아래와 같이 생성하지 않은 실수로 대문자로 시작하여 존재하지 않는 변수 이름을 사용하면 어떤일이 발생하는지 선택하세요.

```
>>> Email
```

   a. 'Email'이 출력된다.

   b. 이름 에러(NameError)가 발생한다.

   c. 변수 email에 저장된 이메일 주소가 출력된다.

   d. 아무일도 일어나지 않는다.

5. 아래와 같이, 출력하려는 문자열을 홑따옴표(')가 아닌 쌍따옴표(")를 사용하면 무슨일이 발생하나요?

```
>>> print("Hello")
```

   a. 'Hello'가 출력된다.

   b. 이름 에러(NameError)가 발생한다.

   c. 구문 에러(SyntaxError)가 발생한다.

   d. 아무일도 일어나지 않는다.

6. 홑따옴표나 쌍따옴표 없이 단어만 사용하면 어떤 일이 생기나요?

```
>>> print(Hello)
```

   a. 'Hello'가 출력된다.

   b. 이름 에러(NameError)가 발생한다.

   c. 구문 에러(SyntaxError)가 발생한다.

   d. 아무일도 일어나지 않는다.

목차

학습 목표

○ 문자열 타입을 변수에 대입할 수 있다.

○ 문자열 표기를 잘못하였을 때 원인을 파악할 수 있다.

○ 문자열을 연결하거나 반복할 수 있다.

○ 문자열의 특정 위치에 다른 문자를 끼워 넣을 수 있다.

주요 용어

○ 데이터 타입(Data Type) : 서로 특성이 비슷한 정보들을 분류하는 묶음 단위

○ 문자열 타입(String Type) : 문자로 이루어진 데이터

○ len() : 문자열 길이 확인 함수

○ f-string : 문자열에 변수 값을 특정 포맷으로 넣을 때 사용하는 기능

학습 시간

50분

동영상 강의

http://www.youtube.com/ChoChris

문자로 이루어진 문자열 타입

여러분이 어떤 웹 사이트에 회원 가입을 하고 싶다고 가정해 봅시다. 웹 사이트 운영자는 회원 가입에 필요한 정보를 여러분에게 물어야 할 것입니다. 가장 먼저 물어볼 것은 여러분의 이름 이겠죠? 파이썬으로 이름을 입력 받는 예제는 지난 [파트 2]에서 이미 다뤘습니다. 그때 실행한 소스 코드를 다시 한번 살펴 봅시다.

그림 3.1 [파트 2]에서 사용한 이름 입력 받기 소스 코드 및 실행 결과

이 소스 코드에서 input() 함수의 인수로 들어가 있는 글씨에 주목해 봅시다. 'What is your name?'은 이름을 입력 받기 위해서 컴퓨터가 사용자에게 묻는 질문을 집어 넣고 있습니다. 여러 문자로 이루어진 이 문장은 여러분이 원하는대로 변경할 수 있습니다. 가령, 한글로 바꾸면 다음과 같이 소스 코드를 작성하여 실행할 수 있을 것입니다.

그림 3.2 이름 입력 받기 소스 코드 한글화 예시

인수로 넣은 값은 아래 줄에서 파란색 글씨로 그대로 출력되며 이후에 쓴 검은 글씨의 문자는 변수 name에 저장될 것입니다. 인수로 넣은 값은 서로 다르지만, 자세히 살펴보면 한 가지 공통된 표기법이 있습니다. 바로, 문장을 감싸고 있는 작은 따옴표 기호(')가 바로 그것입니다. 이 기호는 그냥 우연히 넣은 것이 아니라, 파이썬 문법을 준수하여 문자로 이루어진 문장을 표기하기 위해서 의도적으로 사용한 것입니다.

이렇게 문자로 구성되고 작은 따옴표 기호 혹은 큰 따옴표 기호로 감싼 데이터를 파이썬에서는 '문자열 타입'으로 여깁니다. 이외에도 파이썬은 특성이 비슷한 정보들을 여러 타입으로 분류하여 관리하고 있습니다.

이번 파트에서 알아볼 데이터 타입은 프로그래밍에서 가장 많이 사용하는 기초 데이터 타입인 '문자열 타입'입니다. 문자열 타입의 중요한 특성 3가지는 아래와 같습니다.

○ 문자로 이루어져 있다.
○ 문자를 서로 연결할 수 있다.
○ 문자열의 길이를 확인할 수 있다.

자, 그럼 이러한 특성들을 조금 더 자세히 알아보겠습니다.

문자열 타입을 표현하는 작은 따옴표와 큰 따옴표

파이썬을 사용하여 컴퓨터에게 문자열을 알려주기 위해서는 문자열 데이터를 작은 따옴표 기호 (')혹은 큰 따옴표 기호(")로 감싸야 합니다.

문법

> 변수 = '넣고 싶은 문자열'
> 변수 = "넣고 싶은 문자열"

직접 아래 소스코드를 [IDLE]에서 실행해 봅시다.

문자열을 작은 따옴표 기호로 감싼 a 변수의 값과 큰 따옴표 기호로 감싼 b 변수 값의 출력 값이 동일한 것을 알 수 있습니다. 즉, 문자열을 표현하기 위해서는 두 기호 모두 사용할 수 있습니다.

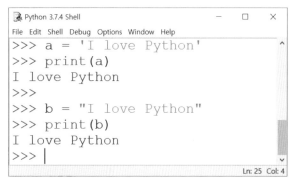

그림 3.3 작은 따옴표와 큰 따옴표를 사용한 문자열 출력 결과

작은 따옴표가 좋을까? 큰 따옴표가 좋을까?

파이썬 개발자들이 모인 파이썬 커뮤니티에서는 기본적으로 작은 따옴표 기호를 사용하는 것을 더 선호합니다. 하지만, 더 중요한 것은 한 가지 방식을 전체 프로그램에 똑같이 사용하는 것입니다.

03 문자열 표기를 잘못한 경우

만약 작은 따옴표든 큰 따옴표든간에 짝을 이루지 못하거나, 실수로 감싸는 기호 전부를 누락한다면, 어떻게 될까요? 제대로 동작하지 않겠죠? 이번 절에서는 이런 상황에 소스 코드의 실행 결과가 어떻게 되는지 살펴 봅시다.

01 문자열 끝에 기호가 누락된 경우

아래 소스 코드는 의도적으로 문자열 끝의 작은 따옴표 기호를 누락한 소스 코드입니다. 이 소스 코드를 [IDLE]에 차례대로 입력하고 〈Enter〉 키를 눌러보겠습니다.

그림 3.4 문자열 끝의 작은 따옴표 기호(')를 누락한 경우

작은 따옴표 기호를 입력하기 전에 〈Enter〉 키를 누르는 상황은 언제든지 발생할 수 있습니다. 초보 개발자라면 에러 메시지와 함께 붉은색 바를 만나면 당황하게 마련입니다. 하지만, 언제든지 이런 상황이 발생하더라도 놀라지 않아도 됩니다. 소스 코드에 있는 문제는 에러 메시지로 충분히 구분할 수 있기 때문입니다.

이번 소스 코드는 소스 코드의 끝에 기호 하나를 누락한 경우이기 때문에 에러 메시지도 이 부분을 언급하고 있습니다. 그럼 붉은 글씨로 출력된 에러 메시지를 다시 한번 주의 깊게 살펴 봅시다.

```
SyntaxError: EOL while scanning string literal
```

한글로 풀이를 해보면 아래와 같이 설명할 수 있습니다.

구문에러: 문자열을 스캔하는 중에 EOL (End Of Line) 오류 발생

줄의 끝(End of Line)을 나타내는 EOL은 프로그래밍 언어 세계에서는 흔하게 사용하는 단어입니다. 앞으로 이 메시지를 본다면, 소스 코드 줄의 끝 부분에 문제가 있다는 의미입니다. 가령, 큰 따옴표 기호를 누락해도 같은 에러 메시지를 보게 될 것입니다. 바로 아래와 같이 말이죠.

그림 3.5 문자열 끝의 큰 따옴표 기호(")를 누락한 경우

02 문자열 시작시 기호가 누락된 경우

그렇다면, 문자열을 시작할 때 기호가 누락되면 어떻게 될까요? 그 결과를 아래에서 같이 확인해 봅시다.

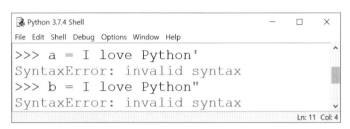

그림 3.6 ▶ 문자열 시작의 작은/큰 따옴표 기호를 누락한 경우

이번에는 조금 다른 에러 메시지가 출현하였습니다. 한번 주의 깊게 살펴 보겠습니다.

```
SyntaxError: invalid syntax
```

한글로 풀이를 해보면 아래와 같이 설명할 수 있습니다.

```
구문에러: 문법 오류
```

이 경우에는 파이썬 번역기가 정확한 원인을 찾기에는 다양한 이유가 있을 수 있다고 판단하여 '문법 오류'라고 표현한 경우입니다. 이 메시지는 파이썬 문법을 지키지 않는 경우에 언제든지 만날 수 있는 에러 메시지입니다. 작은/큰 따옴표를 아예 사용하지 않아도 만날 수 있습니다.

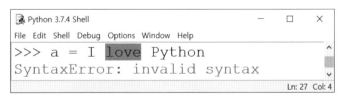

그림 3.7 ▶ 문자열 표기시 작은/큰 따옴표를 전부 누락한 경우

03 의도치 않게 정의되지 않은 변수를 대입하는 경우

그런데 자세히 살펴보니, 'love' 문자에 붉은색 음영이 칠해져 있는 것을 알 수 있습니다. 이 붉은색 음영은 에러가 발생한 위치를 표기하는 의미로 사용되는데 왜 'love'에 칠해져 있을까요? 그 앞에 'I'까지는 문법상 오류가 없다는 의미이겠죠? 그럼 소스 코드를 아래와 같이 'I'까지만 넣어서 실행해 보겠습니다.

```
Python 3.7.4 Shell                                    -    □    ×
File  Edit  Shell  Debug  Options  Window  Help
>>> a = I
Traceback (most recent call last):
  File "<pyshell#14>", line 1, in <module>
    a = I
NameError: name 'I' is not defined
>>> |
                                                        Ln: 27  Col: 4
```

그림 3.8 ▶ 없는 변수를 호출하여 에러가 발생하는 경우

이번에는 에러 메시지가 여러 줄이군요! 파이썬에서 작은 따옴표 혹은 큰 따옴표가 붙지 않은 한 개의 문자는 무조건 '변수'로 생각합니다. 이 소스 코드는 파이썬 실행 환경 입장에서 보았을 때 '변수 I'를 '변수 a'에 대입하려다가 실패한 사례로 볼 수 있습니다. 이 내용은 에러 메시지의 마지막 줄에서 명확하게 알려주고 있는 것을 확인할 수 있습니다.

```
NameError: name 'I' is not defined
```

이 에러 메시지는 아래와 같이 해석됩니다.

```
이름에러: 'I'라는 이름을 정의한 적이 없다
```

항상 문자열을 사용할 때 작은 따옴표 혹은 큰 따옴표가 누락되지 않도록 주의합시다.

문자열 안에 특수 기호 인식하기

파이썬 문법에서 사용하는 특수 기호를 문자열에 넣으려면, 그 특수기호가 파이썬 문법 때문에 사용한 것인지, 아니면 문자열 안에 포함하려고 하는지 구분을 해야 하기 때문에, 특별한 방법이 필요합니다. 바로, 특수 기호 앞에 역 슬래스 기호(\ 혹은 \)를 붙이는 것이죠. 아래 소스 코드를 참고하세요.

```
Python 3.7.4 Shell                                    —    □    ×
File Edit Shell Debug Options Window Help
>>> a = 'I \'love\' Python'
>>> print(a)
I 'love' Python
>>>
                                                      Ln: 35  Col: 4
```

그림 3.9 역 슬래스 기호를 활용하여 특수 기호를 문자열로 인식하는 방법

만약, 문자열 내부에 사용한 따옴표가 한 종류라면, 다른 따옴표로 감싸는 방법도 가능합니다. 가령, 위와 같이 작은 따옴표가 문자열에 포함되어 있으면, 큰 따옴표로 전체 문자열을 감쌀 수 있습니다. 반대인 상황도 가능하니 참고하세요!

```
Python 3.7.4 Shell                                    —    □    ×
File Edit Shell Debug Options Window Help
>>> a = "I 'love' Python"
>>> print(a)
I 'love' Python
>>>
                                                      Ln: 107  Col: 4
```

그림 3.10 큰 따옴표 기호와 작은 따옴표 기호를 함께 사용한 경우

여러 줄인 문자열

여러 줄인 문자열은 어떻게 표기하면 될까요? 재미있게도 파이썬은 문자열 여러 줄을 표현하기 위하여 작은 따옴표 3개(' ' ') 혹은 큰 따옴표 3개(" ")를 문자열 여러 줄의 시작과 끝에 붙이는 문법을 제공하고 있습니다. 쉽게 이해하기 위해서 아래 소스 코드를 [IDLE]에서 실행해 보겠습니다.

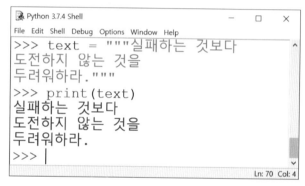

그림 3.11 문자열 여러 줄 저장 후 출력하기

큰 따옴표 3개로 문자열 입력을 시작하면, 〈Enter〉 키를 누를 때 개행 문자(줄 넘기기)가 입력이 되어 소스 코드가 실행되는 대신 아래 줄로 커서가 내려가는 것을 확인할 수 있습니다. 원하는 문장 여러 줄을 모두 입력하고 나서 큰 따옴표 3개를 다시 붙이면, 문자열 여러 줄의 입력이 끝난 것으로 인식합니다. 같은 방식으로 큰 따옴표 대신 작은 따옴표를 사용해도 똑같이 동작합니다.

하나 더 알기

━━━━━━━ **문자열 여러 줄은 큰 따옴표 기호로** ━━━━━━━

파이썬 개발 커뮤니티에서는 일반적으로 문자열 여러 줄을 입력할 때는 큰 따옴표 기호 3개의 쌍을 이용합니다. 이렇게 표기한 문자열 여러 줄은 데이터로도 활용하지만, 소스 코드 설명시 활용하기도 하니 참고하기 바랍니다.

len() 함수로 문자열 길이를 확인하자

그렇다면 프로그램을 만들 때 문자열의 길이를 알아야 하는 경우가 있습니다. 예를 들어 어떤 시스템에 가입하기 위해서 회원 가입을 하고 있다고 가정해 봅시다. 보통 비밀번호를 입력할 때 정해놓은 최소 자릿수가 있습니다. 만약 이 최소 자릿수에 미치지 못하면, "비밀번호의 최소 길이는 6자입니다. 다시 입력해주세요."와 같은 메시지가 출력되는 것을 경험해 보았을 것입니다. 주민등록번호나 생년월일과 같이 자릿수가 고정되어 있는 경우에도 반드시 자릿수를 확인하여 사용자가 제대로 입력하였는지 확인하는 작업을 하게 마련입니다. 이외에도 많은 사례가 있습니다.

지금까지 소개한 파이썬의 기본 함수는 표준 출력 함수인 print() 함수, 표준 입력 함수인 input() 함수였습니다. 여기서 '기본 함수'의 의미는 파이썬에 내장되어 있어서 별도의 작업 없이 바로 사용할 수 있는 함수라는 의미입니다. 이번 절에서는 문자열의 길이를 반환하는 len() 함수를 소개하겠습니다. 'len'이라는 함수 이름은 영문으로 길이를 뜻하는 'length의 약자입니다.

len() 함수의 사용법은 단순합니다. 함수 인수에 특정 문자열을 넣거나 문자열이 담긴 변수를 넣으면, 그 문자열의 전체 길이를 숫자로 반환하는 함수입니다. 문법은 아래와 같습니다.

문법

len(길이를 확인하고 싶은 문자열 혹은 변수)

그럼 소스 코드를 작성해보겠습니다. 아래 사용 예시를 참고하여 실행해 보세요.

len() 함수의 인수에 넣은 문자열 혹은 변수 값의 길이를 반환하고 있죠? 그런데, 반환된 숫자를 보니 눈으로 센 숫자보다 더 많은 것 같지는 않나요? 여기서 주의할 것은 빈 칸이나 줄을 나눌 때 자동으로 삽입되는 개행 문자도 하나의 문자로 취급 받는다는 것입니다.

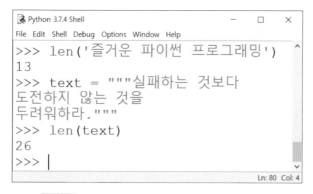

그림 3.12 len() 함수를 사용하여 문자열 길이를 확인하는 예시

프로그래밍 입문자들이 하는 잦은 실수 중 하나가 눈에 보이지 않는 빈 칸이나 줄 넘기기 등의 존재가 없다고 생각하는 것입니다. 사람의 눈에 보이지 않지만 컴퓨터 입장에서 보았을 때 빈 칸이나 줄 넘기기를 위한 개행 문자는 엄연한 하나의 문자입니다. 기억하세요!

LESSON 07 연산자로 문자열을 연결하거나 반복하기

문자열 타입에는 또 하나의 재미있는 특징이 있습니다. 바로, 문자열 타입은 서로 연결할 수 있다는 것이죠. 즉, 문자와 문자가 서로 이어지거나, 동일한 문자를 반복하여 이어 붙일 수 있습니다.

01 문자열 연결하기

우리가 일상 생활에서 숫자를 더할 때 사용하는 연산자는 더하기 연산자(+)입니다. 파이썬 번역기는 이 연산자를 문자열 타입과 함께 사용하면, 두 문자열을 서로 이어 붙입니다. 가령, 여러분의 이름을 input() 함수로 입력받아서, 환영 메시지를 뒤에 붙인 다음 print() 함수로 출력하는 예제를 실행해 봅시다.

```
>>> name = input('이름이 어떻게 되시나요?')
이름이 어떻게 되시나요?조인석
>>> message = name + '님, 반갑습니다!'
>>> print(message)
조인석님, 반갑습니다!
>>>
```

그림 3.13 문자열 연결하기 예제 실행 결과

input() 함수를 사용하여, 'name' 변수에 값을 입력하는 것은 이제 익숙하죠? 두 번째로 입력한 소스 코드에서 'message' 변수에 앞서 입력 받은 이름과 "님, 반갑습니다!" 문자열을 연결하여 값을 저장하였습니다. 그렇게 저장된 'message' 변수를 출력해 보니, 두 문자열이 하나로 합쳐진 것을 확인할 수 있습니다.

02 문자열 반복하기

이번에는 똑같은 문자열을 여러 번 연결하여 출력하는 예제를 만들어 보겠습니다. 같은 문자를 반복하는 경우에는 숫자를 곱할 때 사용하는 별표 기호(*)를 사용합니다. 아래 소스 코드도 한 번 실행해 보겠습니다.

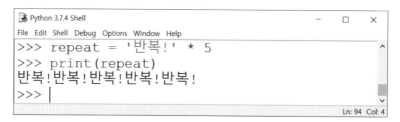

그림 3.14 문자열 반복하기 예제 실행 결과

'repeat' 변수에 '반복!' 문자열을 5번 반복하여 대입하기 위해 곱하기 연산자로도 사용하는 별표 기호(*)와 숫자 5를 사용한 뒤, print() 함수로 'repeat' 변수를 출력해 보았습니다. 이 기능도 무척 흥미롭습니다. 파이썬이 수학에서 사용하는 연산 기호를 사용하여 문자열을 가공하는 여러 기능을 제공하고 있다는 것을 기억해두기 바랍니다.

LESSON 08
f-string으로 문자열에 값 끼워 넣기

'f-string'이라는 용어는 문자열에 특정 포맷(format)을 적용하겠다는 의미로 지어졌습니다. 문자열 밖에 있는 변수의 값을 끼워 넣고, 원하는 포맷으로 변환하겠다는 의미입니다. 이번 절에서는 간단하게 값을 끼워 넣는 부분만 알아 보겠습니다.

보통 여러분이 출력하고자 하는 문자열에 입력 받은 문자를 끼워 넣는 경우가 많습니다. 예를 들면, 다음과 같습니다.

```
Python 3.7.4 Shell                                    —    □    ×
File  Edit  Shell  Debug  Options  Window  Help
>>> name = input('이름이 어떻게 되시나요?')
이름이 어떻게 되시나요?조인석
>>> message = f'안녕하세요, {name}님. 반갑습니다!'
>>> print(message)
안녕하세요, 조인석님. 반갑습니다!
>>>
                                                          Ln: 121  Col: 4
```

그림 3.15 ▶ f-string 문법을 사용하여, name 값을 끼워 넣는 예제

'name' 변수에 값을 입력하는 것은 앞 절의 방법과 같습니다. 하지만, 'message' 변수에 값을 대입하는 부분을 자세히 살펴 봅시다.

```
>>> message = f'안녕하세요, {name}님. 반갑습니다!'
```

문자열을 표현하기 위해 사용한 작은 따옴표 앞에 'f' 문자가 추가되었습니다. 이 문자가 바로 f-string을 사용하겠다는 표기 방식입니다. 그리고 문자열 중간에 '{name}'이 보입니다. 이 문법이 위에서 생성한 'name' 변수의 값을 끼워 넣겠다는 뜻입니다. 'message' 값을 출력해보니, 해당 값이 함께 잘 출력되는 것을 확인할 수 있습니다.

이번 파트에서는 파이썬에서 제공하는 여러 데이터 타입 중 가장 기본적인 '문자열' 타입에 대해서 알아보았습니다.

이번 파트에서 배운 내용은 아래와 같습니다.

✱　　문자열(String) 타입의 개념 : 문자로 이루어진 데이터로 서로 연결하고 길이를 확인할 수 있다.

✱　　문자열 표기 방식과 실수한 경우의 에러 메시지 (구문 에러, 이름 에러)

✱　　len() 함수로 문자열 길이를 확인하기

✱　　더하기 연산자(+)와 곱하기 연산자(*)로 문자열 연결하거나 반복하기

✱　　f-string으로 문자열에 값 끼워 넣기

컴퓨터에 무엇인가 입력을 하면, 그 값은 모두 기본적으로 문자열 타입입니다. 만약, 숫자를 입력한다고 해도, 컴퓨터는 일단 문자열로 인식합니다. 이 문자를 다시 숫자로 변경하려면 특별한 방법을 사용해야 합니다. 그래서 이번 파트에서 배운 문자열 타입은 파이썬 프로그래밍을 하는데 기본적으로 반드시 알아야 하는 데이터 타입인 셈이죠.

다음 파트에서는 숫자 타입에 대해 알아보겠습니다.

1. 아래는 문자열 타입의 3가지 특징을 나열한 것입니다. 빈 칸을 채우세요.

    ○ _____로 이루어져 있다.

    ○ 문자를 서로 _____ 할 수 있다.

    ○ 문자열의 _____를 확인할 수 있다.

2. 문자열을 표시하려면 어떻게 해야 하나요? 아래 빈칸을 채우세요.

    > _____ 기호 혹은 _____ 기호로 감싼다.

3. 아래와 같이 실수로 문자열 표기를 잘못하면 무슨 일이 발생하나요?

    ```
    >>> a = 'I love Python
    ```

    a. 변수 a에 'I love Python'가 저장된다.

    b. 이름 에러(NameError)가 발생한다.

    c. 구문 에러(SyntaxError)가 발생한다.

    d. 아무일도 일어나지 않는다.

4. 서로 다른 문자열을 연결하려면 어떤 기호를 사용해야 하나요? 보기 중에 고르세요.

   a. +

   b. -

   c. *

   d. /

5. 하나의 문자를 여러번 출력하려면 어떻게 해야 하나요? 보기 중에 고르세요.

   a. +

   b. -

   c. *

   d. /

6. f-string 사용을 사용하여 문자열의 특정 위치에 변수 값을 끼워 넣고 싶습니다. 아래 빈 칸을 채우세요.

```
>>> name = '조인석'
>>> message = __ '안녕하세요, { _____ }님. 반갑습니다!'        #f-string 사용 예시
```

PART 04 | 숫자 타입을 배워 보자

목차

정리해 볼까요?
생각해 봅시다

숫자로 구성된 숫자 타입

지난 [파트 3]에서 우리는 파이썬 프로그래밍의 가장 기초적인 데이터 타입인 '문자열 타입'을 비중있게 다루었습니다. '문자열 타입'만큼 중요하면서도 기초적인 데이터 타입이 있습니다. 바로, '숫자 타입'입니다.

숫자 타입을 표현하는 방법은 문자열보다 훨씬 단순합니다. 아무런 기호 없이 숫자만 표기하면 되기 때문입니다.

> 문법

```
변수 = 숫자
```

숫자 타입은 크게 3가지 종류가 있습니다. 정수(integers), 실수(floating point numbers) 그리고 복소수(complex numbers)입니다. 다음 파트에서 배울 논리 타입인 참(True)과 거짓(False)는 결국 정수에서 파생된 타입입니다. 이를 도식화 하면 아래와 같습니다.

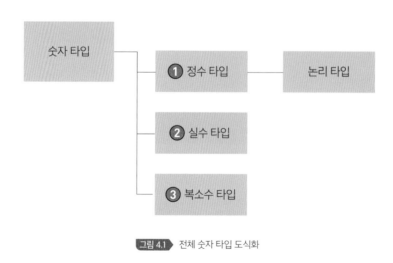

그림 4.1 ▶ 전체 숫자 타입 도식화

정수, 실수, 복소수 타입을 지정하는 방식은 특별히 없습니다. 원하는 형태의 숫자를 입력하면 파이썬이 자동으로 인식합니다.

① 정수 타입 : 소수점이 없고 양수 혹은 음수로 표기할 수 있는 숫자를 말합니다.

```
>>>    100 + 200
300
```

② 실수 타입 : 소수점이 있고 양수 혹은 음수로 표기할 수 있는 숫자를 말합니다.

```
>>>    30.4 + 10.21
40.61
```

③ 복소수 타입 : 실수와 허수를 함께 표현할 수 있습니다. 허수는 끝에 'j'를 붙여서 표현합니다.

```
>>>    (15+4j) + (8+2j)
(23+6j)
```

LESSON 02 연산 처리의 기초, 기본 연산자

파이썬에서 제공하는 기본 연산자를 표로 먼저 살펴 봅시다.

연산 기호	사용 예시	의미	우선순위
+	x + y	x 더하기 y	제일 낮음
-	x - y	x 빼기 y	
*	x * y	x 곱하기 y	
/	x / y	x 나누기 y	
//	x // y	x 를 y로 나눈 몫	
%	x % y	x 를 y로 나눈 나머지	
**	x ** y	x의 y승	
( )	x * (y + z)	y와 z를 더한 뒤 곱하기 x	제일 높음

표 4.1 ▶ 연산 기호 종류 및 우선 순위

연산 기호들을 쭉 훑어 보니, 수학시간에 다뤘던 기호도 보이지만, 다소 생소한 기호도 보이네요. 그리고, 여기서 말하는 우선 순위는 한 소스 코드에 여러 연산자가 공존할 때 무슨 연산자를 먼저 수행하느냐를 판단하는 기준입니다. 위에서 아래로 내려갈수록 우선순위가 높아집니다. 이 내용은 추후에 소스 코드와 함께 이해하는 시간을 가져 볼 생각입니다. 그럼 이제 연산 처리를 직접 해보기 위한 시나리오를 먼저 만들어 보겠습니다.

필자는 최근에 아이들과 다양한 보드게임을 즐기곤 합니다. 그중 한 게임은 플레이어들이 게임 시작시 받은 돈으로 땅을 사서 빌딩을 지은 다음, 그 땅을 지나가는 플레이어에게 통행료를 받아서 재산을 늘리는 게임입니다. 가장 많은 돈을 번 플레이어가 이기는 게임이죠. 아이들과 시간을 보내기에 더할 나위 없이 좋은 게임이지만, 게임이 끝날 때마다 각자 플레이어가 번 돈과 땅/빌딩의 값어치를 합산하는 과정은 쉽지 않습니다.

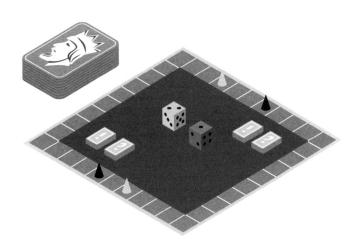

그림 4.2 ▶ 땅을 사고 빌딩을 지어서 받는 통행료로 재산을 불리는 보드 게임

게임이 종료되면, 각 플레이어는 본인이 가지고 있는 여러 단위의 지폐를 합산해야 합니다. 만약, 여러분이 이 보드게임을 온라인 게임으로 만든다면, 이 과정을 프로그램으로 만들어야겠죠? 우리는 파이썬으로 프로그램 안에서 수행되는 연산 처리 과정을 경험해 볼 것입니다.

여러분이 가지고 있는 지폐의 장수가 아래와 같다고 가정해 보겠습니다. 그리고 이 지폐들로 가벼운 연산 처리를 해봅시다.

○ 천원 : 17장
○ 오천원 : 9장
○ 만원 : 12장
○ 십만원 : 3장

01 더하기 연산

가장 먼저 여러분이 해야할 일은 현재 보유하고 있는 지폐가 모두 몇 장인지 파악하는 일입니다. 여러분이 가지고 있는 총 지폐의 장수를 계산해 보겠습니다. 간단하게 4개 지폐의 장수를 하나씩 차례대로 더하면 되겠죠? 파이썬의 덧셈 연산자는 덧셈 기호(+)입니다. 아래 소스 코드를 실행해 봅시다

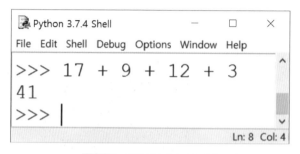

그림 4.3 ▶ 덧셈 연산자(+) 사용 결과

02 빼기 연산

총 지폐 장수가 41장이군요. 그런데, 이번 게임에서는 천원짜리 지폐는 세지 않기로 했다는군요. 천원짜리 지폐 17장을 총 장수에서 빼봅시다. 이번에는 뺄셈을 사용할 거에요. 뺄셈 연산자는 뺄셈 기호(-, 하이픈 기호)입니다. 아래 소스 코드를 실행해 봅시다.

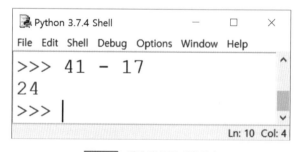

그림 4.4 ▶ 뺄셈 연산자(-) 사용 결과

24장이 남는군요. 이번에는 천원짜리 지폐를 제외한 모든 지폐의 금액을 합한 얼마인지 알아봅시다. 이번엔 곱셈과 덧셈을 함께 사용해 보겠습니다. 파이썬의 곱셈 연산자는 별표 기호(*)를 사용합니다. 아래 소스 코드를 실행해 보겠습니다.

```
Python 3.7.4 Shell                                    —    □    ×
File  Edit  Shell  Debug  Options  Window  Help
>>> 5000*9 + 10000*12 + 100000*3
465000
>>>
                                                         Ln: 12 Col: 4
```

그림 4.5 곱셈 연산자(*) 사용 결과

총 465,000원입니다. 그런데, 이번 예제의 연산 식은 무언가 실행 순서가 달라 보입니다. 곱셈과 덧셈을 함께 사용하였는데, 만원짜리, 십만원짜리 금액을 더하기 위해서 사용한 곱셈 기호(*)가 총 합계를 구하기 위해 사용한 덧셈 기호(+)보다 항상 먼저 실행되었죠? 그 이유는 파이썬의 연산자들 간에 실행을 위한 우선순위가 존재하기 때문입니다. ([표 4.1] 참고) 연산자의 실행 순서를 표기하면 아래와 같습니다.

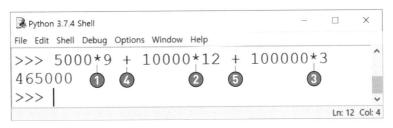

그림 4.6 연산자 실행순서 표기 예시

04 우선순위가 높은 연산 묶어주기

하지만, 파이썬의 연산자들 간의 우선순위가 이미 정해졌다 하더라도, 연산 우선순위는 구체적으로 표현하는 것이 좋습니다. 소괄호 기호(( ))를 사용하여 먼저 실행되는 소스 코드를 묶어주는 방식으로 말이죠. 수학 시간에 배운 것과 같은 방식입니다. 아래 소스 코드의 박스 안의 영역을 직접 실행해 보세요.

연산자 주변의 띄어쓰기

읽기 쉽게 하기 위해서, 우선순위가 다른 연산자가 섞여 있는 경우, 우선순위가 높은 연산자 주변에는 띄어쓰기를 하지 않습니다. 기억하세요!

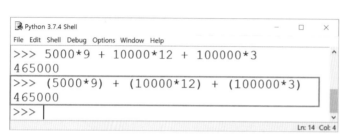

그림 4.7 소괄호 기호(( ))를 사용한 연산 결과

05 나누기 연산

이번에는 나눗셈을 해보겠습니다. 총 금액에서 십만원짜리가 차지하는 비중이 얼마나 되는지 확인해 봅시다. 총 금액은 465,000원, 십만원짜리 지폐는 3장 있었습니다. 파이썬의 나눗셈 기호는 빗금 기호(/, 슬래시 기호)를 사용합니다. 분자를 연산자 앞에 놓고, 분모를 연산자 뒤에 놓습니다. 한번 실행해 보겠습니다.

그림 4.8 나눗셈 연산자(/) 사용 결과

실행 결과를 보니 소수점 이하의 숫자가 길게 나왔죠? 정수와 정수로 연산을 처리했지만, 소수점이 생기면서, 결과를 실수로 반환이 되었습니다. 대략 십만원짜리 지폐가 차지하는 비중은 전체 금액의 64.5% 정도의 비중을 가지고 있습니다.

06 | 몫과 나머지 연산

이번에는 여러분이 게임을 통해서 획득한 전체 금액을 원하는 만큼 균등하게 다른 플레이어들에게 나눠줄 수 있다고 가정해 보겠습니다. 전체 금액 465,000원을 85,000원씩 나눠준다면, 몇명의 플레이어에게 나눠 줄 수 있을까요? 그리고, 다 나눠주고 남는 금액은 얼마인가요? 값을 나눈 뒤 몫을 반환하는 연산자는 2개의 빗금 기호(//)며, 나눈 뒤 그 나머지를 계산할 때는 백분율 기호(%)를 사용합니다.

```
Python 3.7.4 Shell                              –    □    ×
File  Edit  Shell  Debug  Options  Window  Help
>>> 465000 // 85000
5
>>> 465000 % 85000
40000
>>> |
                                            Ln: 52  Col: 4
```

그림 4.9 나눗셈의 몫(//)과 나머지(%)를 구하는 연산자 실행 결과

07 | 제곱 연산

여러분이 플레이어 4명이 주사위 1개를 던졌을 때 나올 수 있는 경우의 수를 계산한다고 해보겠습니다. 한 플레이어는 6개의 경우의 수가 있으니, 6 × 6 × 6 × 6 = 64의 값을 구해야 합니다. 파이썬의 제곱 연산 기호는 곱하기 기호 2개(**)입니다. 4명의 플레이어가 주사위를 1번씩 던졌을 때의 경우의 수는 1,296입니다. 아래 소스 코드를 실행해서 값을 확인해보세요!

```
Python 3.7.4 Shell                              –    □    ×
File  Edit  Shell  Debug  Options  Window  Help
>>> 6 ** 4
1296
>>> |
                                            Ln: 63  Col: 4
```

그림 4.10 제곱(**) 연산자 실행 결과

변수와 대입 연산자

연산 처리를 한 값을 다시 찾아오려면 어떻게 해야 할까요? 앞서 문자열을 저장할 때 사용했던 '변수'를 활용하면 됩니다. 아래 소스 코드는 앞에서 계산했던 지폐의 총 금액을 '변수 total_price'에 담은 예제입니다.

```
Python 3.7.4 Shell                                        —    □    ×
File  Edit  Shell  Debug  Options  Window  Help
>>> total_price = (5000*9) + (10000*12) + (100000*3)
>>> total_price
465000
>>> |
                                                        Ln: 61  Col: 4
```

그림 4.11 ▶ 연산 결과를 변수에 담는 예제

파이썬의 변수에는 어떤 데이터 타입이 저장되도 상관 없습니다. 결과 값을 저장할 때 사용한 기호를 살펴 봅시다. 바로 등호 기호(=)죠? 이 기호 역시, 연산자의 일종으로 '대입 연산자'라고 부릅니다. 대입 연산자는 우측의 결과를 좌측의 변수에 '대입'하기 위해 사용하는 것입니다. 대입 연산자 사용법을 정리하면 아래와 같습니다.

문법

> 변수 = 변수에 대입하고 싶은 값 혹은 소스 코드

 주의하세요! **등호 기호(=)는 좌측과 우측 값이 같다라는 의미가 아닙니다.**

수학 시간에 "값이 서로 같다"를 의미하는 기호는 모양새는 같지만 의미는 다른 대입 연산자라는 것을 잊지 마세요.

한 가지 더 짚고 넘어갈 것은, 값을 확인할 때 사용한 그림 4.11에서 두 번째 줄의 소스 코드입니다. 이번에는 print() 함수를 사용하지 않았지만, 변수 이름만 기입하는 것으로도 값을 확인할 수 있다는 것을 알 수 있습니다. 빠르게 변수 값을 확인할 때 유용한 기능이니 자주 사용하면 좋습니다.

마지막으로, 아래와 같이 여러 개의 변수에 같은 값을 한꺼번에 대입하는 것도 가능합니다. 지폐의 총 금액을 담은 '변수 total_price'의 값을 '변수 init_price'와 '변수 final_price'에 동시에 대입하였고, 그 값이 모두 같은 것을 확인할 수 있습니다. 아래 소스 코드를 실행해 보세요!

```
Python 3.7.4 Shell                                      —    □    ×
File Edit Shell Debug Options Window Help
>>> init_price = final_price = total_price
>>> init_price
465000
>>> final_price
465000
>>> total_price
465000
>>>
                                                         Ln: 72  Col: 4
```

그림 4.12 ▶ 변수 여러 개에 같은 값을 대입한 결과

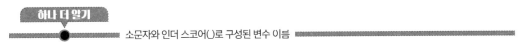

하나 더 알기

소문자와 언더 스코어(_)로 구성된 변수 이름

이번 절에서 살펴본 변수 이름을 살펴 보면, 'init_price', 'final_price', 'total_price'와 같이 소문자로 시작하여 문자 사이를 언더 스코어 기호(_)로 채운 형태라는 것을 알 수 있습니다. 이런 형식의 작명 기법을 낙타의 혹 모양을 본따서, '낙타 표기법'이라고 부르며, 파이썬 커뮤니티에서 권장하는 변수 이름 스타일은 이 모습을 따르고 있으니 기억해 두세요!

재미있는 복합 연산자

이번에는 전체 금액 46,500원에 1,000원짜리를 하나씩 더해서 출력을 해보려고 합니다. '변수 total_price'에 1,000을 더하려면 어떻게 해야 할까요? 아래 소스 코드를 살펴 봅시다.

```
Python 3.7.4 Shell                                           —    □    ×
File  Edit  Shell  Debug  Options  Window  Help
>>> total_price = total_price + 1000
>>> total_price
466000
>>> |
                                                          Ln: 77  Col: 4
```

그림 4.13 변수에 값 더하기

대입 연산자(=)가 등장합니다. 대입 연산자는 연산자의 우측 연산을 먼저 수행한 다음, 좌측의 변수에 대입하는 것을 알 수 있습니다. 우측에 '변수 total_price'의 값에 1,000을 더한 뒤, 다시 '변수 total_price'에 더한 값을 대입하고 있습니다. 그리고 값을 확인해보니, 1,000이 더해진 466,000이 출력되는 것을 확인할 수 있습니다.

주의하세요!　　　변수 값을 변경하려면, 반드시 변경된 값을 같은 변수에 다시 대입해야 합니다.

초보 프로그래머가 자주 실수하는 내용입니다. 간혹, 변수의 값을 변경하고 싶은데, 변수에 값을 다시 대입하지 않는 경우가 있습니다. 가령, 아래와 같이 말입니다.

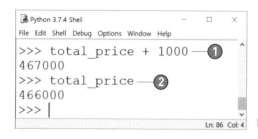

그림 4.14 변수 값을 변경하지 못한 경우

❶과 같이 대입 연산자(=)를 사용하지 않고, 단순히 값을 더했더니, 실행 결과에 1,000이 더한 값이 출력되었습니다. 하지만 ❷에서 변수 값을 확인해보니 값이 변경되지 않은 것을 알 수 있습니다. ❶에서 출력된 값은 ❶의 연산처리 결과 값을 의미하는 거지, '변수 total_price값 자체를 변경하지는 않았기 때문입니다. 굉장히 중요한 개념입니다. 반드시, 연산처리가 끝난 새로운 값을 같은 변수에 다시 대입해야 한다는 것을 잊지 말기를 바랍니다.

파이썬은 대입 연산자와 기본 연산자를 결합한 '복합 연산자'를 제공합니다. 가령, 특정 값을 더하고 싶다면, 덧셈 연산자(+)와 대입 연산자(=)를 합친 '+='를 사용할 수 있습니다. 이해를 돕기 위해서 아래 소스 코드를 실행해 봅시다.

'변수 total_price'의 값이 복합 연산자 +=에 의해 증가된 것을 확인할 수 있습니다.

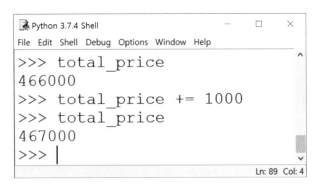

그림 4.15 ▶ 복합 연산자 (+=) 사용 결과

복합 연산자는 덧셈 연산자뿐만이 아니라 다양한 기본 연산자와 조합하여 사용할 수 있습니다. 아래 [표 4.2]는 기본 연산자와 대입 연산자를 함께 사용한 복합 연산자 및 의미를 나타내고 있습니다. 참고하기 바랍니다.

연산 기호	의미
x += y	x = x + y
x -= y	x = x - y
x *= y	x = x * y
x /= y	x = x / y
x //= y	x = x // y
x %= y	x = x % y

표 4.2 ▶ 복합 연산자 종류 및 의미

데이터 타입 선택 실수로 인한 오류

여러분이 보드게임 결과를 계산하려면, 각 플레이어가 가지고 있는 지폐 장수를 입력 받아야 할 것입니다. 값을 입력 받는 일은 input() 함수를 사용하면 됩니다. 그럼, 천 원짜리 지폐의 장수를 입력 받아서, 총 얼마인지 간단하게 계산해 봅시다. 앞서 배운 곱셈 연산자를 사용하면 됩니다. 아래 소스 코드를 실행해 봅시다.

```
>>> count = input('천원짜리 지폐의 장수를 입력하세요: ')
천원짜리 지폐의 장수를 입력하세요: 17
>>> price = count * 1000
>>>
```

그림 4.16 ▶ 천 원짜리 지폐 장수를 입력 받은 뒤, 총 금액을 계산하는 소스 코드

'변수 count'에 천원짜리 지폐 장수를 입력 받은 뒤, 그 장수에 천원을 곱한 값을 '변수 price'에 담았습니다. 별 문제가 없어 보이고 에러도 발생하지 않았습니다. 우리의 기대는 '변수 price'에 17 × 1,000의 결과인 17,000이라는 숫자가 저장되기를 바랍니다. 그럼 '변수 price'에 담긴 값을 한번 확인해 보겠습니다. 아래와 같이 '변수 price'를 입력해 봅시다.

```
>>> price
'171717171717171717171717171717171717171717171717171717
171717171717171717171717171717171717171717171717171717171
717171717171717171717171717171717171717171717171717171717
171717171717171717171717171717171717171717171717171717171
...
171717171717171717171717171717171717171717171717171717171717
171717171717171717171717171717171717171717171717171717171
717171717171717171717171717171717171717171717171717171717
171717'
>>>
```

그림 4.17 ▶ '변수 price' 값 확인하기

알 수 없는 숫자가 수십줄 출력되었습니다. 패턴을 보니, '17'이 천번정도 찍힌 것 같군요. 그리고, 앞뒤로 작은 따옴표 기호(')가 있는 것을 봐서는, '변수 price'에 담긴 데이터는 문자열 타입임을 알 수 있습니다.

입력 받았던 17이라는 숫자가 컴퓨터 입장에서 봤을 때는 문자열 타입이었기 때문에 문자열로 저장이 된 것입니다. 우리는 17이 숫자인 것을 알지만, 컴퓨터는 키보드로 입력 받은 것이 문자열인지 숫자인지 구분할 수 없기 때문입니다. 모두 '문자열 타입'으로 인식하는 것이죠. 그렇다 보니, 1,000을 곱한 것은 문자열 '17'을 1,000회 반복하라는 뜻으로 인식한 것입니다. 처음 이런 상황을 겪어 보면, 왜 이렇게 동작하는지 이해하기 어려울 수 있습니다.

게다가, 에러도 발생하지 않다보니, 이런 결과는 변수 안에 무슨 값이 들어있는지 확인하기 전까지는 알 수가 없습니다. 바꿔서 말하면, 어떤 데이터 타입을 사용하느냐에 따라서 여러분이 원하는 결과가 전혀 상관 없는 결과가 나올 수 있으니 무척 신경써야 한다는 이야기입니다.

그럼 앞의 소스 코드를 처음 의도대로 동작하게 하려면 어떻게 해야 할까요?

문자열 타입을
숫자 타입으로 바꾸기 - int()

파이썬 기본 함수 int()는 문자열 타입으로 들어온 숫자를 숫자 타입으로 변환 해줍니다. int() 함수의 인수에 문자열이나 문자열을 담고 있는 변수를 집어 넣으면, 이 변수의 데이터 타입을 정수로 바꿔 줍니다. int는 정수를 뜻하는 integer의 앞부분에서 가져온 이름입니다.

이해를 돕기 위해 아래 소스 코드 실행 결과를 함께 살펴 보겠습니다. '변수 count'를 인수로 집어 넣은 int() 함수로 인해, 입력 받은 문자열 '17'이 정수로 전환되었고, 의도했던 결과였던 숫자 17,000이 '변수 price'에 저장된 것을 확인할 수 있습니다.

```
Python 3.7.4 Shell                                          —    □    ×
File Edit Shell Debug Options Window Help
>>> count = input('천원짜리 지폐의 장수를 입력하세요: ')
천원짜리 지폐의 장수를 입력하세요: 17
>>> price = int(count) * 1000
>>> price
17000
>>> |
                                                            Ln: 13 Col: 4
```

그림 4.18 문자열 타입인 '변수 count'를 정수 타입으로 바꾸는 예제

이번 예제는 간단하지만 무척 중요한 개념을 다루고 있습니다. 파이썬 프로그래밍 언어가 데이터 타입에 굉장히 민감하다는 것을 보여주는 단적인 예입니다.

하나 더 알기

강한 타입(strongly typed) vs 약한 타입(weakly typed)

프로그래밍 언어에는 강한 타입 혹은 약한 타입의 데이터 특성을 가지고 있습니다. 강한 타입은 데이터 타입을 반드시 선언해야 서로 다른 데이터 타입과 연산 처리가 가능해지는 반면에, 약한 타입은 데이터 타입 변환이 자동으로 수행되는 언어를 뜻합니다. 파이썬은 강한 타입 언어입니다.

한 가지 재미있는 예시를 살펴 봅시다. 아래 객관식 문제를 한번 풀어 보겠습니다.

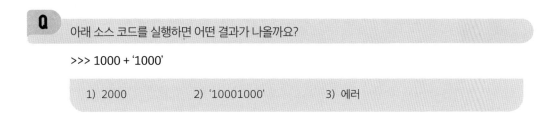

Q 아래 소스 코드를 실행하면 어떤 결과가 나올까요?

>>> 1000 + '1000'

1) 2000   2) '10001000'   3) 에러

아래 소스 코드 실행 결과에서 정답을 확인해 보세요.

```
Python 3.7.4 Shell                                                    □ ×
File  Edit  Shell  Debug  Options  Window  Help
>>> 1000 + '1000'
Traceback (most recent call last):
  File "<pyshell#9>", line 1, in <module>
    1000 + '1000'
TypeError: unsupported operand type(s) for +: 'int' and 'str'
>>> |
                                                              Ln: 19 Col: 4
```

그림 4.19 ▶ 숫자와 문자열을 더한 결과

정답은 3번입니다. 에러가 발생했죠? 파이썬은 타입이 서로 다른 데이터를 바로 연산 처리할 수 없는 특징을 가지고 있습니다. 무척 중요한 개념입니다. 왜냐하면, 어떤 프로그래밍 언어는 2번 결과가 나오기도 합니다. 파이썬 변수에 데이터 타입을 미리 표기하지 않지만, 타입을 정확하게 알아야 에러가 나지 않다는 것을 기억해야 합니다.

타입 에러 메시지 읽는 방법

앞 절에서 우리는 숫자와 문자열을 더하려는 시도에 에러 메시지가 출력되는 것을 확인하였습니다. 그럼, 이 에러 메시지를 어떻게 해석할 수 있을까요? [그림 4.19]의 에러 메시지를 자세히 살펴 보겠습니다.

에러 메시지의 첫 부분은 Traceback(트레이스백)이라고 하여, 소스 코드를 역(back) 추적(trace) 하기 위한 정보를 제공합니다. 두 번째 줄의 에러 메시지를 보니, 소스 코드의 첫 번째 줄에서 발생한 에러라는 의미로 line 1이라는 글자도 확인할 수 있습니다. 만약, 여러 줄의 소스 코드였다면 에러가 발생한 줄의 위치를 알려주는 중요한 정보입니다.

에러 메시지의 마지막 줄은 '상세 에러 메시지'입니다. 메시지 앞부분에 어떤 에러가 발생했는지 표기하고 있습니다. "TypeError"는 말 그대로 타입 에러가 발생했다는 뜻입니다. 서로 다른 타입을 연산 처리하려고 할 때 볼 수 있는 에러입니다.

```
unsupported operand type(s) for +: 'int' and 'str'
```

이 영문 메시지는 정수 타입('int')과 문자열 타입('str') 사이에서 연산자 '+'를 사용할 수 없다는 뜻입니다. 위 설명을 다시 한번 정리해 보면 다음과 같습니다.

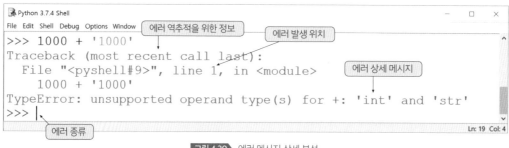

그림 4.20 에러 메시지 상세 분석

LESSON 08

숫자 타입을 문자열 타입으로 변경하기 – str()

문자열 타입을 숫자 타입으로 바꾸는 방법이 있으니, 반대로 숫자 타입을 문자열 타입으로 바꿀 수도 있겠죠? 숫자 타입을 문자열 타입으로 바꾸는 파이썬 기본 함수는 str()입니다. 문자열을 뜻하는 string의 앞 글자 3개에서 유래했습니다. [4-6절]에서 에러가 난 소스 코드에 str() 함수를 써 보겠습니다.

그림 4.21 문자열 타입 변환 함수 str() 사용 결과

재밌는 결과가 나왔군요? 숫자 1000이 문자열 '1000'으로 데이터 타입이 바뀌면서, 덧셈 연산자(+)는 두 문자열을 연결하는 용도로 사용되었습니다. 그래서 결과는 '10001000'가 되었습니다.

숫자로 연산 처리한 결과를 문자열로 변환해야 하는 상황이라면 유용하게 사용할 수 있겠습니다. 참고하기 바랍니다.

이번 파트에서는 데이터 타입 중 숫자 타입에 대해서 알아보았습니다. 수학 시간에 배운 내용과 크게 다르지 않았죠? 이번 파트에서 배운 내용을 정리해 봅시다.

✖ 숫자 타입의 정의 : 숫자로 표기되어 연산처리를 할 수 있는 데이터 타입

✖ 기본 연산자의 종류와 사용법

연산 기호	사용 예시	의미	우선순위
+	x + y	x 더하기 y	제일 낮음
-	x - y	x 빼기 y	
*	x * y	x 곱하기 y	
/	x / y	x 나누기 y	
//	x // y	x 를 y로 나눈 몫	
%	x % y	x 를 y로 나눈 나머지	
**	x ** y	x의 y승	
( )	x * (y + z)	y와 z를 더한 뒤 곱하기 x	제일 높음

표 4.1 연산 기호 종류 및 우선 순위

✖ 복합 연산자의 종류와 사용법

연산 기호	의미
x += y	x = x + y
x -= y	x = x - y
x *= y	x = x * y
x /= y	x = x / y
x //= y	x = x // y
x %= y	x = x % y

표 4.2 복합 연산자 종류 및 의미

✖   데이터 타입 선택 실수로 인한 타입 에러 확인

✖   문자열 타입을 숫자 타입으로 바꾸는 int() 함수 사용

✖   숫자 타입을 문자열 타입으로 바꾸는 str() 함수 사용

✖   타입 에러 메시지 읽는 방법

지난 [파트 3]에서 배운 '문자열 타입'과 이번 파트에서 배운 '숫자 타입'은 파이썬 프로그래밍을 하는데 기본적으로 알아야 할 데이터 타입입니다. 그리고 데이터 타입 선정을 잘못하면 타입 에러가 발생하거나, 전혀 의도하지 않았던 결과가 나오기 때문에, 무척 신경써서 다뤄야 한다는 것도 배웠습니다. 매우 기초적이고 간단한 개념이지만, 중요하니 꼭 기억해두기 바랍니다.

다음 강의에서는 참과 거짓을 표현하는 데이터 타입과 조건 분기문에 대해서 알아보겠습니다!

1. 다음 변수 number의 데이터 타입은 무엇입니까? (숫자 타입 / 문자 타입)

```
number = 100
```

2. 다음 변수 number의 데이터 타입은 무엇입니까? (숫자 타입 / 문자 타입)

```
number = '100'
```

3. 아래 기본 연산 결과를 적어 보세요.

    a. 10 + 20

    b. 30 - 15

    c. 10 * 20

    d. 20 / 2

    e. 25 // 4

    f. 25 % 4

    g. 3 ** 4

4. 아래 두 소스 코드 중 변수 num의 값을 변경하는 소스 코드는 무엇인가요?

    a. num = num + 1

    b. num += 1

5. 연산 처리시 데이터 타입이 일치하지 않으면 어떤일이 발생하는지 선택하세요.

    a. 자동으로 하나의 타입으로 통일하여 연산 처리가 된다.

    b. 타입 에러(TypeError)가 발생한다.

    c. 아무 일도 발생하지 않는다.

6. 아래 함수는 어떤 용도로 사용하는지 기술하기 위해 빈 칸을 채우세요.

    a. str() 함수: _____ → _____ 로 변경

    b. int() 함수: _____ → _____로 변경

7. 아래와 같이 문자열 타입을 숫자 타입으로 바꾸려고 하는데, 문자열이 숫자 형태가 아닙니다. 소스 코드 실행 결과는 어떻게 되는지 선택하세요.

```
>>> int('non-int')
```

    a. 구문 에러(SyntaxError)가 발생한다.

    b. 값 에러(Value Error)가 발생한다.

    c. 이름 에러(Name Error)가 발생한다.

    d. 아무 일도 발생하지 않는다.

목차

정리해 볼까요?
생각해 봅시다

**학습
목표**

○ 참과 거짓을 의미하는 논리 타입을 이해한다.

○ 비교 연산자와 논리 연산자를 이해한다.

○ 조건 분기를 위한 if 문, if-else 문, if-elif-else 문을 직접 사용해본다.

○ 블록문에 대해서 이해하고, 들여쓰기를 사용하는 방법을 알아본다.

○ 소스 코드를 파일에 저장하여 실행하는 방법을 익힌다.

**주요
용어**

○ 논리 타입 (Boolean type) : 참(True)과 거짓(False)을 표기하는 데이터 타입

○ 비교 연산자 : 데이터의 크기를 비교할 때 사용하는 연산자
  (<, <=, >, >=, ==, !=)

○ 논리 연산자 : 여러 조건을 조합할 때 사용하는 연산자(and, or, not)

○ 소스 코드 블럭 : 들여쓰기로 구분되는 소스 코드 묶음

**학습
시간**

100분

**동영상
강의**

http://www.youtube.com/ChoChris

참(True)과 거짓(False)을 표현하는 논리 타입

[파트 3]과 [파트 4]에서 우리는 파이썬의 가장 기본적인 데이터 타입인 문자열 타입과 숫자 타입에 관하여 자세히 알아 보았습니다. 이번 파트에서는 문자열 타입과 숫자열 타입과 성격이 조금 다르지만, 반드시 이해하고 넘어가야 하는 기본적인 데이터 타입인 논리 타입에 대해서 알아볼 차례입니다.

데이터 중 참과 거짓을 통하여 표현할 수 있는 데이터 타입을 논리 타입이라고 합니다. 파이썬에서 참은 'True', 거짓은 'False'로 표현하고 있습니다. 'True'와 'False'의 첫 글자가 대문자입니다. 이해를 돕기 위해 가볍게 숫자를 비교하는 소스 코드를 실행하여, 논리 타입의 데이터가 어떻게 생겼는지 확인해 보겠습니다. 아래 소스 코드를 실행해 봅시다.

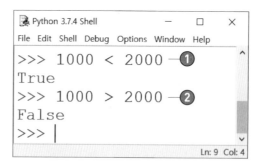

그림 5.1 참(True)와 거짓(False) 데이터 확인

❶에서 1000이 2000보다 작은지 확인하는 소스 코드를 실행해 보니, 참을 뜻하는 'True'가 출력되었습니다. ❷에서는 반대로 1000이 2000보다 큰지 확인해보니, 거짓을 뜻하는 'False'가 출력되었습니다. 그럼 다음 절에서 참 혹은 거짓을 나타내기 위해 필요한 다양한 연산자들을 살펴보겠습니다.

 **주의하세요!**　True와 False의 첫 글자는 모두 대문자

논리 타입에서 사용하는 True 와 False의 첫 글자가 모두 대문자인 것은 파이썬의 특징 중 하나입니다. 많은 프로그래밍 언어들이 소문자로 시작하는 true와 false를 사용하기 때문입니다. 주의하기 바랍니다.

LESSON 02 숫자 타입 데이터를 비교하는 비교 연산자

앞 절에서 살펴 보았듯이, 수학시간에 배운 부등호 기호(<, >)를 사용하여 숫자 타입 데이터를 비교하는 연산자가 있다는 것을 확인하였습니다. 이외에도 등호 기호(=), 느낌표 기호(!) 등을 다양한 순서로 조합하여 숫자 타입 데이터를 비교하는 연산자들이 있습니다. 이러한 연산자를 비교 연산자라고 합니다. 파이썬에서 제공하는 기본적인 비교 연산자를 아래 [표 5.1] 에서 확인해 봅시다.

비교 연산자	의미	수학 기호
<	왼쪽 값이 오른쪽 값보다 작은 (미만)	<
<=	왼쪽 값이 오른쪽 값보다 작거나 같은 (이하)	≤
>	왼쪽 값이 오른쪽 값보다 큰 (초과)	>
>=	왼쪽 값이 오른쪽 값보다 크거나 같은 (이상)	≥
==	왼쪽 값과 오른쪽 값이 같은	=
!=	왼쪽 값과 오른쪽 값이 같지 않은	≠

표 5.1 ▶ 파이썬 비교 연산자 종류와 의미

수학시간에 배운 기호들과 비슷하지만, 프로그래밍의 기호는 좌우로 배치되는 것이 다른 점이라고 할 수 있겠네요! 특히, 등호 기호(=)는 '같다'라는 것을 비교하기 위해서는 등호 기호 2개 (==)를 사용하고, '다르다'라는 것을 비교하기 위해서 느낌표 기호와 등호 기호를 합친 기호(!=)를 사용한 것이 주목할 부분 중에 하나입니다.

LESSON 03

여러 조건을 함께 판단하는 논리 연산자

비교 연산은 한 번에 항상 한 번만 실행된다고 가정할 수 없습니다. 비교 연산자를 여러 개 사용하는 경우가 무척 많기 때문입니다. 조건이 여러 개인 경우도 무척 많죠? 예를 들어서 여러분이 운전을 하면서 신호등이 노란불로 바뀌고 있는데, 교차로 진입 여부에 따라서 차를 멈출지 그대로 지나갈지 결정하는 상황에서도 조건이 2개가 필요합니다. 신호등의 색과 교차로 진입 여부가 바로 그것입니다.

파이썬은 여러 조건을 함께 고려해야하는 상황을 위해 논리 연산자를 제공합니다. 아래 [표 5.2]에서 함께 확인해 보도록 하겠습니다.

논리 연산자	결 과	참고 사항
[A] or [B]	조건식 [A], [B] 둘 중에 하나만 참이면 참, 나머지는 거짓	조건식 [A]가 거짓인 경우에만 조건식 [B] 수행
[A] and [B]	조건식 [A], [B] 모두 참이면 참, 나머지는 거짓	조건식 [A]가 참인 경우에만 조건식 [B] 수행
not [A]	조건식 [A]가 참이면 거짓, [A]가 거짓이면 참	논리 연산자가 아닌 연산자에 비해 우선순위가 낮음, 다른 연산자와 함께 사용하는 경우 주의

표 5.2 파이썬 논리 연산자 종류와 결과

간단한 예제 몇 가지만 실행해 보겠습니다.

① 소스 코드는 좌측은 거짓이지만, 우측은 참이기 때문에 'or' 논리 연산자 결과는 '참'입니다. 그에 반해 ② 소스 코드는 같은 조건에 'and' 논리 연산자를 사용한 경우이며, 두 조건이 모두 '참'이 아니기 때문에 '거짓'으로 판단합니다. 마지막으로 ③ 소스 코드는 결과의 무조건 반대를 나타내는 'not'을 사용했기 때문에 '거짓'의 반대인 '참'을 반환하는 것을 확인할 수 있습니다. 자주 사용하는 연산자이니 기억하세요!

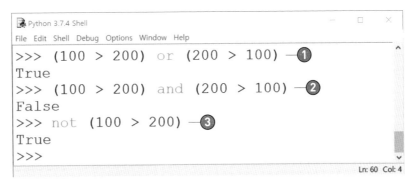

그림 5.2 논리 연산자와 비교 연산자를 함께 사용한 결과

 **논리 연산자는 최대한 적게 사용해야 하는 것이 좋습니다.**

문법적으로 논리 연산자를 여러개 사용하는 것은 전혀 문제가 되지 않지만, 소스 코드의 논리 흐름을 복잡하게 만드는 주범이 되기도 합니다. 하나의 조건식에 가급적이면 논리 연산자가 1~2개를 넘기지 않도록 소스 코드를 작성해 봅시다.

LESSON 04 조건에 따라 다르게 동작하게 해주는 if 문

지금까지 살펴본 논리 타입을 활용하여 프로그램이 특정 상황에 따라 다르게 동작하는 방법을 알아보겠습니다. 지난 [파트 4]에서 예로 들어본 보드 게임을 프로그램으로 만든다고 가정해 보겠습니다. 이 보드 게임은 말이 지나가는 땅을 구매하고 건물을 지어서 통행료를 받는 게임이라고 하였습니다.

플레이어가 주사위 숫자만큼 이동을 하고 나서 가장 먼저 하는 일은, 자신이 밟은 땅의 주인이 있느냐 없느냐를 판단하는 것입니다. 주인이 있다면 통행료를 내야 하지만, 주인이 없다면 통행료를 내지 않아도 됩니다. 프로그램에서는 통행료를 내야하면, 특정 메시지를 출력한다고 해봅시다.

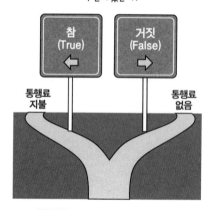

그림 5.3 보드 게임의 의사 결정 과정

그럼 우리가 만들어야 하는 조건을 종이에 한번 써 보겠습니다.

> "플레이어가 도착한 땅에 주인이 있으면,
> '통행료를 지불하세요!'라는 메시지를 출력하라."

이 과정을 수학시간에 배운 순서도로 표현해 봅시다.

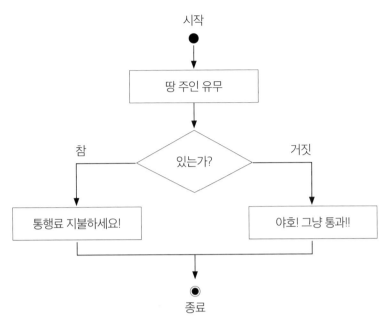

그림 5.4 의사 결정 과정을 도식화한 순서도

이렇게 참과 거짓에 따라 프로그램의 실행 방향을 바꾸기 위해 우리는 'if 문'을 사용합니다. 문법은 아래와 같습니다.

문법

> **if 조건문:**
> `Space bar` `Space bar` `Space bar` `Space bar` **참일 때 실행하는 소스 코드 블록**

'if 문'의 시작은 'if'로 시작합니다. 한 칸 띄어쓰기를 하고 나서, 참과 거짓을 판단하기 위한 조건문을 입력합니다. 그리고 처음 등장하는 클론 기호(:)를 표기합니다. 클론 기호는 앞으로 조건문이 참일때 실행할 소스 코드의 블록을 시작하겠다는 의미입니다. 두 번째 줄의 시작은 재미있게도 '들여쓰기'가 되어 있습니다. 이 들여쓰기는 같은 소스 코드 묶음을 나타내는 파이썬만의 독특한 문법입니다. 들여쓰기는 스페이스바 4개를 주로 사용합니다. 소스 코드가 몇 줄이 되든간에 같은 스페이스바 4개로 들여쓰기가 되어 있다면, 같은 '블록'을 의미합니다.

처음 실행하는 if 문과 코드 블록

논리 타입 데이터를 담을 변수를 하나 선언하겠습니다. 이름은 '주인이 있는가'를 묻는 의미로, 'has_owner'로 정하겠습니다. 그리고 주인이 있는 상황이니, 값을 'True'로 세팅하겠습니다. 아래 소스 코드를 함께 실행해 보세요.

```
Python 3.7.4 Shell                              —    □    ×
File  Edit  Shell  Debug  Options  Window  Help
>>> has_owner = True
>>>
                                              Ln: 11  Col: 4
```

그림 5.5 ▶ 주인 유무를 판단하는 변수 선언

이제 if 문을 입력할 차례입니다. 비교연산자를 사용하여 '변수 has_owner'가 'True'인지 확인해 보겠습니다.

아래와 소스 코드를 참고하여 'if', 조건문(has_owner == True), 클론 기호(:)까지 입력하고 〈Enter〉 키를 눌러보세요.

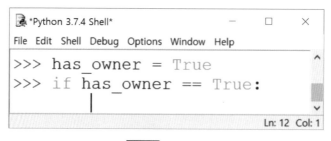

```
*Python 3.7.4 Shell*                            —    □    ×
File  Edit  Shell  Debug  Options  Window  Help
>>> has_owner = True
>>> if has_owner == True:
    |
                                              Ln: 12  Col: 1
```

그림 5.6 ▶ if 문 입력

좌측에 들여쓰기가 자동으로 되는 것을 확인할 수 있습니다. 이는 IDLE에서 클론 기호를 인식한 뒤, 자동으로 들여쓰기(스페이스 4칸)를 해준 것입니다.

이 곳에 소스 코드를 입력해 봅시다. 출력문을 넣어야 겠죠? 아래 소스 코드를 참고하세요!

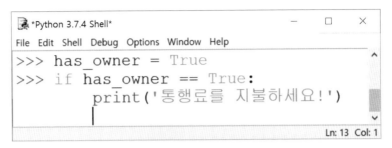

그림 5.7 소스 코드 블록 입력

〈Enter〉 키를 누르고 나니, 여전히 그 다음 줄에도 들여쓰기가 자동으로 됩니다. 더 추가할 소스 코드가 있다면 추가하면 되지만 이번 실습은 여기까지만 해보겠습니다. 그대로 〈Enter〉 키를 눌러보세요!

소스 코드 블록문이 끝났다는 것을 인식하고, 소스 코드가 바로 실행이 되었군요! 우리가 의도 했던대로 땅 주인이 있기 때문에 '통행료를 지불하세요!' 메시지가 출력되었습니다.

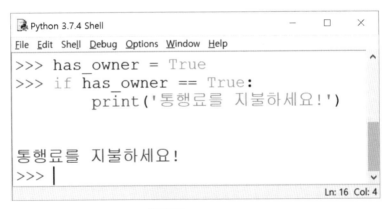

그림 5.8 if 문 실행 결과

이번에는 반대 상황을 연출해 보겠습니다. 똑같은 코드이지만, 주인이 없다는 의미로 has_owner 값을 False로 세팅하여 실행해 보겠습니다.

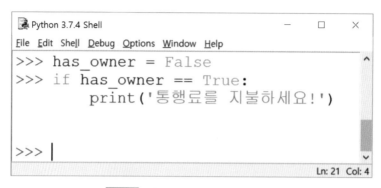

그림 5.9 땅 주인이 없는 경우 if 문 실행 결과

아무런 메시지가 남지 않습니다. 무언가 허전한 느낌마저 듭니다.

이렇게 조건문이 참이 아닌 경우에 소스 코드를 실행하기 위한 문법 역시 존재합니다. 바로 else 문입니다.

LESSON 06

조건문이 참이 아닌 경우에 실행되는 else 문

다시 우리가 그렸던 순서도를 보겠습니다.
지금 보니, 거짓에 '야호! 그냥 통과!!' 문장이 있었던 것을 잊었습니다. if 문의 조건이 참이 아닌 경우, 거짓일 때 다른 소스 코드를 실행해야겠군요!

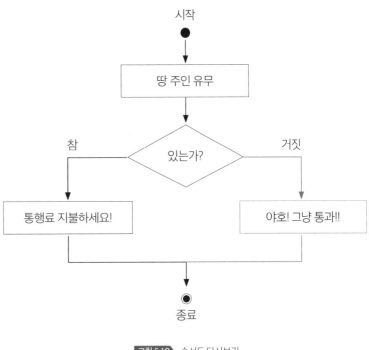

그림 5.10 순서도 다시보기

이를 구현하려면, 우리는 else 문을 사용해야 합니다. else 문은 반드시 if 문을 사용할 때 함께 사용되며, 사용법은 if 문과 비슷합니다. 아래에 추가된 문법을 확인해 보세요!

문법

```
if 조건문:
    참일때 실행하는 소스 코드 블록
else:
    거짓일때 실행하는 소스 코드 블록
```

추가된 else 문에는 특별한 조건문 없이 바로 클론 기호를 사용하는 것을 알 수 있습니다. 이는, if 문으로 실행된 조건문이 거짓인 경우에 실행되기 때문에 굳이 조건을 넣을 필요가 없기 때문입니다. 클론 기호를 사용하고 난 뒤 〈Enter〉 키를 눌러서 소스 코드 블럭을 집어 넣는 것은 if 문과 똑같습니다. 그럼 실제로 소스 코드를 작성해서 실행해 보겠습니다. 일단, IDLE에서 아래까지 소스 코드를 작성해 봅시다.

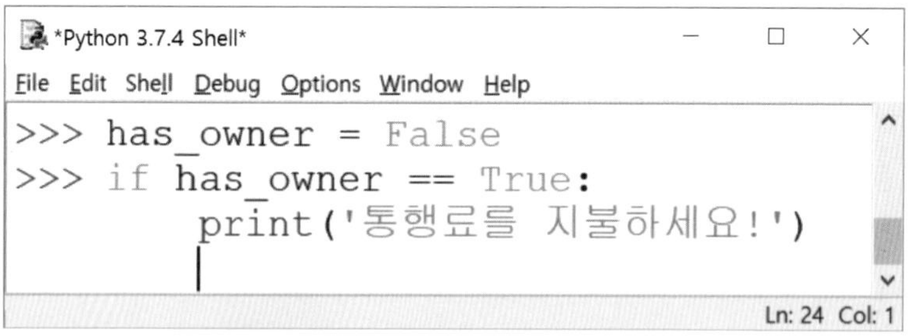

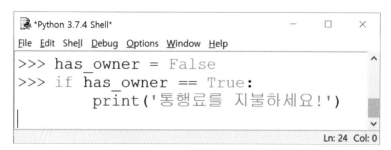

그림 5.11 else 문 입력 1단계 - if 문 입력 후 대기

else 문은 if 문과 같이 들여쓰기를 하지 않아야 합니다. if 문과 짝을 이루어야 하기 때문이죠. print 문 바로 앞에 있는 커서의 들여쓰기를 제거하겠습니다. 〈Backspace〉 키 (←)를 눌러봅시다. 그럼 아래와 같이 들여쓰기 없이 좌측 끝으로 커서가 이동한 것을 확인할 수 있습니다.

그림 5.12 else 문 입력 2단계 - 들여쓰기 제거

이제 else 문을 입력할 차례입니다. 아래 소스 코드 및 실행 결과를 참고하여 소스 코드를 작성해 봅시다.

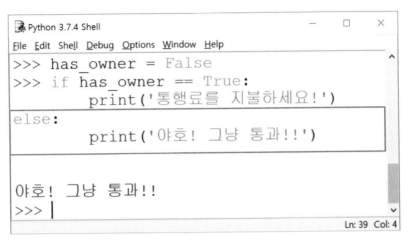

그림 5.13 else 문 입력 3단계 - else 문 추가 및 실행

드디어, else 문 실행에 성공습니다. 그런데, '변수 has_owner'에 변수 값을 미리 세팅하여 if-else 문을 실행하는 것은 현실 세계와 차이가 많아 보입니다. 왜냐하면, 이 값은 플레이어가 도착한 땅마다 값이 바뀔 것이기 때문입니다. 그럴때마다 소스 코드를 변경해서는 안되겠죠? 다음 절에서는 위 소스 코드의 '변수 has_owner' 값을 외부에서 입력받아서 실행하는 방법을 확인해 보겠습니다.

하나 더 알기

● ━━━ else 문을 꼭 써야 하나요?

if 문은 단독적으로 사용이 가능합니다만, 일반적으로 참을 구하는 조건이 있다면 그 조건에 맞지 않았을때 소프트웨어가 어떻게 동작해야 하는지 고민해야 합니다. 특별한 경우가 아니라면, if 문을 사용할 때 반드시 else 문을 사용하는 것이 좋습니다.

여러 소스 코드를 파일로 저장하여 자동으로 실행하기

이번 절에서는 지난 [2-7절]에서 파이썬 파일을 만들어서 실행한 방법을 활용하여 소스 코드를 파일로 자동으로 실행해 보겠습니다.

[IDLE] 상단에 보면 메뉴가 보입니다. 신규 파이썬 파일을 만들기 위해서, 아래와 같이 메뉴의 [File] - [New File]를 클릭하거나, ⟨Ctrl⟩ 키와 ⟨N⟩ 키를 동시에 눌러 봅시다.

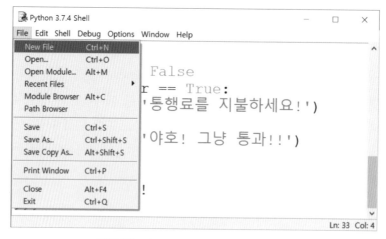

그림 5.14 ▶ 신규 파이썬 파일 만들기 (<Ctrl> + <N>)

그럼 아래와 같이, 윈도우 메모장 앱과 비슷하게 생긴 창이 뜹니다. 조금 전에 보았던 [IDLE] 메인 창에서 보이던 글자나 '>>>'와 같은 문장 없이 첫 번째 줄, 첫 번째 칸에 커서가 깜빡거리는 것을 확인할 수 있습니다. 이 커서가 여러분이 작성할 소스 코드를 기다리고 있습니다.

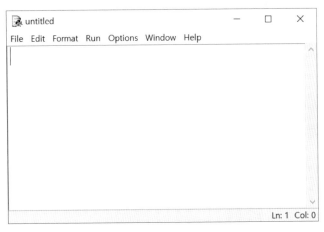

그림 5.15 ▶ IDLE 새 파일 열기

앞 절의 소스 코드를 응용하여 다음과 같이 작성해 보았습니다.

그림 5.16 ▶ if-else 문 소스 코드 입력하기

① '변수 has_owner'에 값은 사용자에게 입력받는 방식으로 바꾸었습니다. 익숙한 input() 함수를 사용했군요! 땅 주인 유무에 따라 '예' 혹은 '아니오'를 입력을 해달라고 요청합니다.

② 앞 절에서는 조건문이 논리 타입과 비교하는 것이 아니라, 위에서 입력 받은 문자열에 따라 참과 거짓을 결정합니다.

아래와 같이 상단 메뉴의 [File] – [Save]를 클릭하거나, 〈Ctrl〉 키와 〈S〉 키를 동시에 눌러서 파일을 저장합니다. 참고로, 알파벳 'S'는 'Save'를 의미합니다.

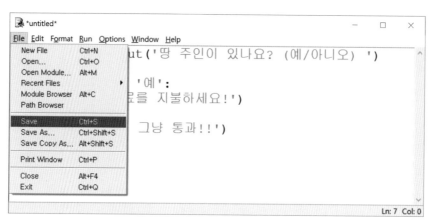

새 파일 저장하기 (<Ctrl>+<S> 키 누르기)

필자는 아래와 같이 편의상 파이썬 소스 코드를 저장하기 위한 폴더를 'D:\python_programming'에 만들고, 이번 절의 번호인 '5-7'을 파일 이름으로 정하였습니다.

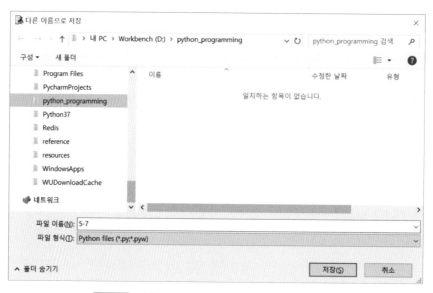

그림 5.18 파일 이름 정하기 (D:₩python_programming₩5-7.py)

그럼 이 파이썬 파일을 실행할 차례입니다. 창 상단 메뉴의 [Run] - [Run Module]을 클릭하거나, 〈F5〉 키를 누릅니다.

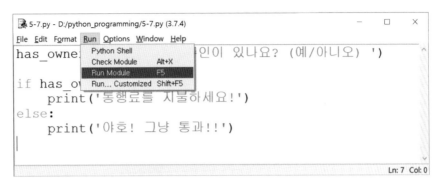

그림 5.19 ▶ 파이썬 파일 실행하기 (<F5> 키 누르기)

실행이 잘 되었다면, 소스 코드를 편집한 창을 호출했던 기존 [IDLE] 메인 창이 나타나면서 아래 네모 영역의 출력문을 확인할 수 있습니다. 그리고 마지막 줄의 출력문, '땅 주인이 있나요?' 끝에 커서가 깜빡 거리는 것이 보입니다. 여러분의 입력을 기다리고 있는 셈이죠.

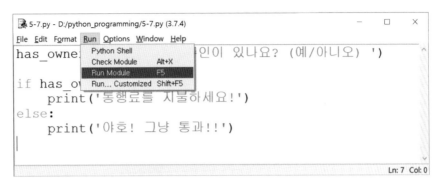

그림 5.20 ▶ 5-7.py 파일 실행 결과

땅 주인이 있다는 의미로 '예'를 입력하고 〈Enter〉 키를 눌러 봅시다.

의도한데로, "통행료를 지불하세요!" 메시지가 잘 출력되고 있습니다. 창 제목에 보니 별표 기호 (*)가 없어졌고 마지막 줄에 '>>>'가 다시 보이는군요! 프로그램 실행이 완료되었다는 것을 의미합니다.

그림 5.21 땅 주인이 있는 경우

이번에는 땅 주인이 없다는 의미로 '아니오'를 입력해보겠습니다. 소스 코드를 입력했던 창을 다시 활성화하여, 창 상단 메뉴의 [Run] - [Run Module]을 클릭하거나, 〈F5〉 키를 눌러 봅시다.

 **주의하세요!** 소스 코드 입력 창과 실행 결과 확인하는 창은 서로 다릅니다.

간혹 실수로 창을 헷갈리는 초보 프로그래머들이 있습니다. 이번 절에서는 소스 코드를 입력하는 창을 따로 분리하였고, 소스 코드를 입력하는 곳과 파이썬 번역기에 의해서 실행되는 곳이 다르니 실수하지 않기 바랍니다.

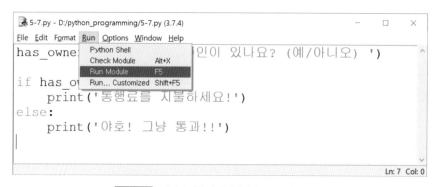

그림 5.22 파이썬 파일 다시 실행하기 (<F5> 키 누르기)

다시 땅 주인이 있는지 묻는 메시지가 출력됩니다. 이번에는 '아니오'를 입력해서 〈Enter〉 키를 눌러 봅시다.

여러분이 처음으로 작성한 조건 분기문이 담긴 파이썬 파일이 성공적으로 실행되었다면 이전에 사용하던 대화형 방식으로 한 줄씩 소스 코드를 작성하여 실행한 것과는 사뭇 다른 느낌일 것입니다.

조건을 더욱 정교하게, if-elif-else 문

이번 절은 조금 더 재미있는 상황을 만들어 보겠습니다. 앞에서 작성한 소스 코드를 다시 한번 살펴 보겠습니다.

아주 단순한 if-else 문으로 구성이 되어 있지만 이 소스 코드에는 '버그'가 숨겨져 있습니다. 여기서 말하는 '버그'는 소스 코드가 작성자의 의도와는 다르게 동작할 여지가 있다는 것을 의미합니다. 무엇이 '버그'인지 보이나요?

```
5-7.py - D:/python_programming/5-7.py (3.7.4)                        —  □  ×
File  Edit  Format  Run  Options  Window  Help
has_owner = input('땅 주인이 있나요? (예/아니오) ')

if has_owner == '예':
    print('통행료를 지불하세요!')
else:
    print('야호! 그냥 통과!!')

                                                                    Ln: 7 Col: 0
```

그림 5.24 단순 if-else 문 소스 코드

위 소스 코드는 사용자에게 '예' 혹은 '아니오' 중 하나만 입력해주기를 바라지만, 사람은 실수를 할 수도 있고, 반드시 '예' 혹은 '아니오'라고 입력을 하지 않을 수도 있습니다. 가령, '예'라고 입력하려던 사용자가 '네'라고 입력했다고 가정해 봅시다. 어떤 결과가 나올까요?

```
Python 3.7.4 Shell                                                   —  □  ×
File  Edit  Shell  Debug  Options  Window  Help
==================== RESTART: D:/python_programming/5-7.py ====================
땅 주인이 있나요? (예/아니오) 네
야호! 그냥 통과!!
>>>|
                                                                    Ln: 159 Col: 4
```

그림 5.25 '예'가 아닌 '네'로 입력한 결과

사용자 입장에서는 긍정의 의미로 '네'를 입력하였지만, 프로그램 입장에서는 '예'가 아닌 다른 값이 들어왔기 때문에 'else 문'이 실행된 것을 확인할 수 있습니다. 이런 실수는 초보 프로그래머가 자주 겪는 실수입니다. 그래서, 이번 시나리오 같은 경우는 '예' 혹은 '아니오'가 입력되지 않는 경우에 'else 문'이 실행되도록 수정하는 것이 좋습니다. 그럼 구현하기 전에 순서도를 고쳐 보겠습니다.

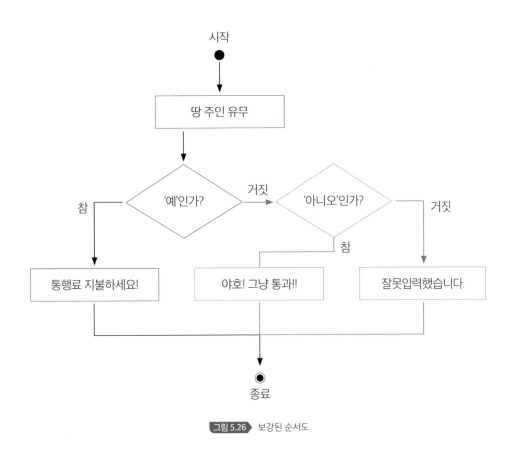

그림 5.26 보강된 순서도

조건이 하나가 더 추가되었습니다. '예'가 입력되었는지, '아니오'가 입력되었는지 확인하고, 둘다 아니면, else 문이 실행되는 개념입니다. 이런 경우에 추가된 두 번째 조건부터 사용할 수 있는 것이 바로 'elif 문'입니다. else와 if가 합쳐진 모양이죠. 사용법은 if 문과 같습니다. 단, 'if 문'과 'else 문'은 한 번씩 밖에 사용하지 못하지만, 'elif 문'은 여러 개 사용할 수 있습니다. 다음 문법을 참고하세요!

```
    if 조건문1:
        조건문1이 참일때 실행하는 소스 코드 블록
    elif 조건문2:
        조건문2이 참일때 실행하는 소스 코드 블록
    elif 조건문3:
        조건문3이 참일때 실행하는 소스 코드 블록
    ...
    else:
        위 조건문들이 모두 거짓일때 실행하는 소스 코드 블록
```

이제 소스 코드를 작성해 보겠습니다. 앞서 사용했던 소스 코드를 아래와 같이 바꿔 보세요. 박스 쳐진 부분이 변경 및 추가된 소스 코드입니다.

```
🏭 *5-7.py - D:/python_programming/5-7.py (3.7.4)*                    ─    □    ×
File  Edit  Format  Run  Options  Window  Help
has_owner = input('땅 주인이 있나요? (예/아니오) ')

if has_owner == '예':
    print('통행료를 지불하세요!')
elif has_owner == '아니오':
    print('야호! 그냥 통과!!')
else:
    print('잘못입력했습니다.')
                                                              Ln: 9  Col: 4
```

그림 5.27 ▶ elif 문 소스 코드 추가

이번 소스 코드는 새로운 파일로 저장해 보겠습니다. 소스 코드 변경이 다 되었으면, 아래와 같이 [File] - [Save As] 메뉴를 선택하거나 〈Ctrl〉+〈Shift〉+〈S〉 키를 눌러 보세요!

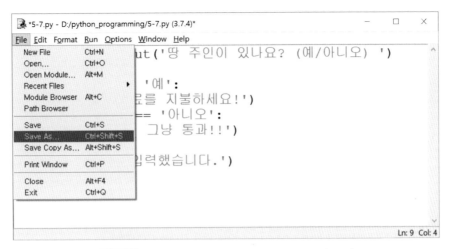

그림 5.28 다른 이름으로 저장하기 (<Ctrl>+<Shift>+<S> 키 누르기)

파일 이름은 이번 절의 번호인 '5-8'로 하겠습니다. 아래와 같이 파일 이름을 넣고 [저장] 버튼을 클릭하면, 창 상단에 파일 이름이 변경되는 것을 확인할 수 있습니다.

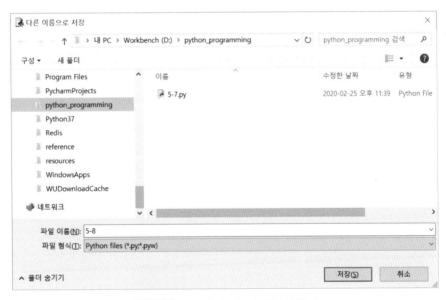

그림 5.29 파일 이름 '5-8'로 지정하여 저장하기

좋습니다. 그럼 이제 저장한 파일을 실행해 보겠습니다. 상단 메뉴의 [Run] – [Run Module]을 클릭하거나, 〈F5〉 키를 누르면 실행됩니다.

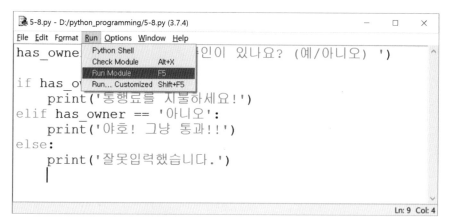

그림 5.30 ▶ 5-8.py 파일 실행 (〈F5〉 키 누르기)

아래와 같이 여러 번 실행하면서 다양한 값을 입력해 봅시다. 물론, 이제 오타가 나도 상관 없습니다.

항상, 우리가 만드는 프로그램은 사람이 사용하는 것이며, 언제든지 프로그래머가 의도하지 않은 방법으로 프로그램을 사용할 수 있다는 것을 기억해 두세요!

그림 5.31 ▶ 5-8.py 파일 4회 실행 결과

처음 파이썬 프로그래밍 책을 집필할 때, 파이썬의 창시자인 '귀도 반 로섬'과 이메일을 주고받았었습니다. 일면식이 없는 한국의 개발자에게 친절하게 답변을 주는 모습을 통해서 왜 파이썬 커뮤니티가 이렇게 잘 발전하였는지 알게 되었고, 더욱 파이썬 프로그래밍 언어에 애착을 가지게 된 계기가 되었습니다.

그런 와중에 샌프란시스코에 출장을 갈 기회가 생겼습니다. 저는 귀도에게 팬으로서 만나자고 메일을 보냈고 그는 흔쾌히 허락을 하였습니다. 희끗희끗한 머리에 파이썬 컨퍼런스 티를 입고 나온 그는 필자가 평소에 생각했던 세계 최고의 소프트웨어 개발자 모습 그대로였습니다.

그와 함께 식사를 하며 파이썬을 배우게 된 배경과 한국 개발자 커뮤니티에 대한 이야기를 나누던 시간이 어떻게 흘러가는지도 모르게 순식간에 지나갔습니다. 그는 대한민국 파이썬 개발자들을 위한 조언 및 격려도 아끼지 않았습니다. 이 경험은 필자가 파이썬을 계속 배우고 활용하는 이유 중 하나로 자리 잡게 되었고, 집필 활동과 발표를 꾸준히 하는 원동력이 되었습니다. 여러분도 이런 기회를 꼭 가져보세요!

귀도 회사에서 귀도와 찍은 사진

정리해
볼까요?
★★★

이번 파트에서는 참과 거짓을 의미하는 논리 타입에 대해서 알아보았습니다. 논리 타입은 참을 True, 거짓을 False로 표기하며 시작하는 문자가 대문자임을 강조했었죠? 이번 파트에서 배운 내용을 정리해 봅시다.

✖ 논리 타입의 정의 : 참을 True, 거짓을 False로 표현하는 데이터 타입

✖ 조건식 작성을 위한 비교 연산자

비교 연산자	의미	수학 기호
<	왼쪽 값이 오른쪽 값보다 작은 (미만)	<
<=	왼쪽 값이 오른쪽 값보다 작거나 같은 (이하)	≤
>	왼쪽 값이 오른쪽 값보다 큰 (초과)	>
>=	왼쪽 값이 오른쪽 값보다 크거나 같은 (이상)	≥
==	왼쪽 값과 오른쪽 값이 같은	=
!=	왼쪽 값과 오른쪽 값이 같지 않은	≠

표 5.1 파이썬 비교 연산자 종류와 의미

✖ 여러 조건을 고려할 때 사용하는 논리 연산자

논리 연산자	결과	참고 사항
[A] or [B]	조건식 [A], [B] 둘 중에 하나만 참이면 참, 나머지는 거짓	조건식 [A]가 거짓인 경우에만 조건식 [B] 수행
[A] and [B]	조건식 [A], [B] 모두 참이면 참, 나머지는 거짓	조건식 [A]가 참인 경우에만 조건식 [B] 수행
not [A]	조건식 [A]가 참이면 거짓, [A]가 거짓이면 참	논리 연산자가 아닌 연산자에 비해 우선순위가 낮음, 다른 연산자와 함께 사용하는 경우 주의

표 5.2 파이썬 논리 연산자 종류와 결과

✖   if 문 사용법과 소스 코드 블럭

✖   if-else 문 사용법

✖   if-elif-else 문 사용법

✖   파일에 소스 코드를 저장하여 실행하는 방법

이번 파트에서는 조건에 따라 프로그램의 동작 방식을 어떻게 변경하는지 알아보았습니다. 그리고 파일에 소스 코드를 작성하여 실행하면서 조금 더 프로그램에 가까운 소스 코드를 작성해 보았습니다. 다음 파트에서는 '분기'만큼 중요한 '반복'에 대해서 알아볼 차례입니다.

1. 데이터 중 참과 거짓을 통하여 표현할 수 있는 데이터 타입은 무엇인가요?

2. 논리 타입의 참과 거짓을 어떻게 표기하나요?

    a. 참 :

    b. 거짓 :

3. 아래 비교 연산자를 설명하는 테이블의 빈 칸을 채워 보세요.

비교 연산자	의미	수학 기호
	왼쪽 값이 오른쪽 값보다 작은 (미만)	
	왼쪽 값이 오른쪽 값보다 작거나 같은 (이하)	
	왼쪽 값이 오른쪽 값보다 큰 (초과)	
	왼쪽 값이 오른쪽 값보다 크거나 같은 (이상)	
	왼쪽 값과 오른쪽 값이 같은	
	왼쪽 값과 오른쪽 값이 같지 않은	

4. 아래 논리 연산자를 설명하는 테이블의 빈 칸을 채워 보세요.

논리 연산자	결 과	참고 사항
	조건식 [A], [B] 둘 중에 하나만 참이면 참, 나머지는 거짓	조건식 [A]가 거짓인 경우에만 조건식 [B] 수행
	조건식 [A], [B] 모두 참이면 참, 나머지는 거짓	조건식 [A]가 참인 경우에만 조건식 [B] 수행
	조건식 [A]가 참이면 거짓, [A]가 거짓이면 참	논리 연산자가 아닌 연산자에 비해 우선순위가 낮음, 다른 연산자와 함께 사용하는 경우 주의

5. 다음 문장을 조건식으로 표현해 보세요

   a. a는 b보다 작거나 같다.

   b. a는 c보다 크다.

   c. a는 b보다 크고 c보다 작다.

   d. a는 b보다 작거나 같거나 c보다 크거나 같다.

6. 조건에 따라 프로그램의 흐름을 제어하는 3가지 제어문을 다뤘습니다. 아래 항목 중 제어문이 아닌 항목은 무엇인가요?

   a. if 문

   b. else 문

   c. else if 문

   d. elif 문

7. 제어문 중 여러번 사용할 수 있는 제어문은 무엇인가요?

PART 06 | 반복을 하기 위한 while 문과 for 문을 배워보자

목차

o while 문, for 문의 사용법을 익힌다.

o continue문, break문을 자유롭게 사용한다.

o 중첩 for 문을 사용할 수 있다.

o range() 문을 활용하여 루프를 수행할 수 있다.

o while 문 : 조건에 따라 반복하는 제어문

o continue 문 : 다시 반복문을 시작하는 명령어

o break 문 : 반복문을 탈출하는 명령어

o range() : 지정한 범위만큼 값을 돌려주는 함수

o for 문 : 정해진 횟수만큼 반복하는 제어문

o 중첩 for 문 : for 문의 반복문안에 등장하는 for 문

100분

http://www.youtube.com/ChoChris

반복, 반복 그리고 또 반복

여러분은 똑같은 일을 수없이 반복한 경험이 있나요? 꼭 해야 하는 일이지만, 단순한 작업의 반복이라 너무 지겨워서 이 일을 대신해 줄 로봇이 있으면 좋겠다고 생각해본 것은 필자만의 생각은 아닐 것입니다. 우리의 일상생활에는 생각보다 훨씬 많은 '반복'이 숨어 있습니다. 그리고 여러분이 만드는 프로그램에도 '반복' 작업은 필수적입니다.

우리는 [파트 5]에서 한 보드 게임을 예를 들어서 플레이어가 도착한 땅에 주인이 있는지 없는지 판단하여, 있는 경우 통행료를 지불하는 메시지를 출력하는 if 문에 대해서 알아 보았습니다. 그런데, 이 판단이라는 행위는 1회에 멈추는 것이 아니죠? 게임이 끝날 때까지 '반복'해야 합니다. 하지만, 앞서 살펴본 예제는 한 번만 실행되기 때문에, 매번 프로그램을 다시 시작해야 하는 불편한 상황이 벌어집니다. 그럼 어떻게 하면 하나의 소스 코드를 내가 원하는 만큼 '실행'할 수 있을까요?

파이썬은 여러분에게 크게 두 가지 방법으로 반복을 구현하는 방법을 제공합니다. 특정 조건에 만족할 때까지 반복하는 while 문과 특정 횟수만큼 반복하는 for 문입니다. 이번 파트에서는 이 두 가지 반복문의 기본적인 사용법을 익히고, 반복문을 중간에 통제하거나 탈출하는 방법을 알아볼 것입니다.

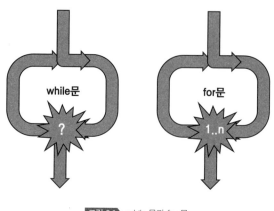

그림 6.1 ▶ while 문과 for 문

조건에 만족할 때까지 반복하는 순서도 그리기

먼저 알아볼 반복문은 주어진 조건에 따라 반복 유무를 판단하는 'while 문'입니다. 기본적인 사용법을 알아보기에 앞서, 지난 파트와 같이 순서도를 먼저 그려 보도록 하겠습니다.

일단, 지난 파트를 시작할 때 사용했던 [그림 5.4]에서 묘사한 순서도를 다시 한번 살펴 봅시다.

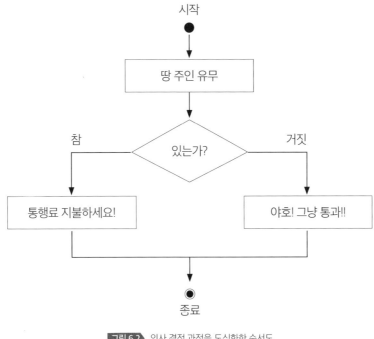

그림 6.2 의사 결정 과정을 도식화한 순서도

위 순서도의 흐름을 풀어쓰면 아래와 같습니다.

---

1) 프로그램을 시작한다. (플레이어가 주사위를 던진 수만큼 이동하여 특정 땅에 도착한다.)

2) 땅 주인 유무를 입력받는다. (예/아니오)

3-1) 땅 주인이 있다면, 통행료를 지불하는 메시지를 출력한다.

3-2) 땅 주인이 없다면, 그냥 통과해도 된다는 메시지를 출력한다.

4) 프로그램을 종료한다.

여기서 우리는 하나의 조건을 더 추가해볼 겁니다. 추가할 조건은 아래와 같습니다.

플레이어는 통행료를 지불할 때까지 계속 이동한다.

그럼 순서도의 변경된 흐름을 먼저 풀어 써보겠습니다. 변경된 부분은 3-2) 항목입니다.

---

1) 프로그램을 시작한다. (플레이어가 주사위를 던진 수만큼 이동하여 특정 땅에 도착한다.)

2) 땅 주인 유무를 입력받는다. (예/아니오)

3-1) 땅 주인이 있다면, 통행료를 지불하는 메시지를 출력한다.

3-2) 땅 주인이 없다면, 그냥 통과해도 된다는 메시지를 출력한 뒤, 2)번으로 돌아간다.

4) 프로그램을 종료한다.

이 변경된 흐름을 순서도로 그리면 아래와 같습니다. 이제 다음 순서도에 맞게 소스 코드를 작성하면, 주인이 있는 땅에 도착하여 통행료를 지불하기 전까지는 계속 멈추지 않고 '반복'하게 될 것입니다.

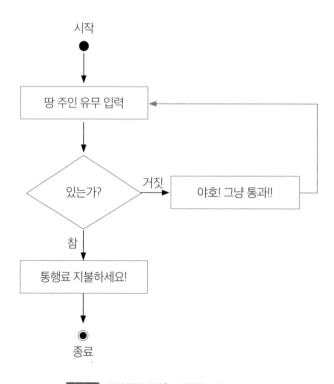

그림 6.3 의사 결정 과정을 도식화한 순서도

LESSON 03 조건이 참일때 계속 반복하는 while 문 작성하기

'while 문'의 시작은 'while'로 시작합니다. 영문으로 '~하는 동안'이라는 뜻이니, 기억하기 쉽습니다. 한 칸 띄어쓰기를 하고 나서 조건문을 입력합니다. 이 조건문이 참이라면, 아래 입력한 소스 코드 블록이 계속 반복하여 실행이 될 것입니다.

조건문 입력이 끝났으면, 'if 문'에서와 같이 클론 기호(:)를 입력하여 소스 코드 블록이 시작된다는 것을 알립니다.

두 번째 줄의 시작은 들여쓰기로 시작합니다. 스페이스바 4개로 입력하는 방법이 커뮤니티에서 권장하는 방법이라고 했었죠? 두 번째 줄부터 같은 들여쓰기가 들어간 소스 코드는 모두 하나의 소스 코드 블록이며, while 문의 반복 대상 소스 코드입니다.

문법

---

while 조건문:
[Space bar] [Space bar] [Space bar] [Space bar] 조건문이 참일 때 실행하는 소스 코드 블록

주의하세요!　　while 문의 조건은 신중하게 선택하세요

while 문의 조건문은 신중하게 잘 선택해야 합니다. 그렇지 않으면 의도하지 않은 값에 반복이 되지 않아버리거나, 탈출을 하지 못해서 영원히 반복되는 프로그램을 작성하게 될 수도 있습니다.

이번 실습은 [IDLE]에서 신규 파이썬 파일을 만들어서 진행할 것입니다. [IDLE] 메뉴에서 [File] - [New File]를 클릭하거나, 〈Ctrl〉 키와 〈N〉 키를 동시에 눌러서 새로운 파일을 만드는 새 창을 띄어봅시다. 소스 코드 편집 창이 등장하면, 아래 소스 코드를 천천히 입력해 보세요!

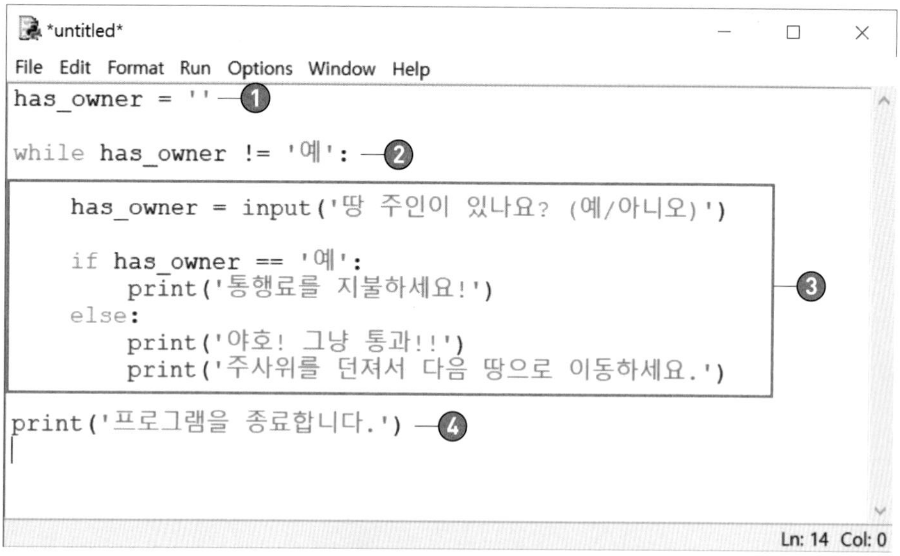

그림 6.4 ▶ 처음 작성하는 while 문

그럼 소스 코드 풀이를 해보겠습니다.

❶ 땅 주인이 있는지 없는지를 저장할 변수 has_owner를 미리 선언하였습니다. "예/아니오"와 같은 문자열을 입력할 예정이기 때문에 빈 문자열을 의미하는 홑따옴표 두개(")를 대입한 것을 볼 수 있습니다.

❷ 드디어 while 문이 등장합니다. 조건문은 "has_owner != '예'"이며, "예"를 입력하지 않은 모든 경우에 대해서 조건문의 결과는 'True'가 되며, 아래 입력한 소스 코드 블록을 계속 반복하여 실행할 것입니다. "예"를 입력해야 반복문이 종료된다는 것을 기억하세요!

❸ 이 영역은 지난 파트에서 작성한 5-7.py 예제와 거의 동일합니다. 들여쓰기가 되어 있어서 while 문의 블록 문이라는 것과 마지막 줄에 반복하는 것을 의미하는 표준 출력을 하나 추가한 것 뿐입니다. 상세한 설명은 생략하겠습니다. 소스 코드 설명이 필요한 독자 여러분은 [5-7절] 내용을 참고하기 바랍니다.

❹ while 문을 탈출하였습니다. 프로그램 종료 메시지를 출력합니다.

자, 그럼 이제 소스 코드를 실행해 봐야겠죠? 우선 이 소스 코드를 파일로 저장하겠습니다. 이번 절의 번호인 '6-3.py'로 저장할 것입니다. [IDLE] 상단 메뉴의 [File] - [Save]를 클릭하거나, 〈Ctrl〉 키와 〈S〉 키를 동시에 눌러서 아래와 같이 "D:\python_programming" 아래에 파일을 저장합니다.

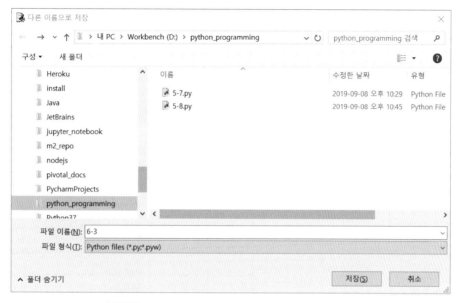

그림 6.5 소스 코드 저장하기 (D:\python_programming\6-3.py)

〈F5〉 키를 눌러서 소스 코드를 실행해 봅시다. 아래 스크린샷과 같이 여러번 실행하면서 의도한 대로 동작하는지 확인해 보겠습니다. while 문의 조건문 덕분에 "예"가 아닌 어떤 값을 입력해도 프로그램이 종료되지 않고 계속 반복되는 것을 확인할 수 있습니다.

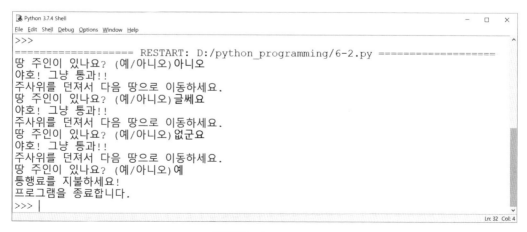

그림 6.6 반복문 실행 결과

LESSON 04
반복문을 다시 시작하는 continue 문

지금까지 우리는 특정 조건에 만족하는 한 계속 반복하는 소스 코드를 작성해 보았습니다. 하지만, 우리가 사는 세상은 그리 단순하지만은 않습니다. 우리가 플레이하고 있는 단순한 보드 게임 규칙에 다음 규칙을 추가하겠습니다.

플레이어가 우주 정거장에 도착하면 땅 주인 유무를 묻지 않고 그냥 넘어간다.

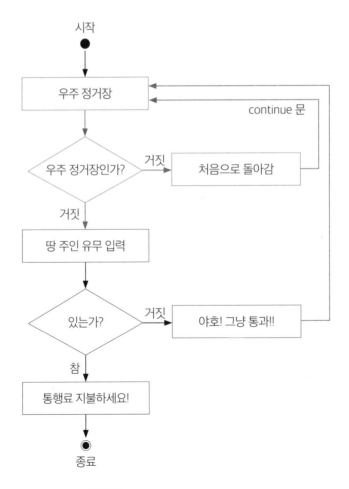

그림 6.7 continue 문을 위한 순서도 변경 사항

파이썬은 반복문의 처음으로 다시 돌려 보내는 문법을 제공하고 있습니다. 바로, continue 문입니다. "continue"는 계속하다, 지속하다라는 의미이니 기억하기 쉽습니다. 그럼, 어떻게 소스코드를 작성할 수 있는지 같이 알아봅시다.

이번 실습은 앞 절에서 만든 6-3.py 파일의 소스 코드에 필요한 내용을 추가하는 형태로 진행하겠습니다. 열려있는 6-3.py 편집창을 열거나, [IDLE]에서 〈Ctrl〉+〈O〉 키를 눌러서 6-3.py 파일을 여세요!

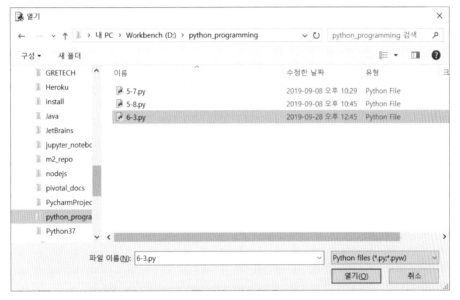

그림 6.8 D:₩python_programming₩6-3.py 파일 열기 (<Ctrl>+<O> 키)

이 파일을 일단 6-4.py로 다른 이름으로 저장하겠습니다. 6-3.py 파일이 열려 있는 창의 상단 메뉴에서 [File] - [Save As…]를 클릭하거나, 〈Ctrl〉+〈Shift〉+〈S〉 키를 눌러서 "6-4"를 입력하여 다른 이름으로 저장합니다.

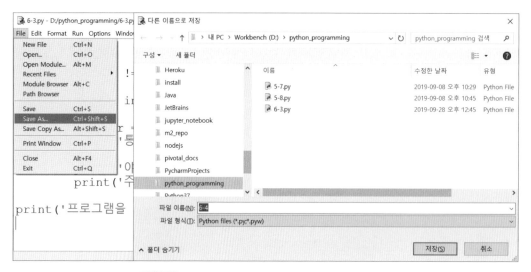

그림 6.9 다른 이름으로 저장하기 (〈Ctrl〉+〈Alt〉+〈S〉 키 누르기)

그럼 다른 이름으로 저장한 6-4.py 파일을 아래와 같이 수정하겠습니다. 박스 안에 있는 부분이 추가된 부분입니다.

```
has_owner = ''

while has_owner != '예':

    is_space = input('우주 정거장에 도착했나요? (예/아니오)')  ①

    if is_space == '예':
        print('다시 처음으로 돌아갑니다.')  ②
        continue

    has_owner = input('땅 주인이 있나요? (예/아니오)')

    if has_owner == '예':
        print('통행료를 지불하세요!')
    else:
        print('야호! 그냥 통과!!')
        print('주사위를 던져서 다음 땅으로 이동하세요.')

print('프로그램을 종료합니다.')
```

그림 6.10 continue 문 추가 (D:₩python_programming₩6-4.py)

① 이제 익숙한 input() 함수가 보입니다. 사용자에게 우주 정거장에 도착했는지 물어보고, 그 답을 '변수 is_space'에 담고 있습니다

② 조건에 따라 분기를 하기 위한 if 문이 보입니다. 조건문에 is_space 변수가 '예'인지 확인하고 있습니다. 만약, 사용자에게 '예'를 입력 받았다면, if 문의 소스 코드 블록을 진입합니다. 다시 처음으로 돌아가겠다는 메시지를 출력하고 continue 문을 실행하게 됩니다. 그럼 이 시점에서 다시 while 문의 시작 시점으로 돌아가게 됩니다.

이제 소스 코드를 실행해 보겠습니다. 〈Ctrl〉+〈S〉 키를 눌러서 소스 코드를 저장한 다음, 〈F5〉 키를 눌러서 소스 코드를 실행해 봅시다.

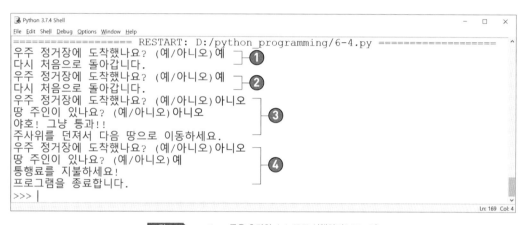

그림 6.11 continue 문을 추가한 소스 코드 실행하기(〈F5〉 키)

위 소스 코드는 while문이 총 4번 실행되었습니다. 그럼 ①~④ 중에 continue 문이 실행된 경우는 몇 번일까요? 정답은 ①, ②번입니다. 우수 정거장에 도착했기 때문에, while 문 내부의 다음 소스 코드를 실행하지 않고 다시 처음으로 돌아간 경우입니다.

③번 같은 경우는 우주 정거장에 도착하지는 않았지만, 땅 주인이 없는 땅으로 이동하였기 때문에 다시 while 문이 실행되었으며, ④번에서 결국 우주 정거장은 아니지만 땅 주인이 있는 곳으로 이동하여 통행료를 지불하였기 때문에 프로그램이 종료되었습니다.

처음 순서도와 소스 코드를 보았을 때는 다소 여려워 보일 수도 있지만, 필자와 함께 차근차근 보다 보면, 실제로 그리 어렵지 않다는 것을 알 수 있을 것입니다.

LESSON 05

반복문을 탈출하는 break 문

이번에는 반복문을 탈출하기 위한 보드 게임 규칙을 하나 추가해 보겠습니다.

플레이어의 자산이 없으면, 해당 플레이어는 게임을 할 수 없다.

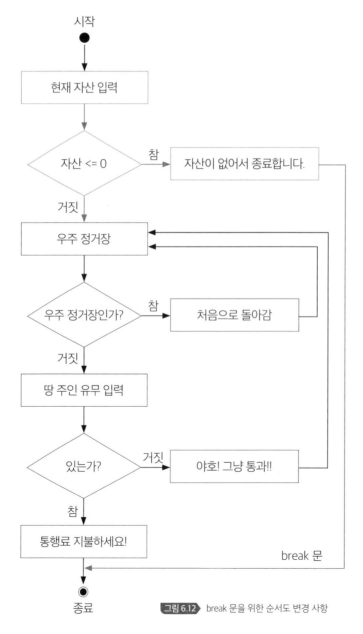

그림 6.12 break 문을 위한 순서도 변경 사항

순서도를 자세히 살펴보겠습니다. 추가된 부분을 보면 while 문에 진입은 하였지만, 자산이 없거나 부채만 존재하면 주인이 있는 땅에 도착하더라도 돈을 지불할 수 없기 때문에 while 문에서 바로 탈출하여 프로그램을 종료한다는 의미입니다. 현재 자산 입력을 받아서 양수면 다음으로 넘어가고, 0 혹은 음수이면 "자산이 없어서 종료한다"라는 메시지를 출력하고 while 문을 탈출한 뒤 바로 프로그램이 종료하고 있습니다.

while 문에서 탈출할 때 사용하는 문법은 바로 break 문입니다. 'break'라는 단어의 의미가 부수다, 깨다이니, 굉장히 적절한 단어를 선택한 것 같죠?
이번에도 "6-4.py" 파일을 다른 이름으로 저장하여 실습을 진행해 보겠습니다. "6-4.py" 파일 편집창에서 〈Ctrl〉+〈Alt〉+〈S〉 키를 눌러서, 이름을 "6-5"로 하여 저장해 봅시다.

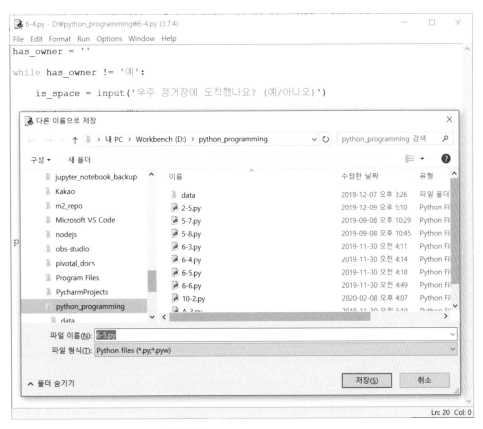

그림 6.13 6-4.py 파일로 6-5.py 만들기

그럼 다른 이름으로 저장한 “D:\python_programming\6-5.py” 파일을 수정해 보겠습니다. 아래 소스 코드의 박스 부분이 추가된 소스 코드입니다.

6-5.py - D:₩python_programming₩6-5.py (3.7.4)

File Edit Format Run Options Window Help

```
has_owner = ''

while has_owner != '예':

    my_money = int(input('현재 가지고 있는 자산을 입력하세요: '))  ——①

    if my_money <= 0 :
        print('통행료를 지불할 수 없군요.')  ——②
        break

    is_space = input('우주 정거장에 도착했나요? (예/아니오)')

    if is_space == '예':
        print('다시 처음으로 돌아갑니다.')
        continue

    has_owner = input('땅 주인이 있나요? (예/아니오)')

    if has_owner == '예':
        print('통행료를 지불하세요!')
    else:
        print('야호! 그냥 통과!!')
        print('주사위를 던져서 다음 땅으로 이동하세요.')

print('프로그램을 종료합니다.')
```

Ln: 26 Col: 0

그림 6.14 break 문이 추가(D:₩python_programming₩6-5.py)

① 익숙해 보이는 input() 함수가 보이는데, 자세히 살펴 보니, input() 함수를 int() 함수가 감싸고 있는 것을 확인할 수 있습니다. 여러분, 지난 [4-6]절에서 소개한 타입 변환 함수인 int() 함수를 기억합니까? 입력 받은 값이 숫자 형태이지만, 파이썬은 이를 문자열로 인식하기 때문에 숫자 연산 처리를 하기 위해서는 반드시 타입 변환을 해야 한다고 했었습니다. 그래서 input()으로 입력 받은 값을 int() 함수의 인수로 집어 넣어서 문자열 타입인 데이터를 정수 타입으로 변경한 것입니다. 이 값을 “변수 my_money”에 담고 있습니다.

② if 문을 통해 my_money 값이 0 혹은 음수인지 확인합니다. 자산이 아예 없는 경우는 0이며, 은행에서 돈을 빌려서 부채만 있는 경우는 음수가 될 수도 있습니다. 이런 경우는 통행료를 지불할 능력이 없다고 판단하여 게임을 더 진행할 수 없으며, 이 내용을 출력하여 사용자에게 알려주고, while() 문을 탈출하기 위해 break 문을 사용하였습니다.

이제 소스 코드를 실행해 볼 차례입니다. 〈Ctrl〉+〈S〉로 저장한 후, 〈F5〉 키를 눌러서 소스 코드를 실행합니다. 자산이 없다는 의미로 0을 입력해서 프로그램을 바로 종료해 보았습니다. 아래 화면 참고하세요!

그림 6.15 break 문 추가한 소스 코드 실행 결과

0을 입력했더니 바로 while() 문을 탈출하여 프로그램이 종료되는 것을 확인할 수 있습니다. 이처럼 특정 조건에 따라서 반복문을 실행하지 않아도 되는 경우가 있다면 break 문을 사용하세요. 특히, 기대하지 않은 값을 입력 받은 경우나 원하지 않은 예외 사항이 발생하는 경우 유용하게 사용할 수 있다는 것을 기억하세요!

 **주의하세요!** while 문은 조건 혹은 break 문으로 반드시 탈출해야 합니다.

초보 프로그래머가 하는 잦은 실수 중 하나는 while 문을 사용하여 소스 코드를 실행하였는데, 논리적인 오류로 인해 while 문이 끝나지 않고 무한으로 반복하는 경우입니다. 이는 정상적인 방법으로 프로그램을 종료할 수 없으며, 윈도우 운영체제의 작업 관리자를 열어서 프로세스를 강제로 종료해야 멈추게 됩니다. 단순한 소스 코드이어도 실행 시간이 짧다면, 순식간에 컴퓨터를 멈추게 만들수 있을 정도로 위험한 상황이 벌어질 수도 있으니 주의하세요!

while 문과 같이 조건에 따라 반복하는 프로그램을 작성하다 보면, 특정 조건이 될 때까지 무한으로 루프를 도는 프로그램을 작성할 때가 있습니다.

이번 절에서는 무한루프를 수행하면서 좋아하는 색을 입력하면 무한루프를 'break 문'으로 탈출하는 방식으로 소스 코드를 작성해 보겠습니다.

이번 실습은 [IDLE]에서 신규 파이썬 파일을 만들어서 진행할 것입니다. [IDLE] 메뉴에서 [File] – [New File]를 클릭하거나, 〈Ctrl〉 키와 〈N〉 키를 동시에 눌러서 새로운 파일을 만드는 새 창을 띄워서 아래 소스 코드를 작성해 보세요.

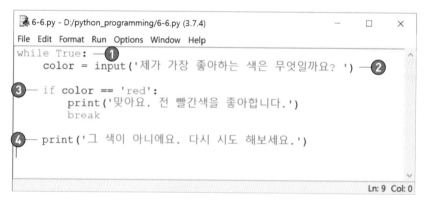

그림 6.16 ▶ 무한루프 예제

① while 문의 조건이 흥미롭습니다. 조건식이 아닌 'True'로 되어 있습니다. 이는 무조건 반복을 하겠다는 뜻입니다.

② 사용자에게 색을 입력 받아서 '변수 color'에 저장합니다.

③ 제가 좋아하는 색은 'red'입니다. 입력 받은 값이 'red'인 경우에 'break문'으로 탈출합니다.

④ 맞추지 못한 경우에는 루프를 다시 돌겠다는 메시지를 출력하고, 다시 루프문 상단으로 올라갑니다.

이제 〈Ctrl〉+〈S〉 키를 눌러서 해당 파일은 "D:\python_programming\6-6.py"로 저장하세요.
그리고 〈F5〉 키를 눌러서 실행해 봅시다. 몇 가지 색을 입력해보고 마지막에 'red'를 입력해보
세요.

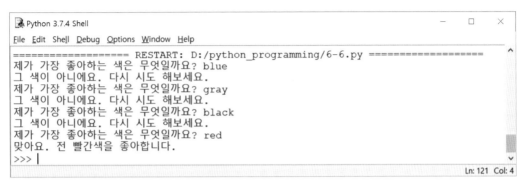

그림 6.17 무한루프 예제 실행 결과

실제 프로그램이 이렇게 단순하지는 않겠지만, 이번 예제를 통해서 무한루프를 어떻게 사용하
고 탈출할 수 있는지 알아보았습니다.

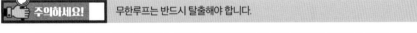

주의하세요! **무한루프는 반드시 탈출해야 합니다.**

무한루프를 사용하면, 반드시 탈출하는 구문이 실행되어야 합니다. 만약, 탈출하지 못하면, 말 그대로 무한루프를 돌면서 정상적인
방법으로는 프로그램을 종료할 수 없는 상황이 벌어질 수 있으니 주의하기 바랍니다.

정해진 횟수만큼 반복하는 for 문

특정 조건이 만족할 때까지 계속 반복되는 while 문과는 다르게, 원하는 횟수나 정해진 범위만큼 반복을 할 수 있는 방법이 있습니다. 바로 for 문을 사용하는 것입니다. for 문을 제대로 이해하기 위해서는 지금까지 배운 데이터 타입보다 더 많은 데이터 타입을 배워야 하지만, 지금은 for 문의 동작 원리를 이해하는데 초점을 맞춰 보겠습니다.

for 문의 문법은 아래와 같습니다.

문법

> **for 변수 in 데이터(나열식):**
>   반복할 소스 코드 블록

for 문은 "for"로 시작합니다. 한 칸을 띄어 쓰고 새로운 변수 하나를 집어 넣습니다. 이 변수는 끝에 위치한 나열식 데이터의 항목을 하나씩 담아주는 용도로 사용됩니다. 변수 이름을 넣은 다음에 한 칸을 띄어 쓰고 난 뒤, "in"을 넣습니다. 다시 한 칸을 띄운 뒤, 몇 번 반복을 할지 결정하는 나열식 데이터를 집어 넣습니다. 그러고서는 클론 기호(:)로 블록문의 시작을 알리죠. 아래 줄부터는 반복할 소스 코드 블록을 명시합니다. 말로 설명하자니 다소 복잡하게 느껴질 수도 있지만 실행되는 소스 코드를 보면 그리 어렵지 않을 것입니다.

그럼 아래 소스 코드를 [IDLE]에서 입력하여 실행해 봅시다. 이 소스 코드는 문자열의 문자를 하나씩 차례대로 출력할 것입니다.

처음 실행해본 for 문

재밌는 결과가 나왔네요! 문자열로 입력한 '재밌는 파이썬 프로그래밍'이 한 줄에 한 문자씩 출력이 되었습니다. 소스 코드 블록이 1회 실행될 때마다 각 단어가 하나씩 변수 word에 대입되었습니다. "문자열"은 이름에서 알 수 있듯이 "문자"들로 이루어진 "나열식 데이터"이기 때문에 for 문에서 사용이 가능합니다. 이외에도 리스트나 튜플과 같은 데이터 타입이 들어갈 수 있는데 아직 이 데이터 타입을 배우지 않았으니, 이 부분은 천천히 다뤄보도록 하겠습니다.

for 문을 사용하면 심심치 않게 등장하는 함수가 하나 있습니다. 반복 횟수를 쉽게 표현하기 위한 함수로 이 함수를 사용하면 쉽게 for 문을 원하는 횟수만큼 수행할 수 있습니다. 이 함수가 바로 range() 함수입니다.

범위를 표현하기 위한 조력자, range() 문

여러분이 만약 단순하게 똑같은 출력문을 10번 출력하고 싶다고 가정해보겠습니다. 그럼 for 문을 사용하는 것이 가장 좋겠죠? 소스 코드를 먼저 실행해 보도록 하겠습니다. [IDLE]를 열어서 아래 소스 코드를 한번 실행해 보세요!!

```
Python 3.7.4 Shell                                           —    □    ×
File  Edit  Shell  Debug  Options  Window  Help
>>> for n in range(10):
        print('저는 프로그래밍이 정말 좋아요!')


저는 프로그래밍이 정말 좋아요!
저는 프로그래밍이 정말 좋아요!
저는 프로그래밍이 정말 좋아요!
저는 프로그래밍이 정말 좋아요!
저는 프로그래밍이 정말 좋아요!
저는 프로그래밍이 정말 좋아요!
저는 프로그래밍이 정말 좋아요!
저는 프로그래밍이 정말 좋아요!
저는 프로그래밍이 정말 좋아요!
저는 프로그래밍이 정말 좋아요!
>>>  |
                                                            Ln: 298 Col: 4
```

그림 6.19 ▶ for 문과 range() 함수를 사용한 소스 코드 실행 결과

for 문의 나열식 데이터가 들어가는 곳에 "range(10)"이 보입니다. "range"가 영문으로 "범위"를 뜻하니, 이 함수는 for 문이 10번 수행하기 위한 무언가를 반환하는 것으로 유추할 수 있겠죠? 그리고 for 문에 넣은 "변수 n"은 이 10개의 항목을 집어 넣은 것을 의미합니다. 소스 코드 블럭에서는 이를 사용하지 않아서 무슨 값이 들어 있는지 잘 모르겠지만, 출력문이 10번 출력된 것은 틀림이 없습니다.

그럼 이번에 "변수 n"에 무엇이 들어 있는지 살펴 보겠습니다. 아래 소스 코드 한번 실행해 보세요!

그림 6.20 range() 함수 반환값의 각 항목을 출력한 결과

이번엔 소스 코드 블럭에 "변수 n" 값을 출력해 보았습니다. range(10)에 의해서 0부터 9까지 10개의 숫자가 생성되어서 하나씩 "변수 n"에 대입되었다는 것을 알 수 있습니다.

이처럼 range() 함수는 인수로 입력 받은 숫자만큼 for문을 수행할 수 있게 도와주는 기특한 녀석입니다. 앞으로도 특정 횟수만큼 반복문을 수행해야하는 경우라면 꼭 range() 함수를 사용하기 바랍니다.

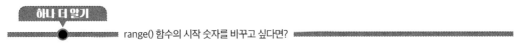

하나 더 알기

range() 함수의 시작 숫자를 바꾸고 싶다면?

range() 함수에 인수를 하나만 넣으면, 0부터 해당 숫자 바로 앞까지 반복문이 수행됩니다. 만약, 시작 숫자를 변경하고 싶다면, 아래와 같이 시작숫자와 종료 숫자를 모두 인수로 넣으면 됩니다.

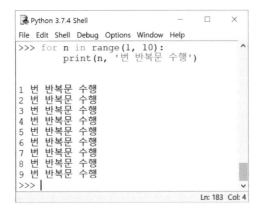

그림 6.21
range() 함수 시작 숫자를 1로 설정한 소스 코드 예제 및 실행 결과

LESSON 09

for 문과 함께 사용하는 continue, break

앞서 while 문을 배우면서 사용했던 continue 문과 break 문을 for 문에서 도 사용할 수 있습니다. 가령, 다음과 같 이 10보다 작은 양의 정수를 출력하는 소스 코드를 실행해 봅시다.

```
>>> for n in range(10):
        print(n)


0
1
2
3
4
5
6
7
8
9
>>>
```
Ln: 388 Col: 4

그림 6.22 10보다 작은 양의 정수 출력하기

0부터 9까지 출력이 잘 되었군요! 그 럼 이번에는 홀수만 출력해보겠습니 다. 짝수인 경우는 숫자를 2로 나누었 을때 나머지가 없는 경우입니다. 이런 경우에는 출력을 하지 않고, 다시 반복 문 처음으로 돌아가게 해보겠습니다. continue 문을 사용하면 되겠죠? 다음 소스 코드를 실행해 보세요.

박스 부분에 추가한 if 문의 조건문에 의해, 짝수인 경우에만 continue 문이 수행되어서 홀수만 출력된 것을 확인할 수 있습니다.

```
>>> for n in range(10):
        if n%2 == 0:
            continue
        print(n)


1
3
5
7
9
>>>
```
Ln: 399 Col: 4

그림 6.23 continue 문 활용하여 홀수만 출력하기

이번에는 break 문을 한번 써보겠습니다. 숫자 7을 만나면 for 문을 탈출하는 소스 코드를 추가해 보겠습니다. 아래 소스 코드의 박스 부분을 참고하세요.

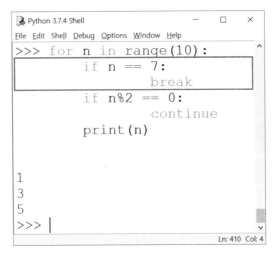

그림 6.24 ▶ break 문을 추가한 소스 코드 실행하기

박스 영역에 추가한 if 문으로 인해 숫자 7을 만나는 순간 for 문을 벗어났기 때문에 숫자가 1, 3, 5까지만 출력된 것을 확인할 수 있습니다.

while 문에서 배웠던 것과 같이 for 문에서도 똑같이 continue 문, break 문을 사용할 수 있다는 것을 배웠습니다.

for 문 안의 for 문, 중첩 for 문

이번 절에서는 for 문 안에 또 다른 for 문이 존재하는 중첩 for 문에 대해서 알아 보겠습니다. 소스 코드를 작성하다가 보면, 중첩 for 문을 활용하는 경우가 굉장히 많습니다. 하나의 예를 들어 보겠습니다.

구구단은 1부터 9까지 9개의 단을 숫자를 곱해야 합니다. 어떻게 구현할 수 있을까요? 구구단의 모든 숫자와 곱하기 결과를 출력하는 프로그램을 만들어 봅시다. 아래 소스 코드를 실행해 보세요!

```
Python 3.7.4 Shell                              —    □    ×
File  Edit  Shell  Debug  Options  Window  Help
>>> for x in range(1, 10):
        for y in range (1, 10):
            print(x, 'X', y, '=', x*y)


1 X 1 = 1
1 X 2 = 2
1 X 3 = 3
1 X
```

```
9 X 4 = 36
9 X 5 = 45
9 X 6 = 54
9 X 7 = 63
9 X 8 = 72
9 X 9 = 81
>>> |
                                              Ln: 500  Col: 4
```

그림 6.25 ▶ 중첩 for 문을 사용한 구구단 출력 실행 결과

일단, for 문에 들어간 range() 함수부터 먼저 살펴 봅시다. range() 함수에 인수가 2개가 들어 있는 경우에 대해서 다시 한번 짚고 넘어가겠습니다.

```
range(1, 10)
```

이 의미는 1부터 시작하여 10보다 작은 정수를 반환해달라는 의미입니다. 예전에 인수가 하나 였을 때는 숫자가 무조건 0부터 시작한 반면에, 인수를 2개 넣으면, 첫 번째 인수로 시작 숫자를 조정할 수 있습니다.

그러고서는 for 문 안에 for 문을 넣고, 내부에 있는 for문에 구구단을 출력하는 출력문이 명시되어 있습니다. "변수 x"는 외부 for문의 숫자를 담당하고, "변수 y"는 내부 for 문의 숫자를 담당하고 있습니다. x 숫자 하나에 y가 1부터 9까지 대입되어 곱해진 값이 출력되는 것을 확인할 수 있습니다.

중첩 for 문을 처음 접하는 사람이라면 다소 어려울 수도 있지만, 앞서 설명하였듯이 프로그래밍을 하다 보면 빈번하게 사용되기 때문에 꼭 기억하기 바랍니다.

정리해 볼까요? ★★★

이번 파트에서는 while 문과 for 문을 사용하여 소스 코드 블록을 반복하여 실행하는 방법에 대해서 배웠습니다. 이번 파트에서 배운 내용을 정리해 봅시다.

이번 파트에서 배운 내용은 아래와 같습니다.

✖ 조건에 의해 반복 유무를 결정하는 while 문 사용법

✖ 미리 정해놓은 범위 안에서 반복하는 for 문 사용법

✖ 반복문의 소스 코드 블록에서 반복문을 다시 시작하게 만드는 continue 문

✖ 반복문의 소스 코드 블록에서 반복문을 탈출하는 break 문

✖ for 문 안에 for 문, 중첩 for 문

조건에 따라 분기하는 if 문, 조건에 따라 반복하는 while 문, 정해진 범위만큼 반복하는 for 문을 배웠으니, 기본적으로 알아야 할 제어문은 모두 배운 것 같습니다. 이런 제어문들을 배우고 나니, 조금 더 제대로 된 프로그램을 작성하는 프로그래머가 되고 있다는 생각이 들지 않나요?

다음 파트에서는 지금까지 배운 데이터 타입보다 조금 더 복잡한, 여러 데이터 타입을 하나의 묶음으로 처리할 수 있는 데이터 타입에 대해서 공부할 것입니다.

1. 아래는 이번 파트에서 배운 2가지 반복문입니다. 각각 어떤 용도로 사용하는지 빈 칸을 채우세요.

    a. while문 : _____이 만족할 때까지 반복

    b. for문 : 정해진 _____만큼 반복

2. 아래는 while 문의 문법입니다. 빈 칸을 채우세요.

    while _____ :
        조건문이 ___ 일때 실행하는 소스 코드 블록

3. 아래는 for 문의 문법입니다. 빈 칸을 채우세요.

    for _____ in 데이터(_____):
    반복할 소스 코드 블록

4. 반복문을 처음부터 다시 시작할 때 사용하는 문법은 무엇인지 고르세요.

    a. continue 문

    b. del 문

    c. break 문

    d. go to 문

5. 반복문을 탈출할 때 사용하는 문법은 무엇인지 고르세요.

    a. continue 문

    b. del 문

    c. break 문

    d. go to 문

6. 100보다 큰 숫자를 입력 받을 때까지 무한루프를 도는 소스 코드를 작성해보세요.

7. for 문을 사용하여 구구단 7단을 출력해보세요.

8. 100보다 작은 23의 배수를 출력해보세요.

9. 2, 3, 4의 제곱수를 1승부터 5승까지 출력해보세요. 2의 제곱수 출력 결과는 아래와 같습니다.

```
2
4
8
16
32
3
9
27
81
243
4
16
64
256
1024
```

2014년에 개봉한 "이미테이션 게임"은 컴퓨터의 시초가 된 '튜링 머신'에 대한 이야기를 다루고 있어 무척 흥미롭게 본 기억이 있습니다.

이 영화의 배경은 영국과 독일 간의 전쟁을 다루고 있는 제2차 세계대전입니다. 독일군은 자신들의 명령을 암호화할 목적으로 기계를 고안하게 되고 이를 "에니그마"라고 부르죠. "에그니마"는 워낙 정교한 로직과 복잡한 암호화 기법으로 무장되어 있기 때문에, 암호를 풀 수 있는 것은 암호 키를 쥐고 있는 사람만이 가능하게 설계되었습니다.

이러한 암호 키는 24시간을 기준으로 변경이 되고 매일 독일군에게 라디오로 전달하게 되는데, 영국군은 암호화된 명령문을 중간에 가로채지만 암호를 풀기에는 24시간이 언제나 부족하였습니다. 이는 엄청난 전력 손실을 야기하고 전투에서 매번 패하게 되는 근본적인 이유가 되죠. 그래서 영국군은 비밀리에 "에니그마"의 암호를 풀 수 있는 기계를 만드는데, 이것이 바로 앨런 튜링이 만든 "튜링 머신"입니다.

튜링은 수학적으로 돌아가는 복잡한 계산식을 단순하게 풀어서 기계로 옮겨 놓은 것입니다. 이는 엄청난 경우의 수를 사람이 일일이 계산하는 방식을 바꾸어 놓았고, 암호키를 알게 된 앨런 튜닝은 독일군의 암호문을 해독하기에 이릅니다. 이는 결국 전쟁에서 승리를 하게 되는 주요한 요인이 됩니다.

이 "튜링 머신"은 결국 현존하는 컴퓨터의 동작 방식의 기초를 이루는 근간입니다. 아래 그림의 주인공 뒤의 기계가 바로 "튜링 머신"입니다. 최초의 컴퓨터인 셈이죠. 이 기계를 만들고 동작하는 것을 보는 것 만으로도 충분히 흥미로운 영화이니 꼭 한번 보기 바랍니다.

PART 07 | 데이터를 나열한 튜플과 리스트

목차

정리해 볼까요?

생각해 봅시다

**학습
목표**

○ 나란히 이어지는 데이터를 이해한다.

○ 튜플과 리스트의 사용법을 익힌다.

○ 상황에 따라 튜플과 리스트를 바르게 선택할 수 있다.

**주요
용어**

○ 튜플 타입 : 변경할 수 없는 나열식 데이터 타입

○ 색인 : 데이터 항목의 위치

○ 튜플 패킹 : 여러 값을 한 번에 포장해서 튜플에 저장

○ 튜플 언패킹 : 튜플을 여러 변수로 한 번에 분배

○ 리스트 타입 : 변경할 수 있는 나열식 데이터 타입

**학습
시간**

80분

http://www.youtube.com/ChoChris

나란히 이어지는 나열식 데이터

지금까지 우리는 '문자열 타입', '숫자 타입', '논리 타입'과 같이 낱개로 되어 있는 데이터를 다뤄왔습니다. 변수에 대입한 데이터도 모두 하나씩이었죠? 그런데, 데이터는 재미있게도 비슷한 성질을 가지고 있는 녀석들이 뭉치려고 하는 습성이 있습니다. 가령, 여러분이 함께 공부하고 있는 친구들의 평균 키를 구한다고 해보겠습니다. 그럼 키를 의미하는 숫자 타입 데이터를 한 곳에 모아야 할 것입니다. 혹은, 여러분이 살고 있는 아파트 주민 대상으로 찬반 투표를 했다고 해봅시다. 몇 %의 주민이 동의했는지 확인하기 위해서, 논리 타입 데이터를 한 곳에 모아서 연산처리를 해야 할 것입니다.

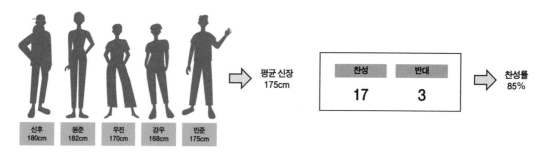

그림 7.1 성질이 비슷한 데이터끼리 뭉치려는 습성의 예시

파이썬은 이렇게 나란히 데이터를 모아 놓은 데이터를 쉽게 저장하기 위해서 여러가지 데이터 타입을 제공하고 있는데 그 중에서 우리가 알아볼 데이터 타입은 '튜플(tuple) 타입'과 '리스트(list) 타입'입니다.

두 데이터 타입은 굉장히 닮았으면서도, 정반대의 성격을 지니고 있는 데이터 타입입니다. 여러분이 프로그램을 만들때 꼭 기억해야하는 중요한 내용이니 이번 파트의 내용을 주의 깊게 살펴보기 바랍니다.

처음 만들어보는 튜플(tuple)

데이터 N개로 이루어진 '튜플 타입'을 만드는 방법은 다음과 같습니다. 데이터를 나란히 쉼표 기호(,)로 나열한 뒤, 소괄호((,))로 감싸는 것입니다. 그리고 이 소괄호는 생략할 수도 있습니다.

문법

> 변수 = (항목1, 항목2, 항목3, …., 항목N)

아래 소스 코드를 차근차근 [IDLE]에서 실행해 봅시다.

```
Python 3.7.4 Shell                                    —   □   ×
File Edit Shell Debug Options Window Help
>>> integers = (1, 2, 3, 4, 5) ──①
>>> integers
(1, 2, 3, 4, 5)
>>> evens = 2, 4, 6, 8, 10 ──②
>>> evens
(2, 4, 6, 8, 10)
>>> colors = 'red', 'yello', 'blue' ──③
>>> colors
('red', 'yello', 'blue')
>>> book = '파이썬', 2019, 300, '터닝포인트' ──④
>>> book
('파이썬', 2019, 300, '터닝포인트')
>>> |
                                              Ln: 47 Col: 4
```

그림 7.2 처음 만들어보는 튜플

① '변수 integers'에 1부터 5까지 정수를 쉼표 기호(,)와 함께 나열한 뒤, 소괄호 기호((,))로 감싸서 집어 넣었습니다. 값을 확인해보니 값이 그대로 출력이 됩니다.

② '변수 evens'에 짝수를 2부터 10까지 넣었습니다. 이번에는 소괄호 기호를 감싸지 않았습니다. 값을 확인해보니 소괄호 기호가 자동으로 들어간 것을 확인할 수 있습니다.

③ 이번에는 숫자 대신 문자열을 항목으로 넣어 보았습니다. '변수 colors'에 3개의 색을 넣었고, 숫자와 같은 형태로 출력되는 것이 보입니다.

④ 마지막으로 각 항목의 데이터 타입을 하나로 통일하지 않은 예입니다. 책의 제목('파이썬')과 출판사('터닝포인트')는 문자열 타입으로, 출간년도(2019)와 쪽수(300)는 숫자로 표현하였습니다.

튜플안의 항목 데이터 가져오기

앞 절에서 튜플을 만들어 보았습니다. 그럼 이렇게 여러 데이터를 저장한 튜플의 각 항목을 어떻게 가져올 수 있을까요? 앞서 살펴본 예시 중 4번째 예시를 다시 한번 보겠습니다.

```
>>> book - '파이썬', 2019, 300, '터닝포인트'
>>> book
('파이썬', 2019, 300, '터닝포인트')
```

그림 7.3 ▶ '변수 book' 튜플 생성 및 값 확인 예시

이를 아래와 같이 그림으로 표현해 보겠습니다. 달리고 있는 열차에 4개의 칸이 있고, 순서대로 값을 집어 넣은 그림입니다.

그림 7.4 ▶ 기차로 표현한 튜플 데이터

이와 같이 생성한 튜플 데이터는 자동으로 색인(index)이 생깁니다. 그리고 그 색인으로 원하는 위치의 값을 가져올 수 있습니다. 이 기본 색인은 0부터 시작하여 정수 형태로 1씩 증가합니다.

그럼 색인을 기차 그림에 표시해 보겠습니다. '1호칸'으로 표기했던 곳에 '[0]'으로 변경되었으며, 다음 칸들 번호에 숫자가 하나씩 증가하고 있는 것을 확인할 수 있습니다. 이 방식이 바로 데이터를 변수에서 찾아오는 방법과 같습니다.

그림 7.5 ▶ 색인을 표기한 튜플 데이터

앞서 살펴본 방법으로 튜플 데이터의 특정 위치 값을 가져와 보겠습니다. 아래와 같이 변수 이름 우측에 대괄호로 쌓여진 색인 값을 넣으면 됩니다. '변수 book'의 2번째, 4번째, 1번째 값을 차례대로 조회해 보겠습니다.

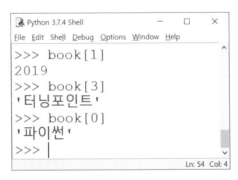

그림 7.6 ▶ 튜플 데이터 2번째, 4번째, 1번째 값 확인

튜플의 색인은 재미있게도 음수 색인도 존재합니다.

그림 7.7 ▶ 음수 색인을 표기한 튜플 데이터

양수 색인과 마찬가지로, 변수 이름 우측에 대괄호와 함께 음수 색인을 넣으면 원하는 값을 가져올 수 있습니다. '변수 book'의 4번째, 2번째 값을 음수 색인으로 확인해 보겠습니다.

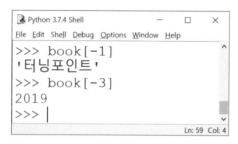

그림 7.8 ▶ 튜플 데이터 4번째, 2번째 값을 음수 색인으로 확인

문자열 길이를 확인하기 위하여 사용한 파이썬 기본 함수는 len() 함수입니다. 이 함수는 튜플 타입의 길이, 즉 값의 개수를 확인하는 데에도 사용할 수 있습니다.

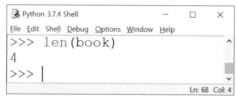

그림 7.9 ▶ 튜플 데이터 항목 개수 구하기 (len())

초보 프로그래머들이 흔히 하는 실수 중에 하나가 색인의 시작이 0이 아니라, 1부터 시작하는 것으로 오해하여 색인의 값을 잘못 넣는 것입니다. 검색하고자 하는 값이 N번째라면, 색인은 항상 N-1이죠. 하지만, 마지막 값을 확인할 때 색인을 잘못 사용하여 실수를 하는 경우가 많습니다. 가령, 아래와 같은 경우죠. 직접 실행해 보세요.

```
Python 3.7.4 Shell                                    —    □    ×
File  Edit  Shell  Debug  Options  Window  Help
>>> book[4]
Traceback (most recent call last):
  File "<pyshell#42>", line 1, in <module>
    book[4]
IndexError: tuple index out of range
>>> |
                                                         Ln: 73  Col: 4
```

그림 7.10 튜플 색인 오류 예시

에러 메시지가 출력되는 것을 확인할 수 있습니다. 아래 번역 내용을 참고하세요.

IndexError: tuple index out of range → 색인에러: 범위를 벗어난 튜플 색인

값을 변경할 수 없는 딱딱한 튜플

앞에서 튜플 타입은 리스트 타입과 정반대의 성질을 가지고 있다고 언급했습니다. 그 성질이 바로 '값을 변경할 수 없는 성질(immutable)'입니다. 학창시절 점토로 무언가를 만들어본 경험은 누구나 가지고 있을텐데 점토로 만들어진 창작물이 딱딱하게 굳어져 버리면 모양을 바꿀수가 없게 됩니다. 튜플 타입이 바로 이런 성질을 가지고 있는 셈입니다.

그럼 튜플의 값을 한번 바꾸는 시도를 해보겠습니다. '변수 book'에 담은 책의 출간이 미뤄져서 출간년도가 2020년도로 바뀌었다고 가정해봅시다. 그럼 두 번째 값을 바꾸는 시도를 해야겠죠? 아래 소스 코드를 입력해 봅시다.

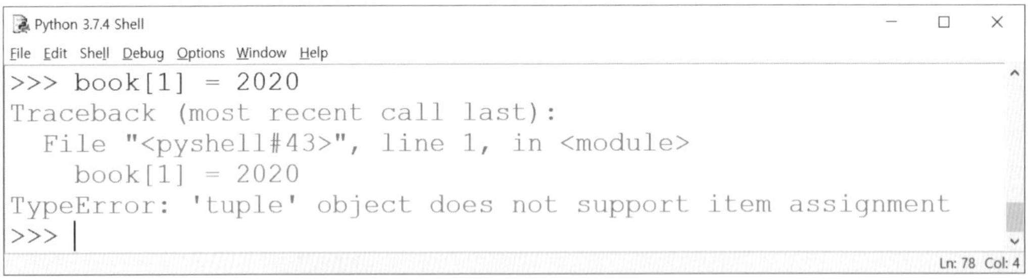

```
Python 3.7.4 Shell                                        —    □    ×
File  Edit  Shell  Debug  Options  Window  Help
>>> book[1] = 2020
Traceback (most recent call last):
  File "<pyshell#43>", line 1, in <module>
    book[1] = 2020
TypeError: 'tuple' object does not support item assignment
>>> |
                                                        Ln: 78  Col: 4
```

그림 7.11 ▶ 튜플의 특정 항목 값 변경 시도시 오류가 나는 상황

바로 에러가 나는 것을 확인할 수 있습니다. 마지막 줄의 에러 메시지를 번역하면 아래와 같습니다.

> 타입 에러 : '튜플'은 값을 할당할 수 없습니다.

LESSON 05 튜플의 패킹(packing)과 언패킹(unpacking)

이번에는 튜플의 팩킹과 언팩킹에 대해 알아 보겠습니다. 이 기능 역시 단순하면서도 무척 유용한 기법이며, 파이썬이 가지고 있는 독특한 사용법 중 하나입니다.

01 튜플 패킹

앞 절에서 책 정보를 담았던, '변수 book'을 만들었던 소스 코드를 다시 살펴 보겠습니다.

```
>>> book = '파이썬', 2019, 300, '터닝포인트'
>>> book
('파이썬', 2019, 300, '터닝포인트')
```

그림 7.12 '변수 book' 튜플 생성 및 값 확인 예시

'변수 book'에 문자열, 숫자 타입으로 이루어진 여러 개의 데이터가 하나의 튜플로 '포장'되어 저장되는 것을 확인할 수 있습니다. 이것을 바로 튜플 패킹(Packing)이라고 합니다. 마치 변수라는 상자에 4개의 데이터 항목을 포장해서 넣는 것과 비슷합니다.

그림 7.13 튜플 패킹(Packing) 개념

02 튜플 언패킹

반대로 튜플 데이터를 항목별로 각각 풀어서 변수에 저장하는 개념을 튜플 언패킹(Unpacking)이라고 합니다. 마치 포장되어 있는 박스 안의 항목들을 밖으로 하나씩 끄집어내는 것과 같습니다.

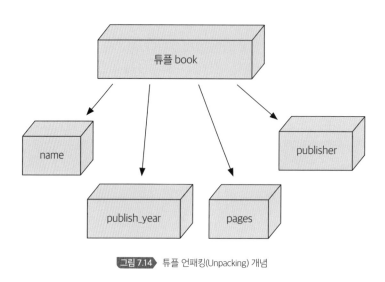

그림 7.14 튜플 언패킹(Unpacking) 개념

이를 소스 코드로 표현하면 아래와 같습니다. 튜플 각 항목에 해당하는 값을 집어 넣을 변수명을 나열하여 튜플을 대입했습니다. 이런 식으로 다양한 타입의 데이터를 여러 변수에 나눠서 한번에 저장하고 싶다면 튜플을 사용하면 됩니다. 직접 실행해 보세요!

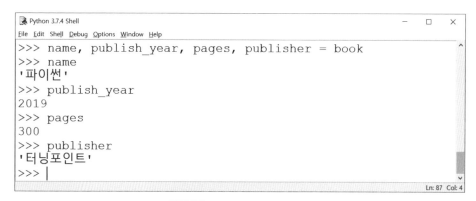

```
>>> name, publish_year, pages, publisher = book
>>> name
'파이썬'
>>> publish_year
2019
>>> pages
300
>>> publisher
'터닝포인트'
>>>
```

그림 7.15 튜플 언패킹 소스 코드 예시

 **주의하세요!**　언패킹을 할 때 변수 개수와 튜플 항목의 개수가 일치해야 합니다!!

LESSON 06 튜플과 닮은 리스트(list)

튜플과 함께 가장 많이 사용되는 데이터 타입이 바로 이번 절에서 살펴 볼 '리스트 타입'입니다. 데이터 N개로 이루어진 '리스트 타입'을 만드는 방법은 다음과 같습니다. 데이터를 나란히 쉼표 기호(,)로 나열한 뒤, 대괄호([,])로 감싸는 것입니다. 이 대괄호는 튜플처럼 생략할 수 없습니다. 그래야 튜플과 구분이 됩니다.

> 문법

변수 = [항목1, 항목2, 항목3, …., 항목N]

우선 아래 소스 코드를 실행해 보겠습니다. '변수 scores'에 여러분이 함께 공부하는 친구 4명의 지난 모의고사 수학 성적을 저장하는 소스 코드입니다.

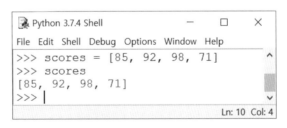

그림 7.16 ▶ 처음 만들어보는 리스트

리스트에서 색인(index)을 사용하는 방법 역시, 튜플과 똑같습니다. 양수/음수 색인을 그림으로 표현하면 아래와 같습니다.

그림 7.17 양수/음수 색인을 표기한 리스트 데이터 예시

그럼 리스트 특정 위치의 값을 가져오려면 어떻게 해야 할까요? 이 방법 역시 튜플과 같습니다. 아래와 같이 마지막 4번째 학생의 점수를 양수/음수 색인을 사용하여 가져와 보겠습니다.

```
Python 3.7.4 Shell                    —    □    ×
File  Edit  Shell  Debug  Options  Window  Help
>>> scores[3]
71
>>> scores[-1]
71
>>>
                                      Ln: 14  Col: 4
```

그림 7.18 리스트 데이터 '변수 scores'의 마지막 값 확인하기

리스트의 항목 개수 역시 쉽게 가져올 수 있습니다. 문자열 길이와 튜플 데이터 항목 개수를 확인할 때 사용했던, len() 함수입니다. 리스트에서도 같은 방식으로 사용 가능합니다.

```
Python 3.7.4 Shell                    —    □    ×
File  Edit  Shell  Debug  Options  Window  Help
>>> len(scores)
4
>>>
                                      Ln: 16  Col: 4
```

그림 7.19 리스트 데이터 항목 개수 구하기 (len()함수)

없는 색인을 실수로 넣어서 에러가 나는 것도 튜플과 같습니다. 에러 메시지만 조금 다를 뿐이
죠. 아래 예시는 색인이 0부터 시작하지 않고 1부터 시작하는 것으로 착각하여, 항목이 4개있는
'변수 scores'의 마지막 항목을 조회하기 위해 [3]이 아닌 [4]를 색인으로 입력한 경우입니다.

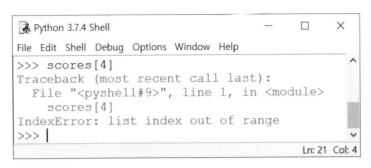

그림 7.20 리스트 색인 오류 예시

마지막 줄의 메시지가 정확한 에러 내용을 뱉어내고 있습니다. 아래 번역 내용을 참고하세요!

IndexError: list index out of range → 색인에러: 범위를 벗어난 리스트 색인

지금까지 살펴본 리스트의 기능들은 놀라울 정도로 튜플과 닮았습니다. 그렇다면, 리스트가 필
요한 이유가 무엇일까요? 앞서 언급했던 '정반대의 성질'이 그 해답입니다. 다음 절에서 알아보
겠습니다.

값이 변할 수 있는 말랑말랑한 리스트

리스트는 가지고 있는 항목의 값을 변경할 수 있습니다(mutable). 이 성질이 튜플과 가장 큰 차이점이라고 볼 수 있습니다. 반드시 기억해야 할 성질입니다.

01 리스트 타입 특정 색인의 값 변경하기

'변수 scores'에 저장했던 친구의 점수 중 세 번째 친구의 점수가 98점이 아니라 88점이라는 것을 알게 되었습니다. 튜플에서는 값을 변경할 수 없지만, 리스트에서는 바꿀 수가 있다고 하였습니다. 그럼 세 번째 항목의 값을 한번 바꿔 보겠습니다.

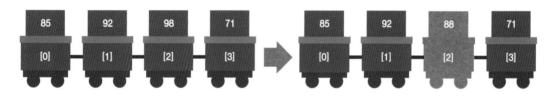

그림 7.21 리스트 세 번째 값 변경

값을 바꾸는 방법은 단순합니다. 색인을 사용하여 해당 위치의 값에 새로운 값을 대입하면 됩니다. 아래 소스 코드를 실행해 봅시다. 세 번째 항목의 값이 바뀌는 것을 확인할 수 있습니다.

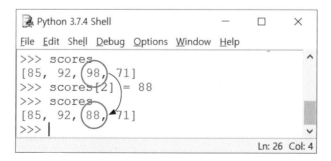

그림 7.22 리스트 세 번째 값 변경 및 확인

02 리스트에 값으로 항목 추가하기 - append(항목)

친구 한명이 더 추가되었습니다. 리스트의 끝에 친구 점수를 하나 더 추가해야 겠군요! 아래와 같이 말이죠.

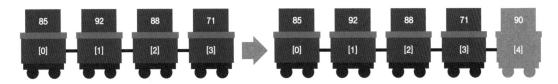

그림 7.23 리스트에 값으로 항목 추가 (append())

리스트의 끝에 항목을 하나 더 추가하고 싶다면, append() 함수를 사용할 수 있습니다. 그런데 이번 함수는 특이하게도 변수 이름 끝에 점 기호(.)를 입력한 뒤, 명시를 하고 있습니다. 이렇게 변수 이름에 붙여서 사용하는 함수를 '내장 메소드'라고 부릅니다. 리스트 타입에만 존재하는 함수인 셈이죠. 그럼 아래 소스 코드를 실행해 봅시다.

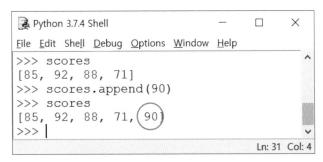

그림 7.24 리스트 append() 내장 메소드 사용 예시

그런데 이번에 한 친구가 나간다고 합니다. 그 친구 점수가 88점이었다고 합니다. 88점이었던 3번째 친구 값을 빼고 나면, 4번째, 5번째 친구의 색인은 하나씩 줄어들겠네요.

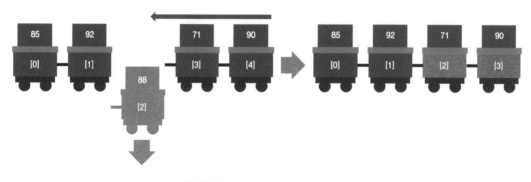

그림 7.25 리스트 특정 값 제거 (remove())

이렇게 특정 값을 가진 항목을 제거할 때는 remove() 내장 메소드를 사용합니다. 인수 안에 제거하고 싶은 값을 넣으면 됩니다. 아래와 같이 소스 코드를 실행해 보겠습니다.

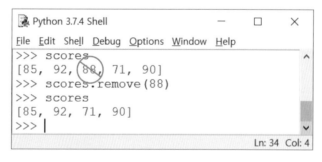

그림 7.26 리스트 remove() 내장 메소드 사용 예시

 **주의하세요!** remove() 내장 메소드의 인수는 삭제 대상 값입니다. 색인을 넣지 않도록 주의하세요!!

04 리스트 항목을 특정 위치에 넣기 - insert(색인, 항목)

이번에는 추가될 친구를 특정 위치에 한번 넣어 보겠습니다. 앞서 배운 append()는 리스트의 끝에 값을 더하는 용도였지만, 이번에는 77점을 4번째 위치에 넣어 봅시다.

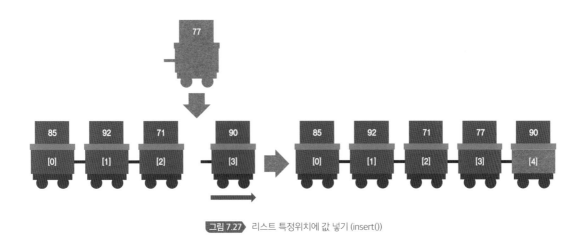

그림 7.27 리스트 특정위치에 값 넣기 (insert())

이번에 사용할 내장 메소드는 바로 insert()입니다. 이번에는 인수로 값만 넣으면 안되고 어떤 위치에 넣어야 하는지 알려 줘야 합니다. 그래서 첫 번째 인수로 값을 넣으려는 위치(색인)을 넣고, 두 번째 인수에 값을 넣습니다. 아래 소스 코드를 실행해 보세요!

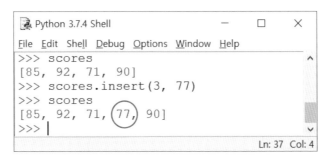

그림 7.28 리스트 insert() 내장 메소드 사용 예시

05 리스트 특정 위치의 항목 빼내기 - pop()

이번에는 색인을 활용하여 2번째 친구의 항목을 빼면서 값을 확인해 봅시다. 그리고 앞서 살펴본 remove() 내장 메소드는 값을 제거하기만 하지만, 이번에는 빼내는 항목의 값을 확인해야 합니다.

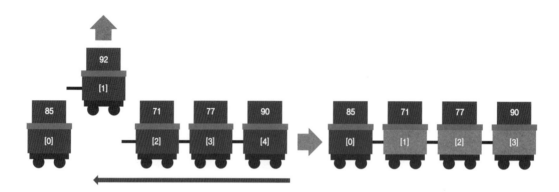

그림 7.29 ▶ 리스트 특정 위치의 값 빼내기 (pop())

이런 경우, pop() 함수를 사용할 수 있습니다. 인수로는 빼낼 항목의 위치(색인)를 넣으면 됩니다. 아래 소스 코드를 실행해 봅시다. 특히, pop() 내장 메소드 실행 후에 2번째 친구의 점수인 92가 출력되는지 눈여겨 보세요. 특이하게도 다른 함수와는 다르게 제거 대상 항목의 값을 반환하고 있습니다. 특정 위치의 항목 값을 확인하면서 제거할 때 사용해보세요!

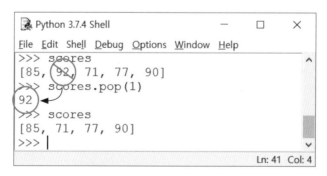

그림 7.30 ▶ 리스트 pop() 내장 메소드 사용 예시

06 리스트 항목 정렬하기 - sort()

이번에는 리스트 항목의 값을 원하는 순서로 정렬하는 방법을 알아보겠습니다. 정렬은 오름 차순 혹은 내림 차순으로 항목 순서를 변경합니다.

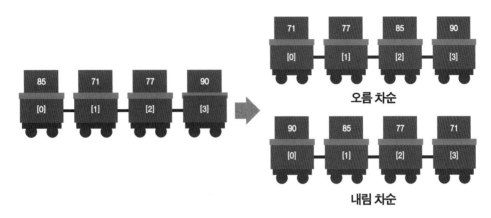

그림 7.31 ▶ 리스트 항목 정렬하기 예제

정렬은 sort() 내장 메소드를 사용합니다. ❶ 아무 인수 없이 사용하면 오름 차순으로 정렬되며, ❷ 인수에 'reverse=True'를 넣으면, 내림 차순으로 정렬됩니다. 아래 소스 코드 실행 결과를 참고하세요!

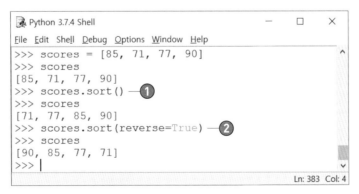

그림 7.32 ▶ 리스트 pop() 내장 메소드 사용 예시

07 리스트 항목 모두 지우기 - clear()

리스트를 사용하다보면, 전체 항목을 모두 지워야 하는 경우가 생깁니다. 이럴 때 사용하는 메소드가 바로 clear()입니다. 아래 소스 코드로 항목들이 모두 제거되는지 확인해 보세요!

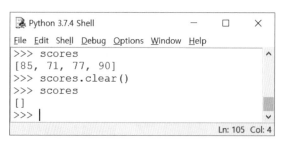

그림 7.33 리스트 clear() 내장 메소드 사용 예시

하나 더 알기

리스트 메소드 종류 및 참고 링크

이번 강의에서 살펴본 리스트 메소드는 일부분입니다. 전체 리스트와 사용법을 확인하고 싶다면 아래 링크를 방문해 보세요.
https://docs.python.org/3.7/tutorial/datastructures.html#more-on-lists

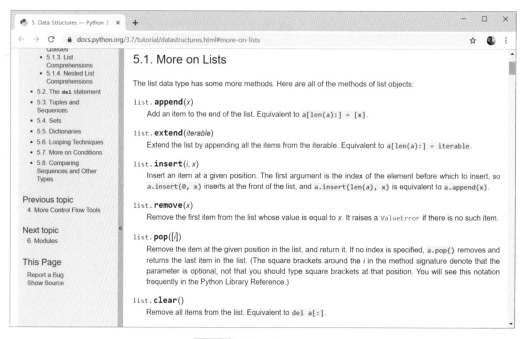

그림 7.34 리스트 메소드 참조 문서

튜플 vs 리스트

지금까지 우리는 튜플과 리스트의 기본적인 사용법을 살펴 보았습니다.

그렇다면 어떤 형태로든 나란히 이어지는 데이터가 있을 때 어떤 경우에 변경이 가능한 리스트 타입을 사용하고 어떤 경우에 변경이 불가능한 튜플형을 사용할까요? 반드시 지켜야할 법칙이 있는 것은 아니지만, 우리는 이 두 타입을 서로 다른 상황과 목적에 의해 사용할 수 있습니다.

우리는 '튜플 타입'을 일반적으로 '서로 다른 종류의 데이터 타입'으로 이루어진 항목들을 변수에 바로 풀어서 할당하거나 색인을 매기는 용도로 사용합니다. [7-3절]에서 사용한, 문자열 타입과 숫자 타입을 함께 담고 있는 '변수 book'과 같이 말이죠. 또한, 값을 변경할 수 없으니, 강제로 값을 변경하지 않게 하고 싶은 경우에도 사용합니다.

```
>>> book = '파이썬', 2019, 300, '터닝포인트'
```

반면에, 우리는 '리스트 타입'을 일반적으로 '동일한 자료 타입'으로 이루어진 항목들을 리스트 내에서 순차적으로 사용하거나 가공하는 용도로 사용합니다. 앞서 [7-7절]에서 리스트의 내장 메소드를 설명하기 위해 사용한 '변수 scores'가 좋은 예시가 되겠군요.

```
>>> scores = [85, 92, 88, 71]
```

이번 파트에서는 데이터가 나란히 이어지는 나열식 데이터를 쉽게 저장할 수 있는 두 가지 데이터 타입에 대해서 알아보았습니다. 이번 파트에서 배운 내용을 정리해 봅시다.

✖ 튜플 타입 : 변경할 수 없는 데이터 타입으로, 항목에 여러 데이터 타입이 있고 수정하면 안되는 경우 사용한다.

```
>>> book = '파이썬', 2019, 300, '터닝포인트'
```

✖ 튜플의 패킹과 언패킹 : 한 번에 여러 변수를 하나로 패킹하거나, 하나의 튜플을 여러 변수로 언패킹할 수 있다.

✖ 리스트 타입 : 변경할 수 있는 데이터 타입으로, 항목에 동일 데이터 타입이 있고 순차적으로 검색하거나 수정하는 경우 사용한다. 반드시 대괄호([ ])로 묶어서 생성한다.

```
>>> scores = [85, 92, 88, 71]
```

✖ 리스트 타입에는 다양한 내장 메소드가 있어, 항목의 구성을 자유롭게 변경할 수 있다. (예: append(), remove(), insert(), pop(), sort(), clear())

- append() : 리스트에 값으로 항목 추가하기
- remove() : 리스트 항목을 값으로 제거하기
- insert() : 리스트 항목을 특정 위치에 넣기
- pop() : 리스트 특정 위치의 항목 빼내기
- sort() : 리스트 항목 정렬하기
- clear() : 리스트 항목 모두 지우기

✖ 튜플과 리스트 타입은 상황에 따라 적절하게 선택하여 사용해야 한다.

이번 파트에서 가장 중요한 나열식 데이터 타입인 튜플과 리스트를 배웠습니다. 앞으로 가장 많이 사용할 데이터 타입이니 이번 파트의 내용을 꼭 기억하기 바랍니다. 그럼 다음 파트에서는 조금 더 다양한 방법으로 리스트의 기능들을 알아보겠습니다.

1. 이번 파트에서 배운 나열식 데이터 타입 두 가지는 무엇인가요?

2. 두 가지 나열식 데이터 타입 중 값을 변경할 수 없는 타입은 무엇인가요?

3. 아래 예시는 튜플 패킹인가요? 튜플 언패킹인가요?

a)
```
>>> book = '파이썬', 2019, 300, '터닝포인트'
```

b)
```
>>> name, publish_year, pages, publisher = book
```

4. 변수 a에 1, 2, 3, 4를 담는 리스트를 만드는 소스 코드를 작성하세요.

```
>>> a = _____
```

5. 리스트 a에 아래 작업을 하려고 합니다. 소스 코드를 작성해 보세요.

    a. 5를 추가합니다 :

    b. 3을 제거합니다 :

    c. 맨 앞에 7을 추가합니다 :

    d. 세 번째 항목의 값을 확인하고 버립니다 :

    e. 항목 값을 정렬합니다 :

    f. 모든 항목을 삭제합니다 :

6. 0부터 9까지의 정수의 제곱수로 이루어진 리스트를 만들어 보세요.

리스트 가지고 놀기

목차

정리해 볼까요?

생각해 봅시다

리스트를 잘라보자!

이번 절에서는 리스트에 담긴 나란히 열거된 데이터를 원하는 범위만큼 자르는 방법(slicing)을 배울 것입니다.

리스트를 자르는 방법은 다른 프로그래밍 언어와 비교하였을 때, 훨씬 단순하고 간결하게 할 수 있어 무척 재미있는 기능이기도 합니다. 리스트를 자르는 방법은 아래와 같이 색인을 집어 넣었던 대괄호 기호([ ])안에 숫자와 클론 기호(:)의 조합을 사용하면 됩니다.

문법

```
변수이름[<시작색인>:<끝색인>]
```

이를 해석하자면 아래와 같습니다. 굵은 글씨로 표기한 내용에 집중하세요.

리스트 타입 변수의 '**시작색인**'부터 '**끝색인의 앞**'까지 남기고 나머지는 잘라낸 '**신규 리스트를 반환**'하라.

리스트는 앞으로 여러분이 파이썬을 사용할 때 가장 많이 사용할 데이터 타입입니다. 특히, 이번 파트에서 다루는 내용들은 활용성이 무척 높으면서 초보 개발자들이 실수를 하는 내용이 무척 많습니다. 하지만, 알고 나면 아주 기본적인 내용이고 이해하는데 크게 어렵지 않습니다.

01 리스트를 앞/뒤로 잘라내기

[파트 7]에서 친구들의 점수를 저장하였던 scores 변수를 그대로 재활용하겠습니다. 4명의 점수 중, 첫 번째 친구와 마지막 친구의 점수를 잘라버리고 중간에 2친구의 점수만 담긴 리스트를 만들어 보겠습니다.

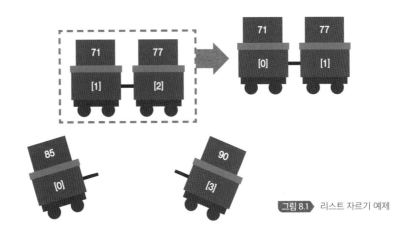

그림 8.1 ▶ 리스트 자르기 예제

소스 코드는 아래와 같습니다. 한줄씩 차례대로 실행해 보도록 하겠습니다.

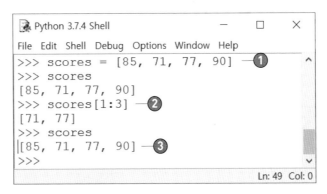

그림 8.2 ▶ 리스트 자르기 소스 코드 실행 예제

① 변수 scores에 숫자 4개의 항목을 가지고 있는 리스트를 넣고, 값을 확인해 봤습니다.

② 리스트 자르기를 시도합니다. scores[1:3]의 의미는 scores 리스트의 두 번째 항목부터 세 번째 항목까지 남기고 나머지는 잘라낸 새로운 리스트를 반환하라는 뜻입니다.

③ 위 ②에서 새로운 리스트를 반환했기 때문에 기존 scores 리스트의 값을 확인해보면, 처음에 입력한 값을 그대로 확인할 수 있습니다.

색인은 0부터 시작하며, 색인 0이 첫 번째 항목인 것을 꼭 기억하기 바랍니다. 또한, 리스트를 자를 때 끝색인의 앞 항목까지 포함하는 규칙이 헷갈릴 수 있으니 주의하기 바랍니다. 예를 들어, [1:3]의 의미는 두 번째, 세 번째 항목으로만 이루어진 리스트를 반환하는데, 간혹 네 번째 항목까지 포함하는 걸로 오용할 수 있습니다.

위 소스 코드에서 알 수 있듯이 리스트를 자른 후에 기존 리스트 값을 확인하면 값에 변동이 없다는 것을 알 수 있습니다. 대괄호 기호로 자르는 행위는 리스트 자체를 자르는 것이 아니라, 새로운 리스트를 만들어서 반환합니다. 이 새로운 리스트를 활용하려면 아래와 같이 변수에 저장해야 합니다.

```
>>> new_scores = scores[1:3]
```

```
Python 3.7.4 Shell                       —     □     ×
File  Edit  Shell  Debug  Options  Window  Help
>>> scores = [85, 71, 77, 90]
>>> new_scores = scores[1:3]
>>> new_scores
[71, 77]
>>> |
                                          Ln: 81  Col: 4
```

그림 8.3 ▶ 자른 리스트를 신규 변수에 저장하기

02 리스트 앞부분 잘라내기

이번에는 리스트 앞부분을 잘라 보겠습니다. 앞의 두 친구 점수를 잘라내고 뒤 세 번째, 네 번째 친구로 이루어진 리스트를 만들어 봅시다.

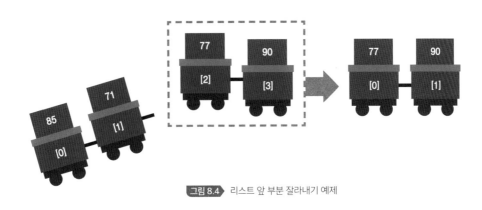

그림 8.4 리스트 앞 부분 잘라내기 예제

소스 코드는 2가지 방식으로 작성할 수 있습니다. 아래 소스 코드를 차례대로 실행해 봅시다. 다음 그림의 ❶은 앞서 배운 방법과 같습니다. 하지만, ❷ 실행 방법을 잘 살펴 보면, 끝색인을 아예 표기하지 않았습니다. 이렇게 색인을 아예 표기하지 않으면 리스트의 끝까지 포함하겠다는 의미입니다. 흔하게 사용하는 문법이니 기억하기 바랍니다.

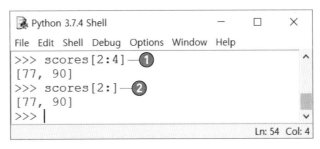

그림 8.5 리스트 앞 부분 잘라내기 소스 코드 실행 예제

03 리스트 뒷부분 잘라내기

이번에는 리스트 뒷부분을 잘라 보겠습니다. 뒤의 두 친구 점수를 잘라내고 앞 첫 번째, 두 번째 친구로 이루어진 리스트를 만들어 봅시다.

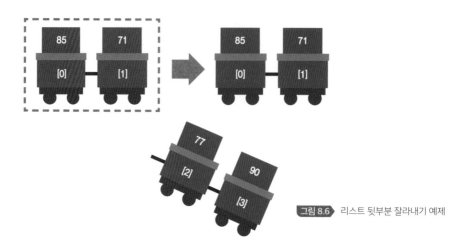

그림 8.6 리스트 뒷부분 잘라내기 예제

이 예제 또한 두 가지 방법으로 소스 코드를 작성할 수 있습니다.

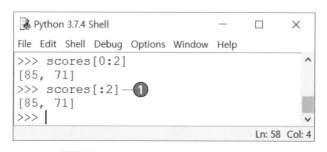

그림 8.7 리스트 뒷부분 잘라내기 소스 코드 실행 예제

슬슬 리스트를 자를때 대괄호 안에 색인을 입력하지 않은 경우에 어떻게 동작하는지 감이 오기 시작할 것입니다. ❶과 같이 시작색인에 값을 넣지 않으면 0을 넣는 것과 같이 동작합니다.

시작색인, 끝색인을 모두 넣지 않고 대괄호 안에 클론기호(:)만 넣으면 어떻게 될까요?

04 아무것도 잘라내지 않기

이번에는 리스트 자르기 기능을 사용은 하지만, 동일한 값을 그대로 반환해볼 것입니다. 아래 도식과 같이 말이죠.

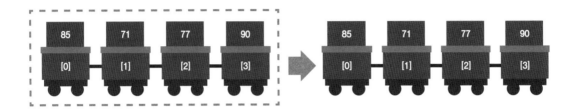

그림 8.8 ▶ 리스트 전부 잘라내기 예제

이 예제는 어떻게 작성할 수 있을까요? 앞서 힌트를 드렸으니 한번 맞춰보세요! 정답은 아래 소스 코드에서 확인하세요.

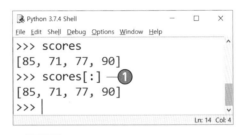

그림 8.9 ▶ 리스트 전부 잘라내기 소스 코드 실행 예제

①과 같이 숫자를 넣지 않고, 대괄호 안에 클론 기호만이 있는 것이 무척 흥미롭습니다. 똑같은 리스트 같은데 이 소스 코드가 필요한 이유가 무엇일까요? 다음 절에서 조금 더 자세히 알아보 겠습니다.

리스트 제대로 복제하기

이번 절은 많은 초보 개발자가 실수하는 소스 코드를 실행하는 걸로 시작해 보겠습니다. 여러분이 만든 리스트를 그대로 복제하여 새 변수에 대입하여 활용하고 싶다고 가정해봅시다. 아래 소스 코드를 한번 실행해 보세요. 마지막 줄은 〈Enter〉 키를 누르지 말고 잠시 대기 해주세요.

```
*Python 3.7.4 Shell*                    —    □    ×
File  Edit  Shell  Debug  Options  Window  Help
>>> scores = [85, 92, 98, 71]
>>> scores
[85, 92, 98, 71]
>>> new_scores = scores
>>> new_scores.append(99)      ①
>>> new_scores
[85, 92, 98, 71, 99]      ②
>>> scores
                                        Ln: 66  Col: 10
```

그림 8.10 리스트 복제 실수하는 경우

변수 scores에 신규 리스트를 넣는 과정은 이제 익숙하죠? 새롭게 만든 scores를 복제하기 위해 ①에서 '변수 new_scores'에 '변수 scores'를 대입하고 나서, 숫자 99를 new_scores에 추가(append)하였습니다. ②에서 새로 만든 '변수 new_scores'의 값을 확인해보니, 리스트 끝에 숫자 99가 추가된 것을 확인할 수 있습니다.

그렇다면, 마지막줄에서 확인하려는 기존 리스트 'scores'의 값은 어떻게 될까요? 여러분의 의도 대로라면 기존 'scores'의 값은 변동이 없어야 합니다. 〈Enter〉 키를 눌러서 값을 확인해봅시다.

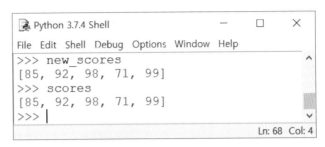

분명 '변수 new_scores'의 값에 항목을 추가하였는데, 기존 '변수 scores'의 값도 함께 변경이 되었습니다.

여기서 우리는 굉장히 중요한 개념을 하나 배울 것입니다. [그림 8.8]에서 리스트 복제를 시도 한 소스 코드를 다시 한번 살펴 봅시다.

```
>>> new_scores = scores
```

변수의 개념을 다시 한번 생각해보겠습니다. 어딘가에 저장되어 있는 데이터를 쉽게 찾아주는 역할을 한다고 하였습니다. 이 소스 코드는 scores가 찾아주는 동일한 데이터를 new_scores 를 사용하여도 찾을 수 있다고 작성한 소스 코드입니다. 즉, 두 변수가 바라보는 데이터의 위치가 같다는 뜻입니다.

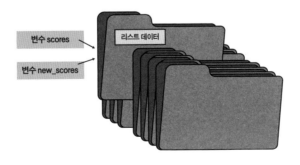

그림 8.12 동일한 데이터를 바라보고 있는 두 변수

그렇다면, scores의 데이터를 그대로 복제하여 다른 위치에 새로운 데이터를 저장하려면 어떻게 해야 할까요? 여기서 우리는 앞 절에서 배운 자르기 기능을 활용하면 됩니다. 첫색인에 0을 넣고 끝색인에 리스트 길이보다 1큰 숫자를 넣으면, 전체 리스트를 반환하는 새로운 데이터가 생기게 됩니다.

```
>>> new_scores = scores[0:4]
```

그런데, 색인을 명시하지 않으면 시작 색인은 0으로, 끝색인은 리스트의 끝부분으로 인식한다고 언급하였습니다. 그럼 아래와 같이 작성할 수 있습니다.

```
>>> new_scores = scores[:]
```

이렇게 '복제'한 새로운 리스트는 앞으로 '변수 new_scores'로 접근이 가능해집니다. 물론, '변수 scores'와는 별도로 말입니다.

그림 8.13 ▶ 서로 다른 데이터를 독립적으로 바라보고 있는 두 변수

그럼 이 소스 코드가 제대로 동작하는지 확인해 보겠습니다. 아래 소스 코드를 실행해 보세요. 우리의 의도대로 '변수 new_socres'와 '변수 scores'가 따로 분리되어 동작하는 것을 확인할 수 있습니다.

```
Python 3.7.4 Shell                              —    □    ×

File  Edit  Shell  Debug  Options  Window  Help
>>> new_scores = scores[:]
>>> new_scores.append(99)
>>> new_scores
[85, 92, 98, 71, 99, 99]
>>> scores
[85, 92, 98, 71, 99]
>>>
                                                    Ln: 74  Col: 4
```

그림 8.14 리스트 제대로 복제하기 소스 코드 실행 결과

색인을 넣지 않으면 처음이나 끝 색인을 자동으로 넣게 한 부분이 무척 흥미롭습니다. 그리고 소스 코드를 어떻게 작성하느냐에 따라서 본인의 의도와는 전혀 다르게 동작할 수 있다는 것을 알게 된 것도 큰 수확입니다. 앞으로 소스 코딩을 하다 보면, 이와 같은 상황이 빈번하게 발생할 것이며, 수많은 선택의 기로에 서게 될 것입니다. 이번 절에서 배운 내용이 의사 결정을 할 때 중요한 초석이 될 것이니 꼭 기억해 두기 바랍니다.

하나 더 알기

리스트 내장 메소드 copy()도 [:]와 같은 기능을 합니다.

scores[:] 는 scores.copy()와 같은 동작을 합니다. 하지만, [:] 용법을 더 자주 접하게 될 것입니다. 참고하세요!

```
Python 3.7.4 Shell                              —    □    ×

File  Edit  Shell  Debug  Options  Window  Help
>>> scores
[77, 87, 92, 84]
>>> copy_scores = scores.copy()
>>> copy_scores
[77, 87, 92, 84]
>>> copy_scores.append(99)
>>> copy_scores
[77, 87, 92, 84, 99]
>>> scores
[77, 87, 92, 84]
>>>
                                                    Ln: 322  Col: 4
```

그림 8.15 리스트 내장 메소드 copy() 사용 예제

03 리스트 합치기 혹은 확장하기

리스트는 연산자를 사용하여 서로 다른 리스트를 하나로 합친 새로운 리스트를 만들거나, 기존 리스트에 추가 리스트를 확장하는 방법을 제공하고 있습니다.

01 리스트 합치기 - + 연산자

2개의 리스트를 더하기 연산자 기호(+)를 사용하여 더하면, 두 개의 리스트를 하나로 합친 새로운 리스트가 생성됩니다. 아래 소스 코드를 실행해보면, a 리스트와 b 리스트가 합쳐진 c 리스트가 만들어진 것을 확인할 수 있습니다.

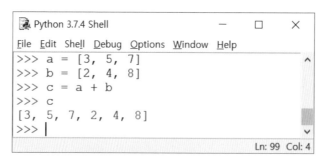

그림 8.16 ▶ 리스트 합치기 예제 소스 코드 실행 결과

02 리스트 확장하기 - extend()

만약, 리스트를 새로 생성하지 않고 a 리스트에 b 리스트를 그대로 붙이는 형태로 '확장'하고 싶을 때는 리스트의 내장 메소드인 extend() 함수를 활용하면 가능합니다. 아래 소스 코드를 실행해 봅시다.

```
Python 3.7.4 Shell                          —    □    ×

File  Edit  Shell  Debug  Options  Window  Help
>>> a
[3, 5, 7]
>>> b
[2, 4, 8]
>>> a.extend(b)
>>> a
[3, 5, 7, 2, 4, 8]
>>> |
                                           Ln: 94  Col: 4
```

그림 8.17 ▶ 리스트 확장하기 예제 소스 코드 실행 결과

하나 더 알기

● extend() 가 필요한 이유는 무엇일까?

만약, 더하고 나서도 기존 리스트의 값을 보존해야 하는 경우라면 더하기 연산자를 사용하는 방법이 옳은 방법입니다. 하지만, 그렇지 않은 경우라면, 기존에 있는 데이터에 값을 더하는 형태로 사용하는 것이 데이터 저장 공간을 더 효율적으로 사용하는 방법입니다. 왜냐하면, 중복 데이터를 줄여주기 때문입니다.

리스트 안의 리스트, 중첩 리스트

리스트는 재밌게도 리스트 자체를 항목으로 가질 수 있습니다. 이런 리스트를 '중첩 리스트'라고 부릅니다. 앞으로 여러분이 파이썬으로 데이터를 다루는 작업을 할 때 굉장히 빈번하게 사용할 것입니다.

예를 들어 여러분이 매일 턱걸이를 4번씩 할 수 있는 만큼 한다고 가정해 보겠습니다.

1일 - 10개, 8개, 11개, 7개

2일 - 7개, 9개, 8개, 11개

3일 - 12개, 9개, 10개, 8개

하루 기록을 데이터로 담으려면 간단한 리스트면 충분합니다.

```
>>> day1_records = [10, 8, 11, 7]
>>> day2_records = [7, 9, 8, 11]
>>> day3_records = [12, 9, 10, 8]
```

이 3개의 변수를 하나의 리스트 '변수 total_records'에 담겠습니다.

```
>>> total_records = [day1_records, day2_records, day3_records]
```

그럼 이제 total_records에 값이 어떻게 들어갔는지 확인해 보겠습니다.

```
Python 3.7.4 Shell                                        −    □    ×
File  Edit  Shell  Debug  Options  Window  Help
>>> day1_records = [10, 8, 11, 7]
>>> day2_records = [7, 9, 8, 11]
>>> day3_records = [12, 9, 10, 8]
>>>
>>> total_records = [day1_records, day2_records, day3_records]
>>> total_records
[[10, 8, 11, 7], [7, 9, 8, 11], [12, 9, 10, 8]]
>>> |
                                                          Ln: 196  Col: 4
```

그림 8.18 중첩 리스트 생성 결과 확인

'변수 total_records'의 값을 다시 한번 살펴 봅시다. 3개의 리스트를 감싸고 있는 대괄호가 보이시죠? 이것이 바로 중첩 리스트의 모습입니다.

[[10, 8, 11, 7], [7, 9, 8, 11], [12, 9, 10, 8]]

그럼 어떻게 값을 조회할 수 있을까요? 중첩 리스트니 대괄호가 2개가 필요합니다. 아래와 같이 말이죠. [0][0]은 첫 번째 내부 리스트의 첫 번째 항목을, [1][1]은 두 번째 내부 리스트의 두 번째 항목을, [2][3]은 세 번째 내부 리스트의 네 번째 항목을 조회합니다.

```
Python 3.7.4 Shell                                        −    □    ×
File  Edit  Shell  Debug  Options  Window  Help
>>> total_records
[[10, 8, 11, 7], [7, 9, 8, 11], [12, 9, 10, 8]]
>>> total_records[0][0]
10
>>> total_records[1][1]
9
>>> total_records[2][3]
8
>>> |
                                                          Ln: 202  Col: 4
```

그림 8.19 중첩 리스트 항목 조회하기

처음 중첩 리스트를 접했을 때는 다소 복잡해 보일 수 있지만, 리스트의 항목을 숫자나 문자열과 같이 리스트 역시 넣을 수 있다는 것을 이해하면 쉽게 이해할 수 있을 것입니다.

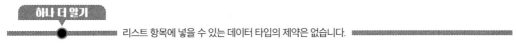

하나 더 알기

리스트 항목에 넣을 수 있는 데이터 타입의 제약은 없습니다.

중첩 리스트가 가능하듯이, 리스트 안의 항목에는 숫자 타입, 문자 혹은 문자열 타입, 논리형 타입 등 어떤 것이라도 넣을 수 있습니다.

05 중첩 리스트와 중첩 for 문의 조화

조금 전에 배운 중첩 리스트는 [6-10절]에서 배운 중첩 for 문과 잘 어울립니다. 실제 프로젝트에서도 무척 빈번하게 사용하는 기능인 만큼, 다소 복잡하더라도 꼭 이해하고 넘어가면 좋겠습니다.

조금 전에 사용한 '변수 total_records'의 각 항목의 값을 한줄에 하나씩 화면에 출력해보겠습니다. 아래 소스 코드를 입력해보세요.

12개의 숫자가 한줄에 하나씩 출력되는 것을 확인할 수 있습니다.

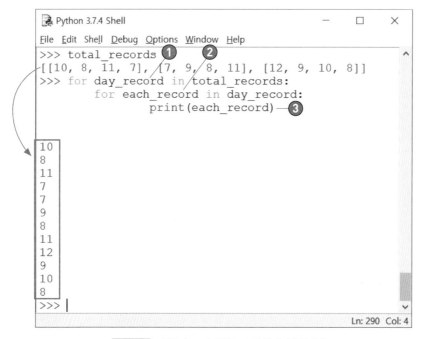

그림 8.20 ▷ 중첩 리스트와 중첩 for 문을 함께 사용한 예제 1

① 바깥쪽 for 문에서 사용한 '변수 day_record'는 '변수 total_records'의 항목인 리스트를 입력하기 위한 임시 변수입니다. 하루에 연습한 4번의 턱걸이 개수를 포함한 리스트가 대입됩니다.

② 내부 for 문에서 사용한 '변수 each_record'는 루프를 돌면서 추출한 '변수 day_record'의 각 회차 턱걸이 개수를 저장하는 임시 변수입니다.

③ 중첩 for 문에서 실행되는 블록문입니다. '변수 each_record'를 출력하고 있습니다.

그렇다면, 여러분이 3일 동안 연습한 턱걸이의 총개수는 몇 개일까요? 턱걸이 총개수를 '변수 total'에 담은 뒤, 출력하는 소스 코드를 작성해 봅시다.

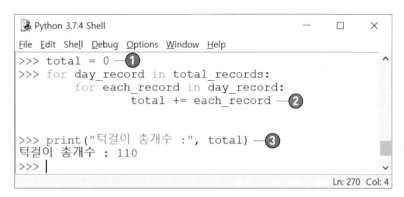

그림 8.21 중첩 리스트와 중첩 for 문을 함께 사용한 예제 2

① '변수 total'을 0으로 초기화합니다.

② 내부 블록문에서 '변수 total'에 증가 복합 연산자를 사용하여 '변수 each_record' 값을 누적하고 있습니다.

③ 중첩 for 문이 모두 돌고나면 누적된 최종 결과를 출력합니다.

리스트 부분 삭제하기 - del 문

파이썬 문법 중 del 문을 사용하면 리스트 항목 일부 혹은 리스트 항목 전체를 제거할 수 있습니다. 사용법은 아래와 같습니다. del 자체가 함수는 아니기 때문에 소괄호(())와 인수가 없는 것이 독특합니다.

문법

```
>>> del <삭제 대상 리스트 항목/범위>
```

그럼 아래 소스 코드를 하나씩 실행해 보겠습니다.

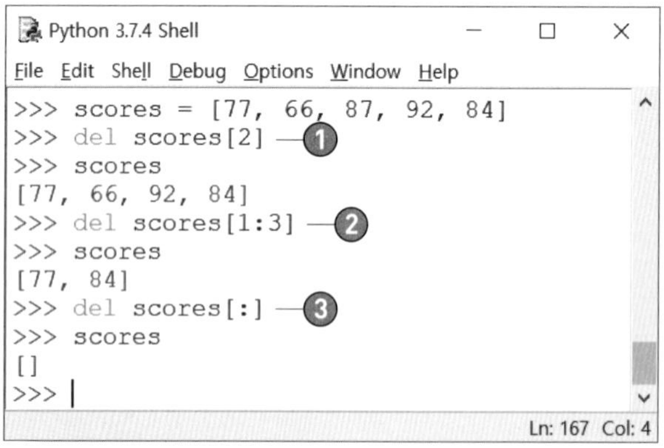

```
Python 3.7.4 Shell                          —    □    ×
File  Edit  Shell  Debug  Options  Window  Help
>>> scores = [77, 66, 87, 92, 84]
>>> del scores[2] ——①
>>> scores
[77, 66, 92, 84]
>>> del scores[1:3] ——②
>>> scores
[77, 84]
>>> del scores[:] ——③
>>> scores
[]
>>> |
                                          Ln: 167  Col: 4
```

그림 8.22 del 문을 활용한 리스트 부분 삭제 소스 코드 실행 결과

첫 줄에서 '변수 scores'에 항목이 5개인 리스트를 선언하였습니다.

❶에서는 세 번째 항목을 삭제하기 위해 del 문 뒤에 해당 항목을 나열하였습니다. 값을 확인해보니 세 번째 항목인 87이 사라지고 값이 4개로 줄어들었습니다.

❷에서는 앞서 배운 리스트 자르기 구문을 활용하고 있습니다. 리스트의 첫 번째~두 번째 항목을 삭제하라고 하였군요. 값을 확인해보니, 중간에 위치했던, 66, 92는 삭제되고, 기존에 첫 번째, 마지막 항목의 값이 남아 있습니다.

❸에서는 리스트를 복제할 때 배운 [:]가 사용되었군요! 전체 항목이 삭제가 됩니다. 마치, 리스트 내장 메소드 clear()를 사용한 것과 같습니다.

빈 리스트 만들기

지금까지 리스트를 생성할 때 항상 항목이 있는 상황에서 리스트를 만들었습니다. 하지만, 빈 리스트를 만들었다가 경우에 따라서 항목을 추가하거나 삭제하는 경우도 많습니다. 가령 while 문이나 for 문에서 리스트를 사용하고 싶은데, 루프를 돌 때마다 매번 새로운 리스트를 생성하면, 원하는 값을 넣고 빼고 할 수 없습니다. 빈 리스트를 만드는 방법은 아주 단순합니다. 항목이 없는 대괄호([ ]) 혹은 list() 함수로 빈 리스트를 생성할 수 있습니다.

```
Python 3.7.4 Shell                              —    □    ×
File  Edit  Shell  Debug  Options  Window  Help
>>> empty1 = []
>>> empty1
[]
>>> empty2 = list()
>>> empty2
[]
>>>
                                              Ln: 355  Col: 4
```

그림 8.23 빈 리스트 만들기 예제

빈 리스트를 하나 만들어서 정수를 0부터 9까지 넣어서 마지막에 리스트 자체를 출력하는 소스 코드를 실행해 봅시다. for 문과 range() 함수를 적절하게 활용해보세요. (range() 함수를 활용한 for문 사용법이 잘 기억이 나지 않는다면 [6-8절]을 참고하세요.) 이런 식의 빈 리스트 초기화 방식은 앞으로도 많이 사용하게 될 것입니다. 꼭 기억해두세요!

```
Python 3.7.4 Shell                              —    □    ×
File  Edit  Shell  Debug  Options  Window  Help
>>> numbers = []
>>> for x in range(10):
        numbers.append(x)


>>> numbers
[0, 1, 2, 3, 4, 5, 6, 7, 8, 9]
>>>
                                              Ln: 362  Col: 4
```

그림 8.24 빈 리스트를 활용하여 만든 정수 리스트 예제

이번 파트에서는 리스트를 다루는 고급 기술에 대해서 다양하게 알아보았습니다. 이번 파트에서 배운 내용을 정리해 보겠습니다.

✖ 리스트 자르기 방법

　• 문법 :

```
변수이름[<시작색인>:<끝색인>]
```

　• 문법 풀이:

> 리스트 타입 변수의 '**시작색인**'부터 '**끝색인의 앞**'까지 남기고 나머지는 잘라낸 '**신규 리스트를 반환**'하라.

✖ 시작색인을 명시하지 않는 경우 0으로 대체된다.

✖ 끝색인을 명시하지 않는 경우, 리스트 끝으로 대체된다.

✖ 리스트를 제대로 복제하기위해서 [:] 혹은 copy() 메소드를 사용해야 한다.

✖ '+ 연산자'로 리스트 2개를 합친 새로운 리스트를 만들 수 있다.

✖ extend() 메소드로 리스트 하나에 다른 리스트를 붙여서 확장할 수 있다.

✖ del 문으로 리스트 항목 혹은 일부를 삭제할 수 있다. (예: del a_list[2:4])

✖ 리스트의 항목에 데이터 타입 제약이 없으며, 리스트가 항목이 되는 경우 중첩 리스트라고 부른다.

✖ 중첩 리스트는 중첩 for 문과 함께 빈번하게 사용된다.

✖ 빈 리스트를 만들기 위해서는 [] 혹은 list() 함수를 사용한다.

이번 파트에서는 지난 파트와 함께 리스트에 대해서 깊이 알아보았습니다. 그만큼 리스트는 앞으로 여러분이 파이썬을 활용하는데 가장 중요한 데이터 타입이 될 것입니다. 잘 이해되지 않는 부분들이 있다면, 반드시 다시 읽어보고 이해하는 시간을 갖기 바랍니다.

다음 파트에서는 튜플, 리스트 타입만큼 중요한 세트 타입과 딕셔너리 타입을 알아보고, 이 데이터 타입들을 제어문과 어떻게 조합하여 사용하는지 알아보겠습니다.

1. 파이썬의 리스트를 자르는 방법은 아래와 같습니다. 빈 칸을 채우세요.

> 변수이름[<_____ 색인>:< __ 색인>]

2. 자를 때 반환되는 리스트는 기존 리스트인가요? 신규 리스트인가요?

3. scores라는 리스트가 있다고 가정해봅시다. scores[:]의 의미는 무엇인지 다음 빈 칸을 채우세요.

> 전체 리스트를 _____한 신규 리스트를 반환하라

4. 위 3과 동일한 목적으로 사용하는 리스트 내장 메소드가 무엇인지 고르세요.

    a. replicate()

    b. clone()

    c. copy()

    d. boksa()

5. 다음은 리스트 2개를 하나로 합치는 2가지 방식을 소스 코드로 표현한 예시입니다. 두 방식 중 기존 리스트에 추가 리스트를 확장하는 방법은 무엇인가요?

    a. list_c = list_a + list_b

    b. list_a.extend(list_b)

6. 아래 소스 코드의 동작 방식은 다음과 같습니다. 빈 칸을 채우세요.

```
>>> del list[1:3]
```

동작 방식 : list[1:3]에 해당하는 리스트 일부를 _____ 한다.

7. 다음 중첩 리스트 설명의 빈 칸을 채우세요.

```
_____ 를 항목으로 갖는 리스트
```

8. 다음 항목 중 빈 리스트를 만드는 방법을 선택하세요. (복수 선택 가능)

a.   a = []

b.   a = list[]

c.   a = list()

d.   a = ()

9. 다음 설명대로 소스 코드를 작성해 보세요.

❶ 빈 리스트 생성

❷ 30미만의 5의 배수 정수를 리스트에 추가

❸ 리스트 값 확인

10. 중첩 for 문을 사용하여, 2명이 가위-바위-보 게임을 하였을 때 나올 수 있는 모든 경우의 조합 (9개)을 출력하세요.

목차

**학습
목표**

○ 주석을 사용할 수 있다.

○ 세트 타입의 특징을 이해하고 활용할 수 있다.

○ 세트를 사용하여 집합 연산을 할 수 있다.

○ 딕셔너리 타입의 특징을 이해하고 활용할 수 있다.

○ 여러 데이터 타입을 정렬하여 신규 데이터를 만들 수 있다.

○ 튜플을 딕셔너리로, 혹은 반대로 변환할 수 있다.

**주요
용어**

○ 주석(Statements) : 소스 코드 설명을 위해 사용하는 문장

○ 세트 타입 : 순서/중복 없는 데이터의 타입

○ 딕셔너리 : 키/값 쌍의 항목으로 구성되는 데이터 집합 타입

○ in/not in 키워드 : 데이터 집합 안에 데이터가 항목으로 존재하는지 확인하는 키워드

○ sorted() : 정렬된 데이터를 생성해주는 함수

**학습
시간**

80분

**동영상
강의**

http://www.youtube.com/ChoChris

소스 코드 설명을 위해
사용하는 주석

지금까지 우리가 작성한 소스 코드는 모두 컴퓨터에서 실행되는 것이었습니다. 하지만, 소스 코드를 작성하다 보면, 프로그램 실행과는 무관하지만 이해를 돕기 위한 부연 설명이 필요한 경우가 많습니다. 이럴 때 사용하는 것이 바로 주석(Comments)입니다. 소스 코드만으로는 프로그램의 의도를 전달하기 어려운 경우 사용하며, 잘 작성한 소스 코드에는 적절한 주석이 항상 포함되어 있기 마련입니다.

주석을 사용하는 방법은 무척 간단합니다. 작성하고자 하는 내용 앞에 해시 기호 (#)를 붙이면됩니다. 해시 기호로 시작하는 문자열은 해시 기호부터 다음 줄로 넘어가기 전까지 주석으로 간주하며 실행되지 않습니다. 그럼 예를 살펴 보도록 하겠습니다.

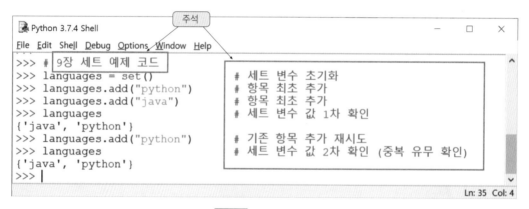

그림 9.1 주석 사용 예시

앞으로 소개하는 모든 소스 코드에는 소스 코드 이해를 돕기 위한 주석이 추가될 것입니다. 여러분의 판단에 소스 코드를 이해하기 위해 필요한 내용이라면 적극적으로 주석을 작성하는 노력을 해보세요.

참고 사항

● 여러 줄의 주석 표기 방법

여러 줄의 주석은 문장열을 입력하는 방식인 큰 따옴표 3개(""")로 감싸서 표현할 수 있습니다. 여러 줄이 필요한 긴 설명을 주석으로 남기고 싶을때 활용하세요.

LESSON 02
중복이나 순서가 없는 세트(Set)와 in 키워드

여러분과 함께 공부를 하고 있는 학생들이 선호하는 프로그래밍 언어가 몇 가지 있는지 조사한다고 가정해 보겠습니다. 지금까지 배운 데이터 타입 중 어떤 데이터 타입을 사용하는 것이 좋을까요? 만약, 리스트나 튜플을 사용한다면 모든 학생들의 응답을 담은 뒤 중복 데이터를 제거하는 번거로운 작업이 필요할 것입니다. 이런 경우 세트 타입을 사용하면 중복 데이터가 자동으로 제거됩니다.

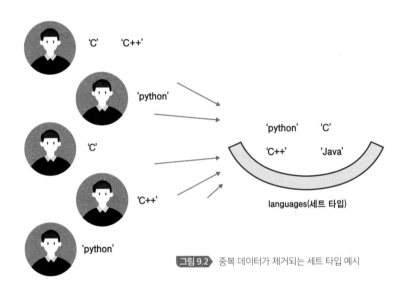

그림 9.2 중복 데이터가 제거되는 세트 타입 예시

세트 타입은 데이터 중복을 허용하지 않고 순서가 없는 데이터 집합을 위한 데이터 타입입니다. '세트'라는 용어는 '집합'으로 불리기도 하지만 필자는 일반적으로 사용하는 '집합'과 구분하기 위해 '세트'라고 부르겠습니다. 세트 타입의 표기법은 리스트나 튜플과 같이 쉼표로 구분된 항목을 중괄호 기호({ })로 감싸는 것입니다.

문법

변수 = {항목1, 항목2, 항목3, …, 항목N}

그럼 세트 타입을 이해하기 위해 위 그림의 예시를 소스 코드로 작성하여 실행해 보겠습니다. 각 소스 코드에 대한 부연 설명은 해시 코드(#)로 시작하는 주석의 내용을 참고하세요. (참고로 실습 시 주석을 모두 입력할 필요는 없습니다.) 중복 항목이 포함된 데이터로 세트 타입 변수 languages를 만들어 값을 확인해보니, 중복 데이터가 제거된 상태로 출력되는 것을 확인했습니다.

```
>>> # 중복 포함한 항목 6개로 세트 생성
>>> languages = {'C++', 'Python', 'C', 'C', 'C++', 'Python'}
>>> languages
{'C', 'Python', 'C++'}
```

01 빈 세트 만들기 - set()

빈 세트 타입을 만들기 위해서는 반드시 set() 함수를 사용해야 합니다. 리스트나 튜플처럼 중괄호 기호({ })만으로 생성할 수 없으니 주의하기 바랍니다. 주변 친구들이 좋아하는 색이 얼마나 다양한지 확인을 하기 위해서 colors 변수에 빈 세트 타입을 만들어 보겠습니다.

```
>>> colors = set()          # 빈 세트 타입 생성
>>> colors                  # 변수 값 확인
set ()
```

참고 사항

━━━ 소소 코드 기재 방법 단순화 ━━━

이번 파트부터는 소스 코드 편집기의 테두리 부분 없이 소스 부분만 발췌하여 표기합니다. [IDLE]에서 소스 코드를 작성하면 됩니다!

02 세트 항목 추가 - add(항목)

그럼 이제 항목을 set 변수에 추가해 보겠습니다. 추가된 순서가 보장되지 않는다는 점과 중복 데이터는 추가되지 않는다는 점을 확인해보기 바랍니다.

```
>>> colors.add('red')              #항목 추가
>>> colors.add('blue')             #항목 추가
>>> colors.add('yellow')           #항목 추가
>>> colors                         #값 확인 (순서 보장 안됨)
{'yellow', 'red', 'blue'}
>>> colors.add('red')              #중복 항목 추가 시도
>>> colors                         #중복 항목 확인
{'yellow', 'red', 'blue'}
```

03 세트 항목 존재 유무 확인 - in 키워드

만약, 여러분이 찾고자 하는 항목이 포함되었는지 확인하고 싶다면, 'in' 키워드를 사용하면 됩니다. 'in' 키워드와는 반대 개념으로 'not in' 키워드도 존재해요. 이는 해당 값이 없는지 확인하는 키워드입니다. 아래 소스 코드를 주석과 함께 확인해 보세요!

```
>>> 'red' in colors                # 'red'가 항목으로 존재하는지 확인
True
>>> 'black' in colors              # 'black'이 항목으로 존재하는지 확인
False
>>> 'white' not in colors          # 'white'가 항목에 존재하지 않는지 확인
True
```

04 세트 특정 항목 제거 - remove(항목)

세트 내에 존재하는 항목을 set 변수에서 제거합니다. 제거 대상 항목이 세트 안에 없으면 Key Error가 발생합니다.

```
>>> colors.remove('red')          # 세트 안에 존재하는 항목 제거
>>> colors                        # 항목 제거 유무 확인
{'yellow', 'blue'}
>>> colors.remove('black')        # 세트 안에 없는 항목 제거시 KeyError 발생 확인
Traceback (most recent call last):
  File "<pyshell#61>", line 1, in <module>
    colors.remove('black')
KeyError: 'black'
```

05 세트 항목 폐기 - discard(항목)

항목 제거를 시도하지만, 해당 항목이 없더라도 KeyError 에러가 발생하지 않습니다. 이 부분이 remove() 함수와 다른 부분입니다.

```
>>> colors
{'yellow', 'blue'}
>>> colors.discard('black')       # 존재하지 않는 항목 제거 시도 시 에러 미발생
>>> colors
{'yellow', 'blue'}
>>> colors.discard('yellow')      # 존재하는 항목은 제거 됨
>>> colors
{'blue'}
```

세트 내에 항목 중 하나를 임의로 '추출'합니다. '추출'한다는 의미는 함수의 반환 값으로 해당 항목의 값을 반환하고, 세트에서는 제거한다는 뜻입니다. 만약, 세트가 비어있다면, KeyError가 발생합니다.

```
>>> colors                          # 현재 colors 항목 확인
{'blue'}
>>> colors.pop()                    # 항목 추출
'blue'
>>> colors                          # 현재 colors 항목 확인
set()
>>> colors.pop()                    # 비어 있는 세트에서 추출 시도(에러)
Traceback (most recent call last):
  File "<pyshell#88>", line 1, in <module>
    colors.pop()
KeyError: 'pop from an empty set'
>>> # colors 값 초기화
>>> colors = {'yellow', 'red', 'blue', 'black', 'white'}
>>> colors.pop()                    # 값 임의 추출 확인
'red'
>>> colors.pop()                    # 값 임의 추출 확인
'blue'
>>> colors
{'yellow', 'white', 'black'}
```

세트 내에 있는 모든 항목을 제거합니다.

```
>>> colors                          # 현재 colors 항목 확인
{'yellow', 'white', 'black'}
>>> colors.clear()                  # 항목 모누 제거
>>> colors                          # 빈 세트 확인
set()
```

세트를 활용한 집합 연산

세트 타입은 흥미롭게도 수학 시간에 배웠던 합집합, 교집합, 차집합, 여집합 등을 구하는 데에도 유용하게 쓰입니다. 수학적 집합 연산을 위한 예제를 함께 살펴 보겠습니다. 소스 코드 설명은 주석을 참고하세요!

```
>>> A = set('abracadabra')          # 세트 타입 변환을 통한 중복 문자 제거
>>> B = set('alacazam')             # 세트 타입 변환을 통한 중복 문자 제거
>>> A                               # a 세트 값 확인
{'a', 'r', 'b', 'c', 'd'}
>>> A - B                           # a에만 존재하는 문자(차집합)
{'r', 'd', 'b'}
>>> A | B                           # a와 b의 합집합
{'a', 'c', 'r', 'd', 'b', 'm', 'z', 'l'}
>>> A & B                           # a와 b의 교집합
{'a', 'c'}
>>> A ^ B                           # a와 b의 여집합 (합집합 - 교집합)
{'r', 'd', 'b', 'm', 'z', 'l'}
```

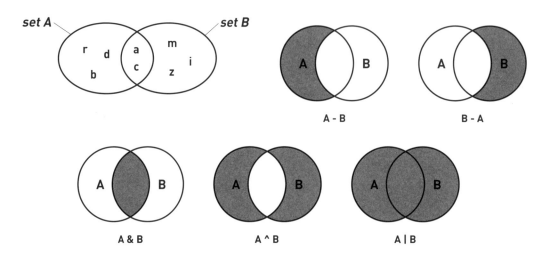

그림 9.3 세트 타입 집합 연산자 사용 예시

키와 값을 동시에, 딕셔너리(dictionary)

리스트나 튜플은 값 항목을 열거하여 자동으로 순서대로 정수 색인을 매기지만, 딕셔너리 타입은 숫자나 문자열과 같은 데이터 타입으로 개발자가 선언한 키(Key)에 의해 색인이 정해집니다. 즉, 정수가 아닌 특정 숫자나 문자열로 원하는 값을 찾을 수 있다는 의미입니다.

그래서, '딕셔너리 타입'을 정의하자면 '전체 항목이 '정렬되지 않은' 키(Key)와 값(Value)의 쌍'으로 구성된 데이터 모음' 정도로 정의할 수 있겠습니다. 표기법은 한 쌍의 키와 값은 "키:값" 형태로 중간에 클론 기호(:)를 사용하며, 각 쌍은 쉼표 기호(,)로 구분하고 전체 집합은 중괄호 기호({ })로 감싸는 방식입니다. 값을 찾을 추출할 때는 리스트에서 숫자 인덱스를 통해 값을 찾는 방법과 같이 대괄호([ ])와 고유 색인을 활용합니다.

문법

변수 = {키1:값1, 키2:값2, 키3:값3, …, 키N:값N}

여러분 친구들이 선호하는 프로그래밍 언어를 조사하고, 각 프로그래밍 언어를 사용할 수 있는 친구가 몇 명이나 있는지 저장하는 데이터를 만든다고 해봅시다.

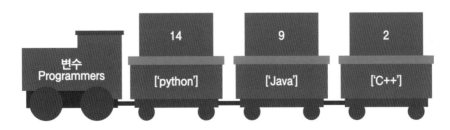

그림 9.4 딕셔너리 타입 예시

이를 소스 코드로 표현하면 다음과 같습니다.

```
>>> programmers = {'Python':14, 'Java':9, 'C++':2}  ①
>>> programmers  ②
{'Python': 14, 'Java': 9, 'C++': 2}
>>> programmers['Python']  ③
14
```

① 딕셔너리를 선언합니다.

② 딕셔너리 값을 확인합니다.

③ 색인 'Python'에 들어가 있는 값을 확인합니다.

01 딕셔너리 항목 개수 확인 - len(항목)

파악된 전체 프로그래밍 언어의 개수를 확인하고 싶다면, 다른 데이터 타입들과 마찬가지로 파이썬 기본 내장 함수인 len() 함수를 사용하면 됩니다.

```
>>> len(programmers)              # 항목 개수 확인
4
```

02 딕셔너리 값 변경 및 추가

파이썬을 활용하는 학생이 14명인 줄 알았는데, 알고 보니 10명이었고 합니다. 해당 키 값을 활용하여 쉽게 값을 변경할 수 있습니다.

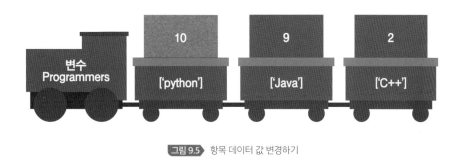

그림 9.5 ▶ 항목 데이터 값 변경하기

```
>>> programmers['Python'] = 10          # 특정 항목 값 변경
>>> programmers                         # 딕셔너리 값 재확인
{'Python': 10, 'Java': 9, 'C++': 2}
```

항목 추가도 쉽게 할 수 있습니다. 새로운 키에 원하는 색인을 집어넣고 값을 입력하면 됩니다. 'Ruby'를 할 수 있는 학생이 2명 있다고 한다면 다음과 같이 항목을 추가하면 됩니다.

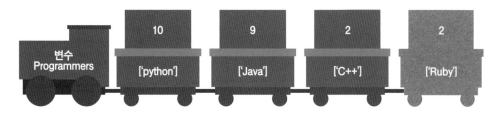

그림 9.6 ▶ 항목 추가하기

```
>>> programmers['Ruby'] = 2                    # 항목 추가
>>> programmers                                # 딕셔너리 값 재확인
{'Python': 10, 'Java': 9, 'C++': 2, 'Ruby': 2}
```

 **주의하세요!** ⬤ 딕셔너리의 키는 유일하며, 중복되는 경우 마지막 값으로 덮어 씌어 집니다(overwrite).

딕셔너리에 값을 추가할 때 이미 같은 키가 존재하면, 해당 값이 최종 값으로 덮어 씌어 집니다. 이를 프로그래밍 언어로는 오버라이트(Overwrite)라고 합니다. 간혹, 초보 프로그래머들이 처음에 넣은 데이터가 바뀌어서 당황하는 실수를 하는 경우가 있습니다.

딕셔너리에 저장된 항목의 키 값들만 확인하고 싶다면, 딕셔너리 타입의 내장 메소드인 keys()를 사용하면 됩니다. 이때 반환 값은 생소한 'dict_keys' 타입으로 반환되는 데 이를 익숙한 리스트로 활용하고 싶다면 타입 변환 함수인 list()를 사용하면 됩니다.

그림 9.7 ▶ 키(key)만 반환하기

```
>>> programmers.keys()
dict_keys(['Python', 'Java', 'C++', 'Ruby'])
>>> list(programmers.keys())              # 전체 키 리스트 반환
['Python', 'Java', 'C++', 'Ruby']
```

이번에는 키가 아닌, 전체 값들만 출력합니다. 아래와 같이 딕셔너리 타입의 내장 함수인 values()를 사용하면 됩니다. 이 또한, 생소한 'dict_values'로 반환되며, list() 함수로 타입을 변환하여 활용할 수 있습니다.

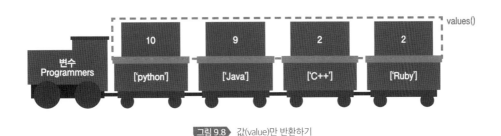

그림 9.8 ▶ 값(value)만 반환하기

```
>>> programmers.values()
dict_values([10, 9, 2, 2])
>>> list(programmers.values())
[10, 9, 2, 2]
```

04 딕셔너리 항목 존재 유무 확인 - in 키워드

만약, 여러분이 찾고자 하는 프로그래밍 언어가 포함되었는지 확인하고 싶다면, 'in' 키워드를 사용하면 됩니다. 'in' 키워드와는 반대 개념으로 'not in' 키워드도 존재해요. 이는 해당 값이 없는지 확인하는 키워드입니다.

```
>>> 'Python' in programmers          # 'Python'이 키로 존재하는지 확인
True
>>> 'Rust' in programmers            # 'Rust'가 키로 존재하는지 확인
False
>>> 'R' not in programmers           # 'R'이 키로 존재하지 않는지 확인
True
```

05 딕셔너리 특정 항목 삭제 - del 키워드

이번에는 특정 항목을 삭제해보겠습니다. 마지막에 추가했던 'Ruby' 항목을 삭제한다면 리스트에서 특정 항목 혹은 범위를 삭제할 때 사용했던 'del 키워드'를 사용하면 됩니다.

그림 9.9 항목 제거하기

```
>>> programmers                          # 초기 항목 확인
{'Python': 10, 'Java': 9, 'C++': 2, 'Ruby': 2}
>>> del programmers['Ruby']              # 'Ruby' 항목 삭제
>>> programmers                          # 삭제 후 항목 확인
{'Python': 10, 'Java': 9, 'C++': 2}
```

06 딕셔너리 전체 항목 삭제 - clear()

전체 항목을 모두 삭제하여 빈 딕셔너리 타입을 만들고 싶다면, 딕셔너리 내장 메소드인 clear() 를 사용하세요!

```
>>> programmers.clear()          # 전체 항목 삭제
>>> programmers                   # 항목 확인
{}
```

07 튜플 데이터를 딕셔너리 타입으로 변환 - dict()

마지막으로 튜플 데이터를 딕셔너리 타입으로 변환해주는 방법을 살펴 보겠습니다. 딕셔너리 타입은 키와 값의 쌍으로 이루어진 데이터이기 때문에 다른 데이터 타입들과는 변환 방법이 다릅니다. 다음 소스 코드를 참고하세요!

```
>>> dict([('Python', 10), ('Java', 9), ('C++', 2)])
{'Python': 10, 'Java': 9, 'C++': 2}
```

하나 더 알기
━━━━━━━━━━●━━━━━ 그런데 dict() 함수는 언제 사용하나요? ━━━━━━━━━━━━━━━

dict() 함수로 타입 변환을 하는 것을 처음 접하면 무척 생소해 보일 수 있습니다. 하지만 데이터 분석을 하다 보면 튜플 타입인 데이터 처리 결과를 딕셔너리 타입으로 변환하는 경우가 많습니다. 그 이유는 튜플은 딕셔너리에 비해 데이터처리 속도가 빠르기 때문에 처리 수행 시간을 줄이기 위해서 튜플로 처리를 했다가, 처리가 완료되면 데이터 조회가 더 편리한 딕셔너리로 변환하여 활용하는 것입니다. 참고하세요!

데이터 정렬하기 - sorted()

sorted() 함수는 리스트, 튜플, 딕셔너리 등에 들어있는 데이터를 오름차순 혹은 내림차순으로 정렬한 새로운 데이터를 만들어 줍니다.

01 튜플, 리스트 정렬하기

튜플이나 리스트를 sorted() 함수의 인수로 넣으면, 정렬된 항목으로 구성된 신규 리스트를 반환합니다. 아래 예제는 튜플로 진행했는데 리스트로 진행해도 같은 결과가 나옵니다.

```
>>> nums = 4, 2, 5, 7, 1, 3  ①          # 숫자로 이루어진 튜플 생성
>>> sorted(nums)  ②                     # 튜플 항목들을 오름차순으로 정렬
[1, 2, 3, 4, 5, 7]  ③
④ >>> sorted(nums, reverse=True)        # 튜플 항목들을 내림차순으로 정렬
[7, 5, 4, 3, 2, 1]
⑤ >>> nums                             # 기존 값 확인 (변경되지 않음)
(4, 2, 5, 7, 1, 3)
```

① 변수 nums에 숫자 항목으로 구성된 튜플을 생성합니다.

② sorted 함수로 변수 nums를 오름차순으로 정렬합니다. 인수가 하나만 주어지면 무조건 오름차순으로 정렬합니다.

③ 오름차순으로 정렬된 리스트를 반환합니다. 변수 nums의 데이터는 튜플이었지만, 리스타가 반환되었다는 것을 기억하세요.

④ 이번에는 내림차순으로 정렬합니다. 두 번째 인수로 "reverse=True"를 넣었습니다. "reverse"는 "역으로"라는 뜻으로 True로 값을 설정하면 내림차순으로 정렬할 수 있습니다.

⑤ 기존 값을 확인해보니 정렬되지 않은 초기 값이 그대로 출력되는 것을 확인할 수 있죠? sorted() 함수가 nums 변수의 값 자체를 변경하는 것이 아니라, sorted() 함수의 반환 값으로 정렬된 신규 리스트를 넘겨주는 것을 확인할 수 있는 대목입니다. 튜플은 값을 변경할 수 없다는 것도 다시 한번 기억하세요.

02 딕셔너리 정렬

딕셔너리 타입은 앞서 설명하였듯이 키에 의해서 정렬되지 않습니다. 들어가는 순서대로 저장됩니다. sorted() 함수에 딕셔너리를 인수로 넣으면, 항목의 키들이 정렬되어 리스트로 반환됩니다. 여기서 키들은 문자이기 때문에 정렬할 때 맨 앞 문자의 알파벳 순서로 정렬되는 것을 확인하세요.

```
>>> # 딕셔너리 초기화
>>> programmers = {'Python': 10, 'Java': 9, 'C++': 2, 'Ruby': 2}
>>> sorted(programmers)                    # 키 오름차순 정렬하여 리스트로 반환
['C++', 'Java', 'Python', 'Ruby']
>>> sorted(programmers, reverse=True)      # 키 내림차순 정렬하여 리스트로 반환
['Ruby', 'Python', 'Java', 'C++']
```

하나 더 알기

━━━ 데이터 타입 내장 메소드 sort() 함수와 파이썬 기본함수 sorted() 차이점 ━━━

[7-7절]에서 다뤘던 리스트 내장 메소드인 sort()는 기존 리스트의 값을 바꿔 놓지만, 파이썬 기본 함수인 sorted() 함수는 신규 데이터를 만들어준다는 것이 큰 차이점입니다. 원래 데이터 변경 없이 정렬된 새로운 데이터가 필요하다면 sorted() 함수를 사용하면 좋습니다.

이번 파트에서는 세트 타입과 딕셔너리 타입에 대해서 알아보았습니다. 이번 파트에서 배운 내용을 정리해 봅시다.

✹ 세트 타입 : 데이터 중복을 허용하지 않고 순서가 없는 데이터 집합을 위한 데이터 타입

```
>>> colors = {'yellow', 'red', 'blue', 'black', 'white'}
```

✹ 세트 타입은 파이썬 기본 함수인 set() 함수로만 빈 세트를 만들 수 있다.

✹ 세트 타입에는 다양한 내장 메소드가 있어, 항목의 구성을 자유롭게 변경할 수 있다.

- add(항목) : 세트 항목 추가
- remove(항목) : 세트 특정 항목 제거
- discard(항목) : 세트 항목 폐기
- pop() : 세트내 임의 항목 추출
- clear() : 세트 모든 항목 제거

✹ 딕셔너리 타입 : '전체 항목이 정렬되지 않은 키(Key)와 값(Value)의 쌍으로 구성된 데이터 모음'

```
>>> programmers = {'Python': 10, 'Java': 9, 'C++': 2, 'Ruby': 2}
```

✹ 딕셔너리 타입의 다양한 내장 메소드로, 항목 구성을 자유롭게 변경하거나, 원하는 값을 구할 수 있다.

- 변수명[키] = 값 : 딕셔너리 값 변경 혹은 추가
- len(항목) : 딕셔너리 항목 개수 확인
- keys(), values() : 딕셔너리 키/값 확인
- in 키워드 : 딕셔너리 항목 존재 유무 확인
- del 키워드 : 딕셔너리 특정 항목 삭제
- clear() : 딕셔너리 전체 항목 삭제

✹ sorted() 함수는 리스트, 튜플, 딕셔너리 등에 들어있는 데이터를 오름차순 혹은 내림차순으로 정렬한 새로운 데이터를 만들어 줍니다.

1. 다음은 주석에 대한 설명입니다. 빈칸을 채우세요.

부연 설명이 시작되는 곳에서 _____ 기호를 넣으면 된다. 여러 줄의 주석인 경우, _____ 3개를 감싸서 사용하기도 한다.

2. 데이터 중복을 허용하지 않고 순서를 보장할 필요가 없는 데이터 집합을 저장할 때 무슨 타입을 사용하나요?

3. 다음 항목 중 빈 세트 타입을 만드는 방법은 무엇인가요? (복수 선택 가능)

a. a = ()

b. a = set()

c. a = []

d. a = set[]

e. 정답이 없다.

4. 세트 타입에서 아래 기능을 수행하는 내장 메소드는 무엇인가?

a. 세트 항목 추가 :

b. 세트 특정 항목 제거 :

c. 세트 항목 폐기 :

d. 세트내 임의 항목 추출 :

e. 세트 모든 항목 제거 :

5. 세트 타입은 재밌게도 집합 연산 기능을 제공합니다. 아래 상황에서 어떤 연산자를 사용하는지 적어 봅시다. (집합 A, 집합 B가 있다고 가정)

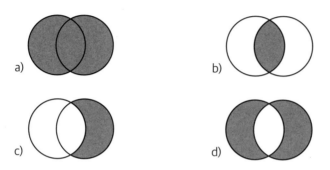

a)

b)

c)

d)

6. 다른 열거형 데이터 타입과 다르게 색인을 사용자가 직접 숫자, 문자나 튜플로 정할 수 있는 데 이터 타입은 무엇인가요?

7. 딕셔너리를 만들고(a_dict) 아래 연산 처리를 하려면 어떻게 해야 하는지 작성해 보세요.

   a) 딕셔너리(a_dict)에 특정 항목(key1)의 값을 확인해 봅시다.

   b) 딕셔너리(a_dict)에 특정 항목(key1)의 값을 7로 변경해 봅시다.

   c) 딕셔너리(a_dict)에 항목(key2)에 값을 8로 주고 추가해 봅시다.

   d) 딕셔너리(a_dict)에 항목(key2)을 하나 제거해 봅시다.

   e) 딕셔너리(a_dict)의 모든 항목을 제거해 봅시다.

8. 정렬되지 않은 리스트를 하나 만들고, 정렬하려고 합니다. 아래 빈 칸을 채우세요.

```
>>> nums = 4, 2, 5, 7, 1, 3        # 숫자로 이루어진 튜플 생성
>>> _____ (nums)           # 튜플 항목들을 오름차순으로 정렬
```

9. 다음 설명 중 옳은 것을 고르세요.

   a. 파이썬 기본 함수 sorted(리스트) 함수를 사용하면 인수로 들어간 리스트의 값이 변경된다.

   b. 리스트의 내장 메소드 sort()를 사용하면 리스트의 값이 변경된다.

   c. 어떤 방법을 사용하더라도 기존 리스트의 값이 변경되지 않는다.

10. sorted(항목) 함수를 사용하여 딕셔너리 데이터를 정렬하면 어떤 결과가 나오는지 고르세요.

    a. 키들이 정렬되어 딕셔너리 데이터의 순서가 바뀐다.

    b. 값들이 정렬되어 딕셔너리 데이터의 순서가 바뀐다.

    c. 키들이 정렬되어 키만 리스트로 반환된다.

    d. 값들이 정렬되어 값만 리스트로 반환된다.

11. 내림차순으로 정렬하기 위해서 아래 빈 칸을 채워주세요.

```
>>> nums = 4, 2, 5, 7, 1, 3          # 숫자로 이루어진 튜플 생성
>>> sorted(nums, _____ = _____ )   # 튜플 항목들을 내림차순으로 정렬
```

소스 코드 재사용하기

목차

○ 다양한 방법으로 소스 코드를 재사용할 수 있다.

○ 함수와 클래스를 직접 만들수 있다.

○ 모듈과 패키지를 활용할 수 있다.

○ 소스 코드 재사용 : 동일한 소스 코드를 반복하여 작성하지 않고, 모듈화하여
  사용하는 것을 말함

○ 클래스 : 속성(변수)과 동작(함수)를 저장할 수 있는 단위

○ 객체 : 클래스에 의해 실제 데이터가 저장되어 실행되는 실체

○ 모듈 : 파이썬 소스 코드를 탑재할 수 있는 최소 단위

○ 패키지 : 모듈들의 집합

30분

http://www.youtube.com/ChoChris

LESSON 01 소스 코드 재사용이란?

지금까지 우리는 파이썬에서 제공하는 소스 코드를 그대로 가져다 쓰는 형태로 소스 코드를 작성해 왔습니다. 하지만 이런 식으로 소스 코드를 작성하다 보면, 똑같은 소스 코드를 여러 번 반복해서 작성하는 경우가 발생하게 됩니다. 파이썬은 이러한 비효율을 줄이기 위해 소스 코드를 재사용할 수 있는 다양한 방법을 제공합니다. 마치 다음 그림의 커피 머신을 여러분이 직접 만드는 것과 같습니다.

그림 10.1 캡슐에 따라 다양한 커피를 만드는 커피 머신

이번 파트에서 살펴볼 재사용 방법은 크게 4가지입니다. 함수, 클래스, 모듈 그리고 패키지입니다. 이 각 항목들을 깊이 파고들면 하나의 장으로도 충분하지 못합니다. 하지만 그 영역은 본 책의 영역에서 벗어나는 영역이라 판단하였고, 4가지 방법을 기본적으로 사용하는 방법과 초보자라도 꼭 알아야 할 내용만을 담았습니다.

이번 파트의 내용을 잘 이해한다면, 최소한의 소스 코드로 최대한의 효과를 볼 수 있는 방법을 터득하게 될 것입니다. 그럼 하나씩 살펴 봅시다.

나만의 함수 만들기

우리는 지금까지 다양한 함수를 사용해 왔습니다. 가장 먼저 배웠던 표준 출력 함수 print(), 표준 입력 함수 input(), 데이터 타입을 확인하는 type(), 문자열이나 데이터 구조의 길이를 반환하는 len() 등 이러한 함수를 여러분이 원하는 대로 만들 수 있는 방법이 있습니다.

함수를 여러분이 직접 만들기 위해서, 함수를 선언하는 방법은 다음과 같습니다.

문법

```
def 함수이름():
    재사용할 소스 코드 블럭
```

함수를 직접 만들기 위해서 사용하는 예약어는 바로 'def'입니다. 'def'는 definition의 약자로 '정의'를 뜻합니다. 'def' 다음에 한 칸을 띄우고 함수 이름을 넣은 뒤, 소괄호 기호(( ))와 클론 기호(:)가 뒤따라 옵니다. 그 다음 줄부터는 함수 호출 시 실행할 소스 코드 블럭을 넣습니다. 다음 소스 코드에서 예시를 살펴보도록 하겠습니다.

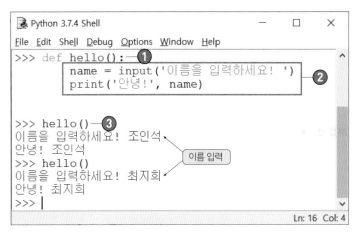

그림 10.2 함수 선언 및 호출

① 함수 선언문입니다. def, 함수이름, 소괄호 기호(()), 클론 기호(:) 순서를 기억하세요.

② hello() 함수가 호출되면 실행되는 함수의 몸통입니다. 표준 입력 함수 input()을 사용하여 변수 name에 이름을 입력한 뒤, 표준 출력 함수 print()를 사용하여 변수 name의 값을 '안녕!'과 함께 출력하고 있습니다.

③ hello() 함수를 호출합니다. 이때, 함수를 호출했다는 것을 의미하는 중괄호 기호(( ))를 꼭 입력해야 합니다.

예제 소스 코드를 하나 더 만들어 보겠습니다. 지난 [5-8절]에서 다뤘던 소스 코드를 활용하겠습니다. 함수 이름을 'check_owner'로 하여 소스 코드를 함수의 몸통에 넣어 보겠습니다. [File] - [New File]로 신규 파일을 만들어서 아래 소스 코드를 입력해보세요. ①은 함수 선언부이며, ②는 소스 코드 블럭입니다.

```
def check_owner():

    has_owner = input('땅 주인이 있나요? (예/아니오) ')

    if has_owner == '예':
        print('통행료를 지불하세요!')
    elif has_owner == '아니오':
        print('야호! 그냥 통과!!')
    else:
        print('잘못입력했습니다.')
```

그림 10.3 check_owner() 함수 만들기

그럼 〈F5〉 키를 눌러서 실행해 보겠습니다. (참고로 필자는 파일 이름을 10-2.py로 저장하였습니다.) 아래와 같이 IDLE 실행 창이 뜨면, 함수 이름과 중괄호 기호를 입력(check_owner())하여 함수를 실행합니다. 아래 예시는 3번 실행한 예시입니다. 동일한 소스 코드를 쉽게 반복하여 실행하는 것을 알 수 있습니다.

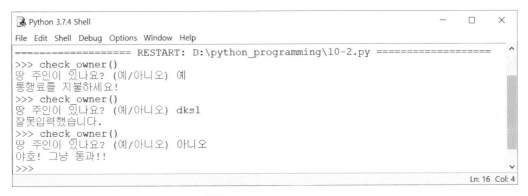

 소스 코드 실행 결과

주의하세요! 함수를 호출할 때는 반드시 소괄호(( ))를 사용해야 합니다.

함수를 호출할 때는 함수 이름 옆에 반드시 소괄호 기호를 붙여야 합니다. 그런데, 간혹 실수로 소괄호 기호를 누락하는 경우가 있습니다. 재밌는 것은 소괄호를 누락하더라도 에러가 발생하는 것은 아닙니다. 그래서 문제를 바로 알아채기 힘든 경우가 많습니다. 주의하세요!

LESSON 03 인수와 반환 값이 있는 함수

01 인수 추가

이번에는 print() 함수와 같이 인수가 있는 함수를 만들어 보겠습니다. 앞 절에서 만든 hello() 함수에 인수로 사용자 이름을 넣어서 출력하는 형태로 바꿔 보겠습니다. ❶에 소괄호 안에 인수로 넣은 변수 name을 주목하기 바랍니다.

```
❶ >>> def hello(name):              # 함수 선언
❷     print('안녕!', name)          # 인수와 함께 출력


❸ >>> hello('안나')                  # 함수 호출
   안녕! 안나
```

❶ 중괄호 기호 안에 인수를 위한 변수 name이 추가되었습니다. 변수 name은 함수 안에서만 사용할 수 있는 변수가 됩니다. 이를 우리는 '매개 변수(Parameter)'라고 부릅니다.

❷ 인수 name을 출력합니다.

❸ 원하는 이름을 인수로 넣어서 hello() 함수를 호출한다.

참고 사항

━━━━━●━━━ 인수는 여러 개일 수도 있습니다 ━━━━━━━━━

함수의 인수는 개수에 제한이 없으며, 필요한 만큼 추가할 수 있습니다.

02 반환 값 추가 - return 문

이번에는 반환 값이 있는 함수를 한번 만들어 보겠습니다. 이름을 입력 받으면 이름 뒤에 "님"을 붙여서 반환해보겠습니다. 아래 소스 코드를 실행해 보겠습니다.

```
① >>> def add_suffix(name):          # 함수 선언
②       return name + '님'           # '님'을 뒤에 붙여서 반환

③ >>> add_suffix('신후')             # 함수 호출
④ '신후님'
```

① add_suffix 함수에 변수 name을 인수로 받습니다.

② return 문이 처음으로 등장합니다. return 뒤에 함수 반환 값을 넣습니다.

③ 함수를 실행 원하는 이름을 인수에 넣어서 실행합니다.

④ 위에서 받은 인수에 '님'자가 붙어서 출력됩니다.

이번에는 앞 절에서 여러 개 인수를 넣은 함수를 활용해보겠습니다. 2개의 숫자를 인수로 넣어서, 합한 값을 반환하는 예시입니다. 소스 코드 실행 결과는 앞 절의 그것과 같지만, 앞 절의 소스 코드는 단순히 값을 화면에 출력하는 반면에, 아래 소스 코드는 값을 반환한다는 것이 다릅니다.

```
>>> def sum(a, b):          # 인수 2개인 함수 선언
        return a+b          # 인수 2개를 더한 값을 반환

>>> sum(1, 4)               # 함수 실행
5
>>> sum(7, 3)               # 함수 실행
10
```

클래스와 객체의 개념

앞서 배운 함수는 '동작'을 정의한 소스 코드이며, '데이터'를 저장하는 용도로 사용할 수 없습니다. 인수로 값을 전달 받아서 일시적으로 데이터를 활용하는 셈이죠. 하지만, 소스 코드를 작성하다보면, 함수와 함께 데이터를 저장하는 경우가 빈번하게 발생합니다. 또한, 여러개 관련이 높은 함수를 하나의 단위로 묶을 필요도 있습니다.

이럴 때 사용하는 것이 바로 '클래스'입니다. 클래스는 여러 개의 변수와 함수들을 모아서 재사용할 수 있는 기능을 제공합니다. 그리고 이 클래스를 사용하여 실제로 저장하는 데이터를 지니고 있는 '객체'라는 개념이 등장합니다. '클래스'는 '객체'를 생성하기 위하여 변수와 함수를 모은 '설계도'이며, 이 '설계도'에 의해 유일한 식별자를 가진 '객체'들이 생성되고 사용됩니다. '객체'는 '인스턴스'라고도 불립니다.

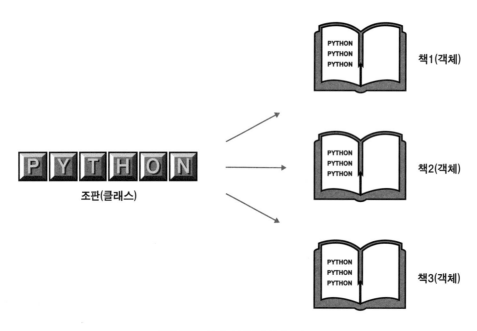

그림 10.5 클래스와 객체의 관계 예시

나만의 클래스 만들기

클래스 안에는 크게 변수와 함수가 포함될 수 있습니다. 여기서 클래스 안의 변수를 '속성 (attribute)'으로 부르고, 함수는 '메소드(method)'라고 부릅니다. 그럼 새로 만들 클래스 이름 과 필요한 속성, 메소드를 아래와 같이 설계해 보겠습니다. 편의상 속성과 메소드는 1개씩만 정 의하겠습니다.

클래스 BookReader

| 속성
name | 메소드
read_book( ) |

그림 10.6 클래스 BookReader 설계도

함수를 선언할 때는 'def' 예약어를 사용했지만, 클래스는 'class' 예약어를 사용합니다. 문법을 살펴 봅시다.

문법

```
class 클래스 이름( ) :
    재사용할 소스 코드 블럭 (속성, 메소드 포함)
```

속성 및 메소드 선언은 class 정의 블록문에 넣는데, 함수 선언문에는 기본 인수가 하나 추가됩니다. 클래스 BookReader를 소스 코드로 옮겨 봅시다.

```
>>> class BookReader:                    # 클래스 BookReader 선언

        name = str()                     # 문자열형 변수 name 선언

        def read_book(self):             # 함수 read_book 선언
            print(self.name + '님이 책을 읽습니다!')    # 출력

>>>
```

① 클래스 선언문입니다. 'class' 예약어에 한 칸을 띄고 클래스 이름을 넣었습니다. 클론 기호(:)로 블록문의 시작을 알립니다.

② 이름을 저장할 문자열 변수인 name을 빈 문자열로 선언하였습니다.

③ 책을 읽고 있다는 문자열을 출력하는 함수를 선언하였습니다. 이때, 인수로 '변수 self'를 집어 넣었습니다. 이것은 객체 생성시, 본인의 객체를 인자 값으로 넘김으로써, 함수 내에서 클래스의 속성 및 메소드에 접근할 수 있게 해주며, 반드시 넣어 줘야 합니다.

④ 클래스 속성 name에 접근하기 위해, 함수 인수로 받았던 'self'를 사용하는 것을 확인할 수 있습니다.

하나 더 알기

━━━━● 클래스 이름 작성 방식 - 낙타 표기법 ━━━━

지금까지 보았던 변수나 함수의 이름은 소문자로만 이루어져 있었고, 단어의 사이는 언더스코어 기호(_)로 구분되었지만, 클래스 이름에서는 언더바를 찾아볼 순 없고, 각 단어의 첫 음절이 대문자인 단어들의 조합 형태로 되어 있습니다. 이른 표기법은 낙타 표기법(CamelCase)이라고 부르며, 클래스 이름은 이 표기법을 따릅니다.(대문자가 위로 솟아나는 모양이 마치 낙타의 등의 혹과 비슷하게 생겨서 생긴 이름)

그럼 다음과 같이 위 소스 코드를 호출해 보겠습니다.

```
① >>> reader = BookReader()          # 인스턴스 재생성
② >>> reader.name = '우진'            # 속성 값 세팅
   >>> reader.read_book()            # 메소드 호출
   우진님이 책을 읽습니다.
```

①   변수 reader에 BookReader 클래스의 객체(인스턴스)를 생성하여 저장합니다.

②   reader의 속성 name에 이름을 저장합니다.

③   reader의 메소드 read_book()을 호출합니다. 위에서 저장한 속성 값이 잘 출력되는 것을 확인할 수 있습니다.

이제 변수 reader는 속성 name의 값으로 '우진'이라는 데이터를 계속 지니게 됩니다. 여러분이 직접 지우지 않는 이상, 프로그램이 실행되는 내내 언제든지 사용할 수 있습니다. 만약, 여러분이 저장한 데이터를 계속 활용해야 하는 상황이라면 클래스를 활용하는 것도 좋은 방법입니다.

클래스 초기화하기

조금 전에 만든 클래스 BookReader의 소스 코드를 보니, 속성인 '변수 name'에 값이 없는 BookReader가 존재하지 않을 것으로 보입니다. 필자는 이 '변수 name'을 객체 생성할 때 반드시 값을 넣고 싶습니다. 이렇게 클래스의 객체를 생성할 때, 반드시 필요한 행위를 수행하는 방법이 있습니다. 바로 '초기화(initialize)' 메소드를 사용하는 것입니다.

초기화 메소드는 객체가 생성될 때 자동으로 호출되는 특별한 메소드이기 때문에 작성 방식이 독특합니다. 먼저, 아래 소스 코드를 먼저 실행해 봅시다.

```
>>> class BookReader:                          # 클래스 BookReader 선언

        def __init__(self, name):  ❶          # 초기화 함수
                self.name = name   ❷          # 입력 받은 인수를 속성에 넣는다

        def read_book(self):                   # 함수 read_book 선언
            print(self.name + '님이 책을 읽습니다!')   # 출력

>>>
```

❶ 초기화 함수를 정의하는 부분입니다. 특이하게도 함수 이름 앞 뒤에 언더스코어 2개(_)가 붙어 있는 것을 볼 수 있습니다. 파이썬에서 사용하는 특별한 메소드라는 표기입니다. 인수는 자체 객체를 참조하는 'self'와 이름을 받아올 'name'이 들어가 있습니다.

❷ 객체 생성시 받아온 인수 name을 객체의 속성으로 설정하는 부분입니다.

그럼 이제 '클래스 BookReader'는 이름을 인수에 반드시 넣어야만 객체를 생성할 수 있게 강제하게 됩니다. 이는 실수로 속성을 세팅하지 않는 것을 방지할 수도 있습니다. 그럼 아래 소스 코드를 실행해 봅시다!

```
>>> reader = BookReader('크리스')
>>> reader.read_book()
크리스님이 책을 읽습니다!
```

하나 더 알기

━━━━━━ 클래스 변수와 인스턴스 변수 ━━━━━━

이번 절에서 클래스 초기화를 하기 위해 사용한 코드와 앞 코드를 다시 비교해 보겠습니다. 좌측에는 클래스 안에 name 변수가 있고 우측에는 초기화 함수 안에 self.name 변수가 있습니다.

```
>>> class BookReader:

    name = str()



    def read_book(self):
        print(self.name + '님이 책
을 읽습니다!')
```

```
>>> class BookReader:

    def __init__(self, name):

        self.name = name

    def read_book(self):
        print(self.name + '님이 책을 읽습
니다!')
```

좌측과 같이 클래스 안에 선언한 변수는 '클래스 변수'라고 부르며, 객체를 생성할 때마다 같은 값을 가지게 됩니다. 하지만 우측과 같이 초기화 변수에서 self를 통해 설정하는 변수는 '인스턴스 변수'라고 부르며, 객체가 생성될 때마다 다른 값을 가지게 됩니다. 이번 사례는 BookReader 의 이름이 모두 같지 않으니 우측의 인스턴스 변수를 사용하는 것이 좋습니다.

모듈 이해하기

지금까지 우리가 사용하던 함수들(print(), input(), range() 등)은 모두 파이썬 기본 내장 함수로 특별한 모듈을 탑재(import)할 필요 없이 언제든지 호출하여 사용할 수 있었습니다. 하지만 이러한 기본 내장 함수를 제외한 함수들은 파이썬 표준 라이브러리 안에 모듈안에 존재하며, 사용하기 전에 반드시 미리 파이썬 실행 환경에 탑재(import)해야만 합니다.

한 가지 예를 들어보겠습니다. 파이썬 표준 라이브러리 중 수학과 관련된 함수를 제공하는 math 모듈이 있습니다. math 모듈안에는 원주율을 나타내는 변수 pi가 존재하며, 제곱수를 구하는 pow()와 같은 함수들이 존재합니다. 이러한 변수와 함수는 모듈 이름 뒤에 점 기호(.)를 사용하여 아래와 같이 호출할 수 있습니다.

```
>>> math.pi                          # 원주율 변수 확인
Traceback (most recent call last):
  File "<pyshell#2>", line 1, in <module>
    math.pi
NameError: name 'math' is not defined
>>> math.pow(2, 5)                   # 2의 5승 구하기
Traceback (most recent call last):
  File "<pyshell#3>", line 1, in <module>
    math.pow(2, 5)
NameError: name 'math' is not defined
>>>
```

그런데 두 경우 모두 "'math'가 정의되어 있지 않다"는 메시지와 함께 이름 에러(NameError)를 발생시킵니다. 이는 'math' 모듈이 파이썬 실행환경에 탑재되어 있지 않기 때문입니다. 모듈을 탑재할 때는 'import 문'을 사용하면 됩니다. 아래 소스 코드를 실행해 보겠습니다. 이름 에러 없이 잘 실행되는 것을 확인할 수 있습니다.

```
>>> import math                # math 모듈 탑재
>>> math.pi                    # 원주율 변수 확인
3.141592653589793
>>> math.pow(2, 5)             # 2의 5승 구하기
32.0
>>>
```

 **주의하세요!** 모듈 이름은 정확하게 입력해야 합니다.

존재하지 않는 모듈을 호출하면 다음과 같이 에러가 발생합니다. 아래 예시는 import 구문에 오타가 생긴 예시입니다.

```
>>> import matt
Traceback (most recent call last):
  File "<pyshell#9>", line 1, in <module>
    import matt
ImportError: No module named 'matt'
```

첫 번째 줄의 import 시 math를 matt로 잘 못 입력했기 때문에 바로 에러가 발생하는 것을 확인할 수 있습니다.
5번째 줄의 에러 메시지를 보면 탑재 에러(ImportError)가 발생하였으며, 'matt'라는 모듈이 없다는 것을 명시하고 있습니다.

내가 만드는 모듈

모듈은 파이썬으로 정의한 소스 코드를 담고 있는 파일이라고 하였습니다. '.py 확장자'로 끝나야 하며, 파일 이름은 곧 모듈 이름이 됩니다. [10-5절]에서 만든 클래스 BookReader를 모듈로 만들어 보겠습니다. IDLE 상단 메뉴에서 [File] - [New File]를 클릭하거나, 〈Ctrl〉+〈N〉 키를 누릅니다. 그리고 다음과 같이 소스 코드를 입력합니다.

```
*untitled*                                                               —    □    ×
File  Edit  Format  Run  Options  Window  Help
class BookReader:                               # 클래스 BookReader 선언

        name = str()                            # 문자열형 변수 name 선언

        def read_book(self):                    # 함수 read_book 선언
            print(self.name + '님이 책을 읽습니다!')

                                                                              Ln: 7  Col: 0
```

그림 10.7 클래스 'BookRead' 소스 코드 파일로 작성하기

이제 저장하겠습니다. 모듈 이름은 'book'으로 하겠습니다. 중요한 부분은 저장을 파이썬 설치 경로에 해야 한다는 것입니다. IDLE 상단 메뉴에서 [File] - [Save] 클릭하거나, 〈Ctrl〉+〈S〉를 누릅니다. 파이썬 설치 경로로 이동하여 'book.py'로 저장하겠습니다. 참고로 필자의 파이썬 설치 경로는 D:\Python37입니다.

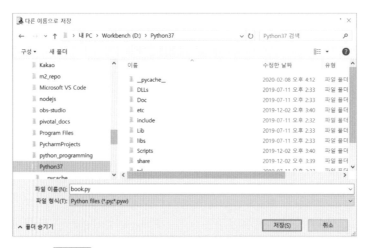

그림 10.8 파이썬 설치경로(D:₩Python37)에 모듈(book.py) 저장하기

다시 IDLE 쉘로 돌아가서 아래 소스 코드를 입력하겠습니다. 마지막 줄에 'reader.'까지 작성하였다면, ⟨Tab⟩ 키를 눌러 보겠습니다.

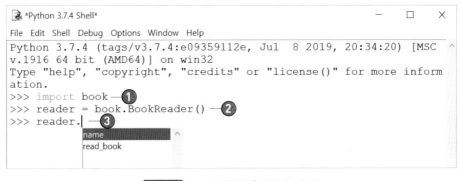

그림 10.9 book 모듈 탑재 후 객체 생성해보기

① import 문으로 'book' 모듈을 탑재합니다.

② 탑재한 book 모듈을 사용하여 BookReader 클래스의 객체를 생성합니다.

③ 생성된 객체에 점 기호(.)를 넣고 <Tab> 키를 누르니, 사용할 수 있는 속성이나 메소드 이름이 보입니다.

에러가 발생하지 않았다면, 파이썬 실행 환경이 '모듈 book'을 잘 불러온 것입니다. 특히 ③과 같이 탑재된 속성이나 메소드 이름을 쉽게 확인할 수 있어 모듈 안에 무엇이 있는지 기억할 필요가 없습니다. 그럼 나머지 소스 코드를 마저 작성해 보겠습니다. 방법은 [10-5절]과 같습니다.

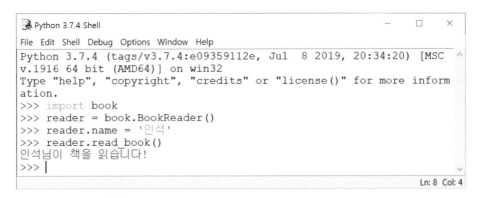

그림 10.10 변수 reader를 사용하여 BookReader 객체 속성 값 설정 및 메소드 실행하기

모듈들의 집합, 패키지

이번에는 모듈들을 폴더로 모을 수 있는 방법을 살펴 보겠습니다. 만약, 여러분이 다양한 모듈들이 있다면 성격과 사용처에 따라서 구분을 하고 싶을 것입니다. 가령, 앞 절에서 만든 '모듈 book'을 제가 직접 만들었다는 의미를 더하기 위해서 '패키지 custom'에 넣는다고 가정해 보겠습니다. 일단, 파이썬 설치 경로에 패키지 이름인 'custom'으로 폴더를 하나 생성하세요. 그리고 'book.py' 파일을 해당 폴더 아래로 옮겨 놓겠습니다.

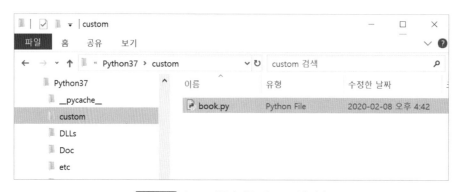

그림 10.11 'custom' 폴더 만들고, 'book.py' 옮기기

이제 '모듈 book'은 '패키지 custom' 안에 위치하게 되었습니다. 이제 '모듈 book'을 호출하려면 패키지 이름을 꼭 앞에 붙여줘야 합니다.

```
>>> import custom.book
>>> reader = custom.book.BookReader()
>>> reader.name = '용석'
>>> reader.read_book()
용석님이 책을 읽습니다!
```

그런데 매번 객체를 생성할 때 패키지 이름과 모듈 이름을 앞에 붙이는 것이 번거로운 경우가 있습니다. 그럴 때 'from 문'을 활용하면 패키지 이름과 모듈 이름을 매번 입력하는 것을 생략할 수 있습니다. 다음 소스 코드를 실행해 보세요.

```
>>> from custom.book import BookReader
>>> new_reader = BookReader()
>>> reader.name = '경은'
>>> reader.read_book()
경은님이 책을 읽습니다!
```

참고 사항

━━━━━━━━━━ import한 모듈 파일이 파이썬 실행 도중에 변경이 되었을 때 ━━━━━━━━━━

파이썬은 모듈에 대한 효율적인 호출을 위하여, import 문 수행 시에만 모듈을 탑재합니다. 그렇기 때문에 import 문 수행 이후에 해당 모듈 파일의 변경이 생긴다면 파이썬 번역기를 다시 시작해야 합니다. 만약, 현재 상태에서 해당 모듈을 다시 로딩하고 싶다면 imp.reload() 함수를 활용해서 다음과 같이 인수에 해당 모듈 이름을 대입해서 호출하면 됩니다.

```
>>> import imp
>>> imp.reload(module_name)
```

정리해
볼까요?
★★★

이번 파트에서는 소스 코드의 재사용을 도와주는 4가지 기능에 대해서 알아보았습니다. 이번 파트에서 배운 내용을 정리해 봅시다.

✱ 나만의 함수 만들기

```
def 함수이름():
    재사용할 소스 코드 블럭
```

✱ 나만의 클래스 만들기

```
class 클래스이름():
    재사용할 소스 코드 블럭 (속성, 메소드 포함)
```

✱ 변수나 함수 이름은 소문자에 언더 스코어 기호의 조합(xxx_yyy)으로 사용하는 반면에 클래스 이름은 단어 첫 음절은 대문자고 나머지는 소문자 형태로 조합(XxxYyy)하는 방식으로 사용한다.

✱ 클래스 초기화 함수를 사용하려면 '_init_()' 함수를 정의해야 한다.

✱ 모듈 만들기 : 모듈 이름은 파이썬 소스 코드를 저장한 파일 이름과 같으며, 파이썬 설치 환경에서 접근이 가능해야 한다. 이러한 모듈은 import 문으로 파이썬 실행 환경에 탑재해야, 모듈에 담긴 소스 코드를 실행할 수 있다.

✱ 패키지 사용하기 : 패키지는 모듈의 집합이며, 모듈이 저장된 파이썬 파일들을 특성별로 분류한 폴더와 비슷한 개념이다. import 문과 from 문을 적절하게 활용하여 모듈을 탑재할 수 있다.

이번 파트에서 배운 내용들은 여러분의 소스 코드를 더욱 간결하고 단순하게 만드는데 큰 도움이 될 것입니다. 만약, 여러분이 소스 코드를 작성하다가, 똑같은 소스 코드를 반복해서 작성하면서 중복 작업을 하고 있다면, 이번 파트에서 배운 내용을 반영해 보기 바랍니다.

1. 함수를 만드는 예약어는 무엇인가?

2. 다음 클래스 설명의 빈 칸을 채우세요.

클래스는 여러 개의 _____와 _____들을 모아서 재사용할 수 있는 기능을 제공합니다.

3. 클래스를 만드는 예약어는 무엇인가?

4. 클래스가 지닌 함수를 메소드라고 합니다. 메소드 정의시 본인 객체를 전달하기위해 일반적으로 추가하는 인수의 이름은 무엇인가요?

5. 다음 클래스 이름 중 파이썬 커뮤니티에서 권장하는 스타일은 무엇인가요?

   a. Book_Reader

   b. book_reader

   c. BookReader

   d. BOOKREADER

   e. BOOK_READER

6. 클래스 초기화 함수를 정의하려면 어떤 함수 이름을 사용해야 하나요?

7. 모듈을 탑재할 때 사용하는 예약어는 무엇인가요?

8. 모듈들의 집합을 무엇이라고 부르나요?

9. 아래는 이번 파트에서 작성한 BookReader 클래스의 선언문입니다. 빈 칸을 채우세요.

```
>>> _____ BookReader:                     # 클래스 BookReader 선언


def _____ (self, name):                # 초기화 함수
        self.name = name                     # 입력 받은 인수를 속성에 넣는다


def read_book( _____ ):                    # 함수 read_book 선언
    print(_____ .name + '님이 책을 읽습니다!')   # 출력
```

목차

정리해 볼까요?

생각해 봅시다

학습 목표

- 데이터 타입 생성시 제어문과 조합하여 단순하고 간결하게 초기화하는 방법을 이해한다.
- 모듈을 탑재하여 활용하는 방법을 익힌다.
- 외부 라이브러리를 설치하고, 사용하는 방법을 익힌다.
- 주피터 노트북을 설치하고 활용할 수 있다.

주요 용어

- 조합 : 분리된 소스 코드를 한줄로 모으는 것
- 모듈 : 파이썬 특정 기능들을 모아놓은 파일
- import문 : 파이썬 모듈 탑재
- random 모듈 : 임의 선택을 위한 모듈
- 써드파티(3rd party) 라이브러리 : 별도 설치가 필요한 외부 라이브러리
- pip : 파이썬 라이브러리 설치 및 관리 도구
- 주피터 노트북 : 웹 브라우저 기반 소스 코드 편집 도구

학습 시간

100분

동영상 강의

http://www.youtube.com/ChoChris

제어문과 조합하여 만드는 데이터

01 단일 for 문과 함께 리스트 만들기

다음과 같이 0~9 사이의 숫자의 제곱 수로 이루어진 리스트를 만들어 보겠습니다. 아래 소스 코드는 지금까지 학습한 내용을 토대로 작성한 것입니다.

```
① >>> squares = []                          # 빈 리스트 생성
② >>> for x in range(10):                    # 0~9까지 반복문 수행
           squares.append(x**2)              # 숫자의 제곱수를 리스트에 추가

   >>> squares                               # 리스트 값 확인
   [0, 1, 4, 9, 16, 25, 36, 49, 64, 81]
```

파이썬은 리스트 선언 시 대괄호 안에 반복문을 넣을 수 있는 문법을 제공하고 있습니다. 즉, 위의 1, 2행의 소스 코드를 한 줄로 합칠 수 있습니다.

```
   >>> new_squares = [x**2 for x in range(10)]   # for 문과 함께 리스트 선언
   >>> new_squares                               # 리스트 값 확인
   [0, 1, 4, 9, 16, 25, 36, 49, 64, 81]
```

군이 빈 리스트를 생성한 다음, 반복문을 수행하면서 빈 리스트에 append() 메소드로 원하는 값을 추가할 필요가 없습니다. 문법에 대해 다시 한번 정리하는 차원에서 두 소스 코드를 함께 비교해 보겠습니다.

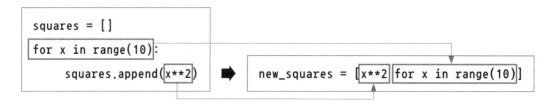

그림 11.1 단일 for 문과 리스트 생성 조합 예제

이번에는 중첩 for 문에 if 문이 추가된 예제를 살펴 보겠습니다.

여러분이 친구와 가위, 바위, 보 게임을 한다고 해보죠. 둘이서 게임을 해서 서로 비기는 경우를 제외한 나머지 경우의 예상 결과들을 나열해 봅시다. 지금까지 배운 방식으로 소스 코드를 작성하면 아래와 같습니다.

```
>>> items = '가위', '바위', '보'              # 가위, 바위, 보 튜플로 저장
>>> results = []                            # 결과 저장을 위한 리스트 생성
>>> for a in items:                         # 중첩 for 문 중 바깥쪽 for 문
    for b in items:                         # 중첩 for 문 중 안쪽 for 문
        if a != b:                          # 두 값이 같지 않은 경우에만
            results.append((a, b))          # 튜플로 만들어서 결과에 추가


>>> results                                 # 결과 확인
[('가위', '바위'), ('가위', '보'), ('바위', '가위'), ('바위', '보'), ('보', '가위'), ('보', '바위')]
```

❶ 소스 코드에 무려 3개의 중첩 블록문이 생겼습니다. 들여쓰기가 3번이나 되고 있습니다. 복잡하지 않은 문제임에도 불구하고 소스 코드가 복잡해 보입니다.

이 소스 코드를 리스트를 선언할 때 대괄호 안에 반복문과 제어문을 집어 넣어 간결하게 표현해 보겠습니다.

```
>>> new_results = [(a, b) for a in items for b in items if a!=b]
>>> new_results
[('가위', '바위'), ('가위', '보'), ('바위', '가위'), ('바위', '보'), ('보', '가위'), ('보', '바위')]
```

처음 위 문장을 볼 때는 다소 복잡해 보이지만, 반복하여 사용하다보면 금방 익숙해질 것입니다. 반복문 2개, 제어문 1개가 한 줄에 표현되어 있지만, 결국 문법에 맞게 나열한 것 뿐입니다. 앞서 살펴 본 예제와도 크게 다르지 않습니다. 이해를 돕기 위해 위 두 소스 코드를 함께 비교해 보겠습니다.

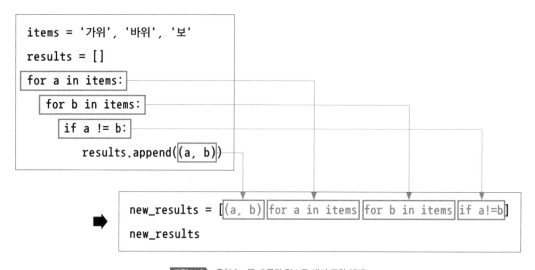

그림 11.2 중첩 for 문, if 문과 리스트 생성 조합 예제

대괄호 앞 단에 리스트 항목의 최종 모습을 먼저 기술해 놓고, 필요한 변수를 뒤에 표기하는 방식입니다. 처음에는 다소 어색하고 어렵게 느껴질 수 있지만, 매우 유용하게 사용할 수 있는 문법이니 꼭 기억해두기 바랍니다.

 **주의하세요!**   리스트 생성할 때 대괄호 안에 사용하는 튜플은 반드시 소괄호(( ))로 묶어 줘야 합니다.

일반적으로 튜플은 중괄호 기호를 감싸지 않아도 생성이 가능합니다. 하지만 변수 선언할 때 대괄호 안에서 튜플을 표기하는 경우에는 반드시 소괄호(( ))가 감싸져 있어야 합니다. 만약, 소괄호가 누락되면 아래와 같이 문법 오류가 발생하니 주의하세요!

```
>>> [x, x**2 for x in range(6)]              # 튜플 중괄호 누락 예시
SyntaxError: invalid syntax
>>> [(x, x**2) for x in range(6)]            # 튜플 중괄호 적용 예시
[(0, 0), (1, 1), (2, 4), (3, 9), (4, 16), (5, 25)]
```

03 for 문, if 문과 함께 세트 타입 만들기

세트를 생성할 때도 제어문 혹은 조건문이 필요하면 함께 사용할 수 있습니다. 일단 조합 없이 기본 방식으로 예제를 만들어 보겠습니다.

```
>>> a = set()                      # 빈 세트 생성
>>> for x in 'abracadabra':        # 특정 문자열 순회를 위한 for 문 루프 시작
        if x not in 'abc':         # 문자가 a, b, c가 아니면
            a.add(x)               # 세트에 추가한다


>>> a                              # 세트 값 확인
{'r', 'd'}
```

이제 조합문으로 바꿔 봅시다. 사용법은 앞서 살펴본 방식과 흡사합니다. 단, 세트 타입이기 때문에 리스트 생성을 의미하는 대괄호([ ])가 아닌 중괄호({ })를 사용하는 것이 다릅니다. 아래소스 코드를 실행해 보겠습니다.

```
>>> a = {x for x in 'abracadabra' if x not in 'abc'}     # 세트 생성
>>> a                             # 세트 값 확인 (a, b, c 제거)
{'r', 'd'}
```

생성된 세트의 값을 확인해 보니, 'a', 'b', 'c'를 제외한 나머지 문자들이 중복되지 않은 항목으로 저장된 세트 타입의 데이터를 확인할 수 있습니다. 두 소스 코드를 한번 비교해 보겠습니다.

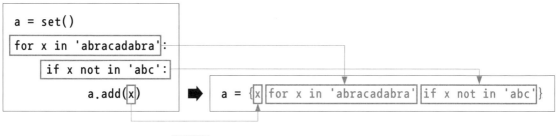

그림 11.3 for 문, if 문과 세트 생성 조합 예제

04 for 문과 함께 딕셔너리 타입 만들기

리스트, 세트 타입과 마찬가지로, 딕셔너리 타입에서도 제어문과 반복문을 사용한 생성 구문을 작성할 수 있습니다. 일단, 간단한 딕셔너리 타입을 for 문과 함께 하나 만들어 보겠습니다.

```
>>> squares = {}                    # 빈 딕셔너리 생성
>>> for x in (2, 4, 6):             # for 문 루프 시작
        squares[x] = x**2           # 키는 x, 값은 x 제곱 항목 추가


>>> squares                         # 딕셔너리 값 확인
{2: 4, 4: 16, 6: 36}
```

그럼 이제 조합하여 한 문장으로 표현해보겠습니다. 위에서 살펴본 방식과 흡사하지만, 딕셔너리의 특성상 키와 값의 쌍이 기술되어야 하니, 반드시 클론 기호와 함께 "키:값" 형태의 포맷이 지켜지도록 주의해야 합니다. 아래 소스 코드를 실행해 봅시다.

```
>>> squares = {x: x**2 for x in (2, 4, 6)}     # 딕셔너리 생성
>>> squares                                    # 딕셔너리 값 확인
{2: 4, 4: 16, 6: 36}
```

키와 값의 쌍으로 표현되는 부분이 리스트나 세트 생성 시 사용한 방법과 조금 다른 것을 알 수 있습니다. 그럼 두 소스 코드를 비교해보도록 하겠습니다.

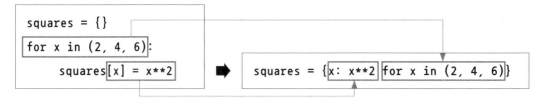

그림 11.4 ▶ for 문과 딕셔너리 생성 조합 예제

모듈 탑재하여 난수 만들기 – import 문, random 모듈

이번 절에서는 난수를 생성해 볼 것입니다. 이때 사용하는 모듈이 파이썬 표준 라이브러리 중 하나인 'random 모듈'입니다. 그럼 일단 'random'을 파이썬 소스 코드에 작성해서 실행해 보 겠습니다.

```
>>> random
Traceback (most recent call last):
  File "<pyshell#202>", line 1, in <module>
    random
NameError: name 'random' is not defined
```

존재하지 않는 변수를 호출했을때 보았던 'NameError'가 뜨는 것을 알 수 있습니다. 에러 메시 지를 다시 한번 살펴 보겠습니다.

```
NameError: name 'random' is not defined
```

"이름에러: 'random'이라는 명칭은 정의되지 않았습니다" 정도로 해석할 수 있습니다. 모듈이 탑재되어 있지 않기 때문에 찾을 수가 없어서 생기는 문제입니다. 그럼 이제 어떻게 'random 모듈'을 탑재할 수 있는지 살펴 보겠습니다.

바로 'import 키워드'를 사용하는 것입니다. 문법은 아래와 같습니다.

문법

```
import 탑재_대상_모듈_이름
```

그럼, 'random 모듈'을 탑재하고 다시 불러 봅시다.

```
>>> import random                              # random 모듈 탑재
>>> random                                     # random 모듈 호출
<module 'random' from 'D:\\Python37\\lib\\random.py'>
```

이번에는 에러가 발생하지 않습니다. 그리고 재미있게도 해당 모듈이 물리적으로 위치한 파일의 절대 경로가 함께 출력되었습니다. 바로, 이 random.py 파일이 파이썬 설치시 설치된 모듈인 것입니다.

모듈 이름이 길어서 별칭을 쓰고 싶은 경우도 있습니다. 그런 경우 아래와 같이 'as 키워드'를 사용하면 됩니다.

문법

```
import 탑재_대상_모듈_이름 as 별칭
```

만약, 'random 모듈'을 'rd'라는 별칭으로 호출하고 싶다면 아래와 같이 호출하면 됩니다.

```
>>> import random as rd                         # random 모듈 탑재 별칭 rd 사용
>>> rd                                          # 별칭 rd로 random 모듈 호출
<module 'random' from 'D:\\Python37\\lib\\random.py'>
```

그럼 이제 모듈을 한번 써 봐야겠죠? 'random 모듈'에서 제공하는 가장 기본적인 함수로 'randrange()' 함수를 알아 보겠습니다. 가장 간단한 사용법은 아래와 같습니다.

```
random.randrange(숫자)
```

이렇게 사용하면, 인수로 넣은 '숫자'보다 작은 양의 정수를 반환하게 됩니다. 아래 소스 코드는 0부터 9까지의 정수 중 난수를 반환한 예제입니다.

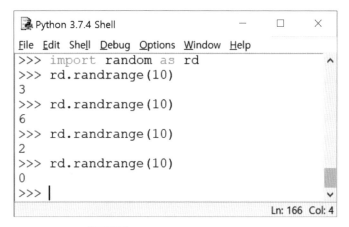

그림 11.5 random.randrange(숫자) 사용 예제

random 모듈은 다양한 기능을 제공하고 있습니다. 더 자세히 알아보고 싶다면, 아래 링크를 방문해 보세요!

https://docs.python.org/3.7/library/random.html

숫자 맞추기 게임 만들기

조금 전에 배운 random 모듈의 기능들과 함께 재밌는 게임을 하나 만들어 보겠습니다. 우리가 만들 게임의 정보는 다음과 같습니다.

● 게임 이름 : 숫자 맞추기 게임

● 규칙

　○ 게임이 시작되면 컴퓨터는 100보다 작은 양의 정수 하나를 임의로 선택한다.

　○ 사용자는 컴퓨터가 선택한 숫자가 무엇인지 맞추기 위해 정수 하나를 입력한다.

　○ 사용자가 입력한 값이 정답보다 높다면, "너무 높아요!"라고 출력하고, 다시 숫자 입력을 요구한다.

　○ 사용자가 입력한 값이 정답보다 낮다면, "너무 낮아요!"

　○ 숫자를 맞추면, "정답입니다! 프로그램을 종료합니다."를 출력하고 프로그램을 종료한다.

● 소스 코드 작성 힌트

　○ 소스 코드를 파일로 저장하여 실행한다. (5-7절 참고)

　○ 무한루프와 break 문을 활용한다. (6-6절 참고)

● 게임 실행 예시

그림 11.6 숫자 맞추기 게임 실행 결과 예

소스 코드 정답을 보기 전에 직접 소스 코드를 작성해 보세요!!

소스 코드 작성은 아래와 같이 할 수 있습니다. 소스 코드에 대한 자세한 설명은 해시 기호(#)로
시작하는 주석을 참고하세요!

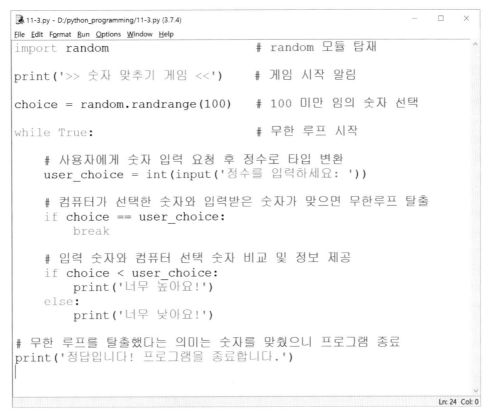

```python
import random                          # random 모듈 탑재

print('>> 숫자 맞추기 게임 <<')        # 게임 시작 알림

choice = random.randrange(100)         # 100 미만 임의 숫자 선택

while True:                            # 무한 루프 시작

    # 사용자에게 숫자 입력 요청 후 정수로 타입 변환
    user_choice = int(input('정수를 입력하세요: '))

    # 컴퓨터가 선택한 숫자와 입력받은 숫자가 맞으면 무한루프 탈출
    if choice == user_choice:
        break

    # 입력 숫자와 컴퓨터 선택 숫자 비교 및 정보 제공
    if choice < user_choice:
        print('너무 높아요!')
    else:
        print('너무 낮아요!')

# 무한 루프를 탈출했다는 의미는 숫자를 맞췄으니 프로그램 종료
print('정답입니다! 프로그램을 종료합니다.')
```

그림 11.7 숫자 맞추기 게임 소스 코드 예제

LESSON 04

pip로 외부 라이브러리 설치하기

파이썬은 설치 시 기본으로 설치되는 내장 라이브러리 이외에도 추가로 설치할 수 있는 외부 라이브러리가 굉장히 많습니다. 이런 외부 라이브러리들을 보통 써드파티(3rd party) 라이브러리라고 부릅니다. 이번 절에서는 써드파티 라이브러리를 설치하고 사용하는 방법을 알아 보겠습니다.

파이썬을 활용할 수 있는 분야는 무궁무진하지만, 기계학습/인공지능을 포함한 데이터 분석 분야에서 파이썬의 활용은 눈이 부실 정도입니다. 근래에 데이터 분석 분야의 발전을 파이썬이 견인했다고 해도 과언이 아닐 정도입니다. 아마 이 책으로 파이썬을 학습하고 있는 여러분도 데이터 분석을 직접 파이썬으로 하고 싶어서 시작한 분들이 많을 것이라고 생각합니다.

파이썬과 데이터 분석을 논할 때 빠지지 않고 등장하는 써드파티 라이브러리가 있습니다. 바로, 넘파이(Numpy), 판다스(Pandas) 그리고 매트플랏립(Matplotlib)입니다. 이번 절에서는 해당 라이브러리들을 이해하기 보다는 어떻게 설치하고 활용할 수 있는지 가볍게 알아보는 시간을 갖도록 하겠습니다. 상세한 설명은 [파트 12]에서 다루겠습니다.

그럼, 일단 3개 라이브러리를 설치하겠습니다. 라이브러리 설치를 하기 위해서는, 사실상 표준으로 자리잡은 파이썬 라이브러리 설치 및 관리 도구인 pip를 사용할 것입니다. pip는 Pip Installs Packages의 약자로 패키지를 설치하는 도구라는 의미이며, 여러분이 파이썬을 설치하는 순간 기본으로 같이 설치가 됩니다.

그럼 윈도우의 명령 프롬프트를 열어보세요. (〈윈도우 키〉 + 〈R〉 누른 후, [실행] 창에서 "cmd" 입력 후 〈Enter 키〉 누르기)

pip 버전을 확인하기 위해서 아래 명령어를 입력해보세요. 버전과 함께 pip의 물리적인 위치가 보일 것입니다. 여러분이 [파트 1]에서 설치한 파이썬이 맞는지 확인하세요!

```
> pip --version
```

그림 11.8 ▶ pip 버전 및 설치 위치 확인하기

참고 사항

━━━━━●━━━━━━━━ 환경 변수 변경하기 ━━━━━━━━━━━━━━━━

만약 pip가 여러분이 설치하지 않은 pip를 사용하고 있다면 환경 변수를 변경해줘야 합니다. 환경 변수 변경을 하고 싶다면 아래 단계를 참고하세요.

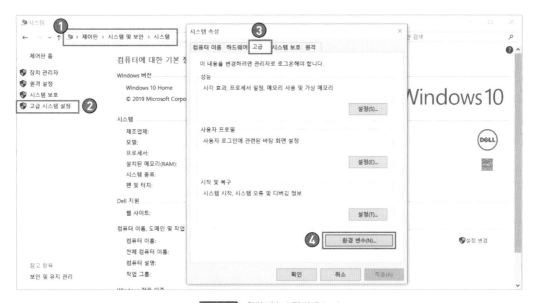

그림 11.9 ▶ 환경 변수 수정 단계 1 ~ 2

❶ [제어판] > [시스템 및 보안] > [시스템]으로 이동

❷ 좌측 패널의 [고급 시스템 설정] 클릭

❸ [시스템 속성] 창의 [고급] 탭 선택

❹ [환경 변수] 버튼 클릭

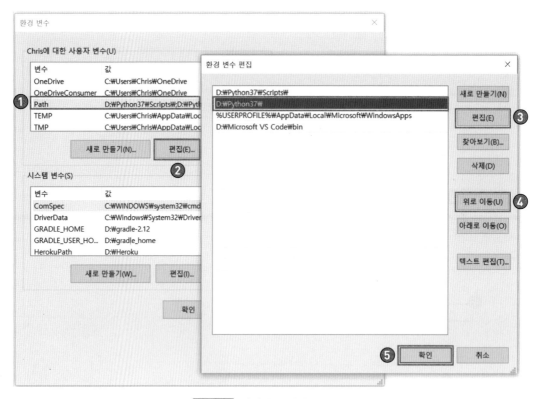

그림 11.10 환경 변수 수정 단계 3 ~ 5

❶ [사용자 변수] 패널 안에 [Path] 선택

❷ [편집] 버튼 클릭

❸ [환경 변수 편집] 창에서 파이썬 설치 폴더를 [새로 만들기] 혹은 기존 변수 [편집]

❹ [위로 이동] 버튼을 사용하여 추가/수정한 변수를 최상단으로 옮김

❺ [확인] 버튼 클릭

❻ 현재 열고 있었던 [명령 프롬프트] 재시작

원하는 pip가 호출되는 것을 확인하였다면, 아래 명령어로 3개 써드파티 라이브러리를 설치합니다. 설치 중인 과정을 지켜보면, 3개 라이브러리 이외에도 필요한 라이브러리들을 추가로 설치하는 것을 확인할 수 있습니다. 마지막 2줄에 출력된 노란색 메시지는 업그레이드를 할 수 있다는 정보성 메시지로 무시해도 괜찮습니다.

```
> pip install numpy pandas matplotlib
```

```
C:\Users\Chris>pip install numpy pandas matplotlib
Collecting numpy
  Downloading https://files.pythonhosted.org/packages/34/40/c6eae19892551ff91bdb15f884fef2d42d6f58da55a
b18fa540851b48a32/numpy-1.17.4-cp37-cp37m-win_amd64.whl (12.7MB)
    100% |████████████████████████████████| 12.7MB 1.8MB/s
Collecting pandas
  Downloading https://files.pythonhosted.org/packages/02/d0/1e8e60e61e748338e3a40e42f5dfeee63ccdecfc4f0
894122b890bfb009a/pandas-0.25.3-cp37-cp37m-win_amd64.whl (9.2MB)
    100% |████████████████████████████████| 9.2MB 573kB/s
Collecting matplotlib
  Downloading https://files.pythonhosted.org/packages/dd/73/dc25ca27a9960539ef984921b0d42368445b856ae08
61c3acba542b9a39c/matplotlib-3.1.2-cp37-cp37m-win_amd64.whl (9.1MB)
    100% |████████████████████████████████| 9.1MB 2.2MB/s
Collecting pytz>=2017.2 (from pandas)
  Downloading https://files.pythonhosted.org/packages/e7/f9/f0b53f88060247251bf481fa6ea62cd0d25bf1b11a8
7888e53ce5b7c8ad2/pytz-2019.3-py2.py3-none-any.whl (509kB)
    100% |████████████████████████████████| 512kB 127kB/s
Collecting python-dateutil>=2.6.1 (from pandas)
  Downloading https://files.pythonhosted.org/packages/d4/70/d60450c3dd48ef87586924207ae8907090de0b306af
2bce5d134d78615cb/python_dateutil-2.8.1-py2.py3-none-any.whl (227kB)
    100% |████████████████████████████████| 235kB 2.9MB/s
Collecting cycler>=0.10 (from matplotlib)
  Downloading https://files.pythonhosted.org/packages/f7/d2/e07d3ebb2bd7af696440ce7e754c59dd546ffe1bbe7
32c8ab68b9c834e61/cycler-0.10.0-py2.py3-none-any.whl
Collecting kiwisolver>=1.0.1 (from matplotlib)
  Downloading https://files.pythonhosted.org/packages/c6/ea/e5474014a13ab2dcb5056608e0716c600c3d8a8bcff
b10ed55ccd6a42eb0/kiwisolver-1.1.0-cp37-none-win_amd64.whl (57kB)
    100% |████████████████████████████████| 61kB 2.7MB/s
Collecting pyparsing!=2.0.4,!=2.1.2,!=2.1.6,>=2.0.1 (from matplotlib)
  Downloading https://files.pythonhosted.org/packages/c0/0c/fc2e007d9a992d997f04a80125b0f183da7fb554f1d
e701bbb70a8e7d479/pyparsing-2.4.5-py2.py3-none-any.whl (67kB)
    100% |████████████████████████████████| 71kB 2.0MB/s
Requirement already satisfied: six>=1.5 in d:\python37\lib\site-packages (from python-dateutil>=2.6.1->
pandas) (1.12.0)
Requirement already satisfied: setuptools in d:\python37\lib\site-packages (from kiwisolver>=1.0.1->mat
plotlib) (40.8.0)
Installing collected packages: numpy, pytz, python-dateutil, pandas, cycler, kiwisolver, pyparsing, mat
plotlib
Successfully installed cycler-0.10.0 kiwisolver-1.1.0 matplotlib-3.1.2 numpy-1.17.4 pandas-0.25.3 pypar
sing-2.4.5 python-dateutil-2.8.1 pytz-2019.3
You are using pip version 19.0.3, however version 19.3.1 is available.
You should consider upgrading via the 'python -m pip install --upgrade pip' command.

C:\Users\Chris>
```

그림 11.11 써드파티 라이브러리 설치 성공 예

외부 라이브러리 활용하여 데이터 시각화하기

앞 절 과정을 통해 설치가 잘 되었다면, 해당 모듈을 탑재하여 사용하는 것은 기존 라이브러리와 크게 다르지 않습니다. 그럼 아주 간단한 프로그램을 하나 만들어 보겠습니다.

이번 절의 실습은 데이터 분석의 데이터 시각화 부분을 맛보는 것을 목표로 하겠습니다. 시나리오는 아래와 같습니다.

❶ numpy, pandas, matplotlib을 탑재한다.

❷ numpy 모듈에서 제공하는 함수를 사용하여 50개의 난수를 생성하여, numpy 전용 배열로 반환한다.

❸ 위에서 생성한 배열을 pandas 모듈의 시리즈 데이터로 변환한다.

❹ pandas 모듈의 함수로 선형 그래프를 그린다.

❺ matplotlib 모듈의 함수로 아래와 같은 그래프를 화면에 출력한다. (그래프 모양은 난수에 따라 달라진다.)

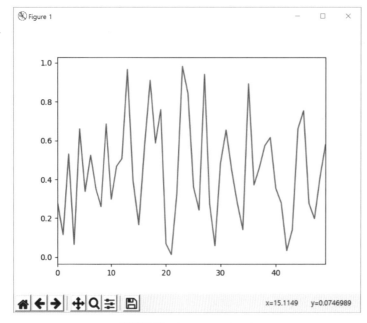

그림 11.12 ▶ 선형 그래프 출력 예제

얼핏 보기에는 다소 복잡해 보일 수 있지만, 이 그래프를 그리는데 필요한 소스 코드는 10줄이 되지 않습니다. 그럼 소스 아래 소스 코드를 새로운 파일에 저장하여 실행해보겠습니다. 각 줄의 소스 코드 설명은 주석을 참고하기 바랍니다.

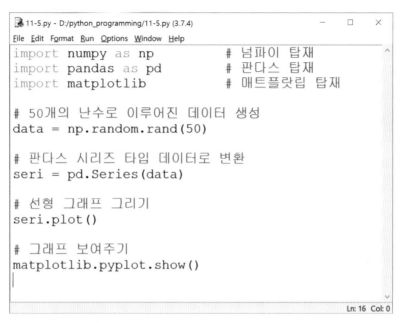

그림 11.13 선형 그래프 출력 소스 코드 예제 (D:/python_pgramming/10-5.py)

〈F5〉키로 소스 코드를 실행해 봅시다. 파이썬 쉘이 활성화되면서 해당 파일이 실행되고, 곧 선형 그래프가 그려진 새 창이 뜰 것입니다.

그림 11.14 소스 코드 실행 예시

새 창으로 열린 그래프는 여러분이 직접 창을 닫을 때까지 프로그램이 실행 중이라고 여깁니다. 즉, 이 창을 닫기 전까지는 다른 소스 코드를 실행할 수 없습니다.

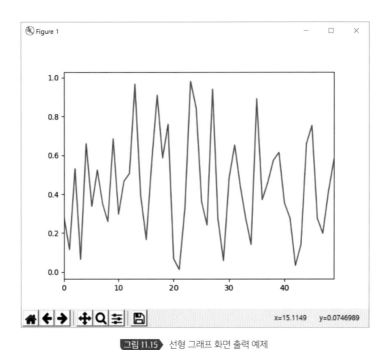

그림 11.15 ▶ 선형 그래프 화면 출력 예제

소스 코드에 대한 자세한 설명은 파트 12에서 진행할테니 이번 파트는 데이터 분석시 데이터를 시각화하는 소스 코드가 외부 라이브러리와 어떤식으로 진행되는지 이해하는데 초점을 맞춰보세요!

LESSON 06

데이터 분석을 위한 최고의 도구 주피터 노트북 설치

파이썬 프로그래밍을 도와주는 소스 코드 편집 도구는 굉장히 많습니다. 그 중에서도 데이터 분석 분야에서 누구나 할 것 없이 보편적으로 사용하는 도구가 바로 '주피터 노트북(Jupyter Notebook)'입니다. '주피터 노트북'은 웹 브라우저 기반의 소스 편집 도구로, 설치를 하고 나면 여러분이 선호하는 웹 브라우저를 열어서 사용하는 도구입니다.

설치하는 방식은 앞에서 살펴본 pip를 활용한 외부 라이브러리 설치 방식과 같습니다. 윈도우의 명령 프롬프트를 열어서(⟨윈도우 키⟩ + ⟨R⟩ 누른 후, [실행] 창에서 "cmd" 입력 후 ⟨Enter 키⟩ 누르기), 아래 명령어를 입력해보세요.

```
> pip install jupyter
```

```
C:\WINDOWS\system32\cmd.exe - jupyter notebook                          —    □    ×
Microsoft Windows [Version 10.0.18362.476]
(c) 2019 Microsoft Corporation. All rights reserved.

C:\Users\Chris>pip install jupyter
Collecting jupyter
  Downloading https://files.pythonhosted.org/packages/83/df/0f5dd132200728a86190397e1ea87cd76244e42d39
c5e88efd25b2abd7e/jupyter-1.0.0-py2.py3-none-any.whl
Collecting nbconvert (from jupyter)
  Downloading https://files.pythonhosted.org/packages/79/6c/05a569e9f703d18aacb89b7ad6075b404e8a4afde2
26b73ca77bb644b14/nbconvert-5.6.1-py2.py3-none-any.whl (455kB)
    100% |████████████████████████████████| 460kB 4.5MB/s
Collecting jupyter-console (from jupyter)
  Downloading https://files.pythonhosted.org/packages/cb/ee/6374ae8c21b7d0847f9c3722dcdfac986b8e54fa9a
9ea66e1eb6320d2b8/jupyter_console-6.0.0-py2.py3-none-any.whl
Collecting notebook (from jupyter)
  Downloading https://files.pythonhosted.org/packages/f5/69/d2ffaf7efc20ce47469187e3a41e6e03e17b45de5a
559f4e7ab3eace5e1/notebook-6.0.2-py3-none-any.whl (9.7MB)
    100% |████████████████████████████████| 9.7MB 1.9MB/s
Collecting qtconsole (from jupyter)
  Downloading https://files.pythonhosted.org/packages/7c/57/3528b84ffa753e2089908bbf74bb5ae60653eb7a63
97b6234e88b847d67/qtconsole-4.6.0-py2.py3-none-any.whl (121kB)
    100% |████████████████████████████████| 122kB 2.7MB/s
Collecting ipykernel (from jupyter)
  Downloading https://files.pythonhosted.org/packages/e1/92/8fec943b5b81078399f969f00557804d884c96fcd0
c296e81a2ed4fd270/ipykernel-5.1.3-py3-none-any.whl (116kB)
    100% |████████████████████████████████| 122kB 2.7MB/s
Collecting ipywidgets (from jupyter)
  Downloading https://files.pythonhosted.org/packages/56/a0/dbcf5881bb2f51e8db678211907f16ea0a182b232c
```

그림 11.16 주피터 노트북 설치 시작 (> pip install jupyter)

주피터 노트북을 실행하기 위해 필요한 외부 라이브러리들이 자동으로 설치되는 것을 확인할 수 있습니다. 주피터 노트북은 여러분이 사용하는 도구이기 때문에, 사용하기 위해서 주피터 노트북을 먼저 실행해야 합니다. 설치가 완료되었으면 아래 명령어로 주피터 노트북을 실행하세요. 뒤에 붙인 경로(D:\jupyter_notebook)는 앞으로 여러분이 만드는 주피터 노트북 파일이 저장될 장소입니다. 원하는 위치에 폴더를 만들고 지정하기 바랍니다.

```
> jupyter notebook --notebook-dir='D:\jupyter_notebook'
```

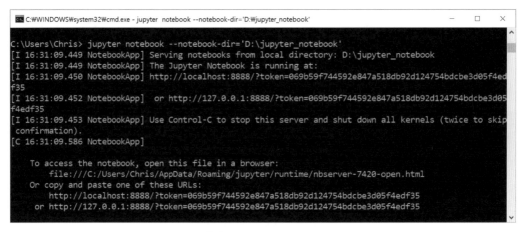

그림 11.17 주피터 노트북 실행 예제

그럼 자동으로 주피터 노트북이 웹 브라우저에서 실행됩니다. 혹시 실행되지 않는다면, "http://localhost:8888"로 접속해주세요! 그럼 아래와 같은 화면이 보일 것입니다.

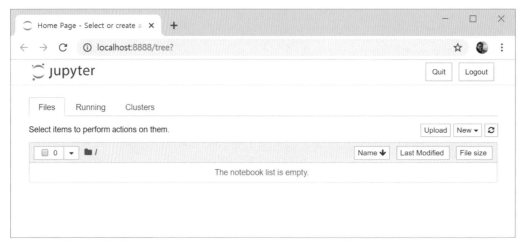

그림 11.18 주피터 노트북 실행 화면

이 화면이 잘 보이면, 주피터 노트북 설치 및 실행이 잘 된 것입니다.

이제 주피터 노트북을 사용하는 방법을 알아보겠습니다. 신규 주피터 노트북을 하나 만들어 보겠습니다. 오른쪽 상단에 [New] 버튼 클릭 후, [Python 3] 항목을 선택합니다.

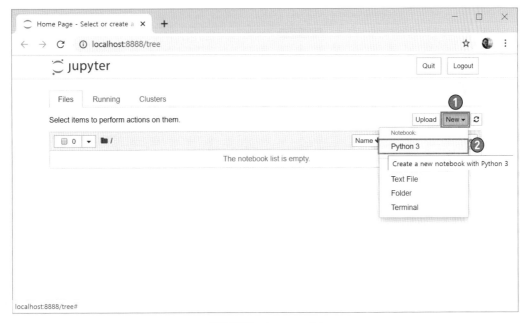

그림 11.19 신규 노트북 생성

그럼 다음과 같이 새 탭이 열리면서 신규 노트북이 열립니다.

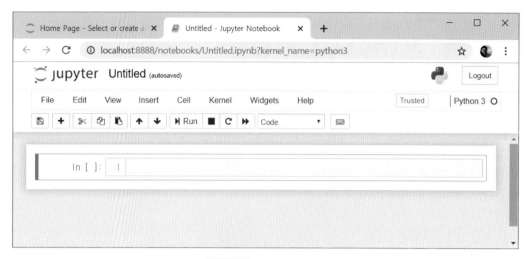

그림 11.20 ▶ 신규 노트북 열기

간단한 소스 코드 한줄을 실행시켜 보겠습니다. 아래 소스 코드를 중앙 메인 패널에 위치한 소스코드 입력창에 입력한 후, 상단에 [Run] 버튼을 클릭하거나, ⟨Alt⟩+⟨Enter⟩ 키를 눌러서 소스 코드를 실행해 보세요! 소스 코드 입력창 바로 밑에서 실행 결과를 바로 확인할 수 있습니다.

```python
print('Hello, world!')
```

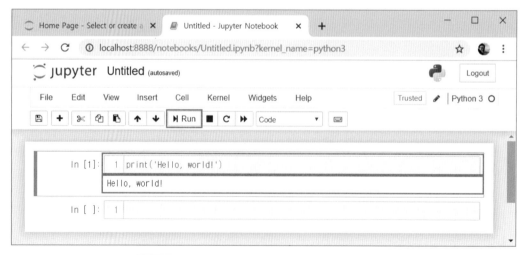

그림 11.21 ▶ 소스 코드 입력 및 실행하기(⟨Alt⟩+⟨Enter⟩ 키 누르기)

조금 전에 소스 코드를 입력하여 결과를 확인한 영역을 주피터 노트북에서는 셀(Cell)이라고 부르며, 소스 코드 실후 다음 셀이 자동으로 생성된 것을 확인할 수 있습니다.

지금까지 작업한 내용을 저장해보겠습니다. 화면 상단에 "Untitled" 부분을 클릭하면, 쉽게 노트북의 이름을 변경할 수 있습니다. 이름은 이번 절의 번호를 따서 "11-7"로 저장해보겠습니다. 입력이 끝나면, [Rename] 버튼을 클릭하세요!

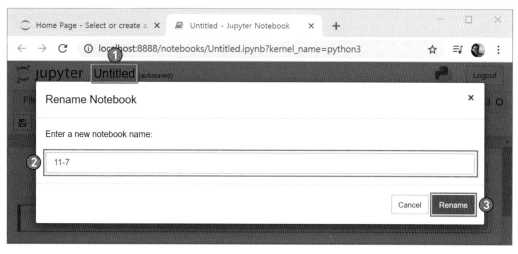

그림 11.22 ▶ 노트북 저장하기

저장이 잘 되었다면 상단에 "Untitled"가 "11-7"로 변경된 것을 확인할 수 있습니다.

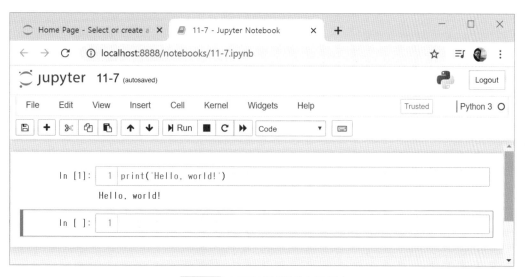

그림 11.23 ▶ 노트북 이름 변경 결과 확인하기

이렇게 저장된 파일은 주피터 노트북 실행시 지정했던 폴더에 저장된 것을 확인할 수 있습니다. 필자 컴퓨터에는 "D:\jupyter_notebook\11-7.ipynb 파일로 저장이 되었습니다.

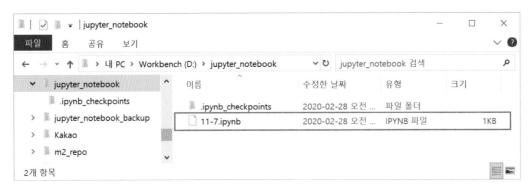

그림 11.24 노트북 파일 확인하기

주피터 노트북 홈으로 다시 탭을 옮겨 보겠습니다. 그럼 조금 전에 저장한 노트북이 보일 것입니다. 현재 "11-7.ipynb" 상태가 "Running"이며, 아이콘 색이 초록색임을 알 수 있습니다.

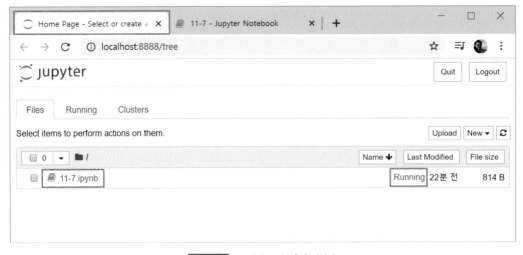

그림 11.25 주피터 노트북 홈 확인하기

이 노트북을 종료해보겠습니다. 노트북 체크박스 선택을 하면, 상단에 [Shutdown] 버튼이 생깁니다. [Shutdown] 버튼을 눌러서 종료하겠습니다.

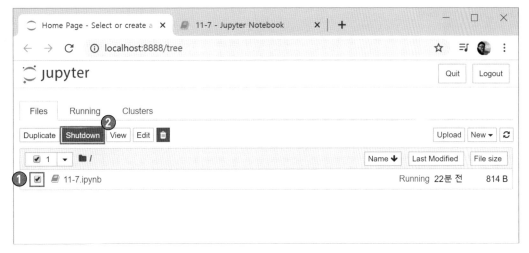

그림 11.26 노트북 선택 및 종료(Shutdown) 하기

잘 종료되었다면, 초록색 아이콘이 회색으로 변경되고, "Running" 상태가 삭제된 것을 확인할 수 있습니다.

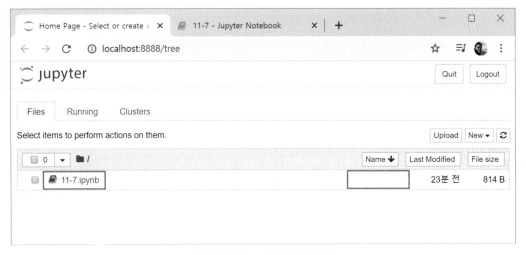

그림 11.27 노트북 종료 확인하기

주피터 노트북에서 그래프 그려보기

이번 절에서는 앞에서 그린 그래프를 똑같이 그려보겠습니다. 아래와 같이 신규 노트북을 하나 더 만들어서 "11-8"로 이름을 저장하겠습니다.

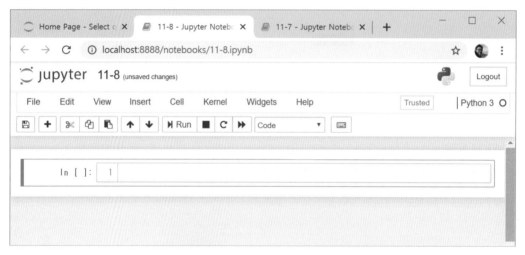

그림 11.28 ▶ 신규 노트북 만들기 (11-8.ipynb)

01 소스 코드에 대한 설명 추가

주피터 노트북은 소스 코드 이외에도 웹 브라우저에 다양한 형태로 글을 넣을 수 있는 마크다운 (Markdown) 기능을 제공합니다. 이는 소스 코드에 추가되는 주석과 같이 소스 코드 실행에 영향을 미치지 않습니다. 대신 소스 코드에 대한 설명이나 가이드라인 등을 넣을수 있습니다. 상단에 [Code] 리스트 박스를 선택하여 [Markdown]으로 변경하고 아래와 같이 실습 제목을 넣어 봅시다.

넘파이, 판다스, 매트플랏립 실습

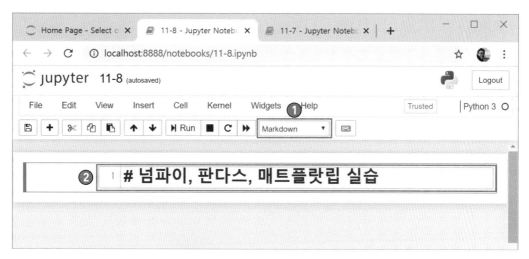

그림 11.29 ▶ 소스 코드 설명 마크다운으로 추가하기

작성이 완료되었으면, 〈Ctrl〉+〈Enter〉 키를 눌러서 해당 셀을 실행하세요. 그러면, 아래와 같이 완성된 화면의 출력물로 결과가 보이게 됩니다.

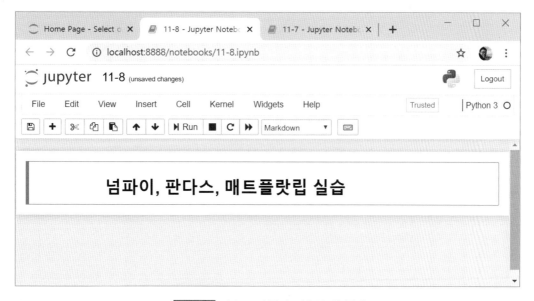

그림 11.30 ▶ 소스 코드 설명 마크다운으로 확인하기

마크다운 문법

마크다운(markdown)은 일반 텍스트 문서의 양식을 편집하는 문법입니다. 소스 코드 프로젝트 설명을 담고 있는 README 파일이나 온라인 문서, 혹은 일반 텍스트 편집기로 문서 양식을 편집할 때 쓰입니다. 상세한 문법을 확인하고 싶다면 아래 링크를 확인하세요.

● https://namu.wiki/w/마크다운
● https://ko.wikipedia.org/wiki/마크다운

02 넘파이, 판다스, 매트플랏립 탑재

좌측 상단의 [+] 버튼을 클릭하여 셀을 추가하고 나서, 아래 소스 코드를 셀에 그대로 입력합니다. 해시 기호(#)로 시작하는 주석은 이해를 돕기 위한 주석이니 생략해도 상관없습니다. 두 번째 줄에 보이는 "%matplotlib inline"은 매직 키워드로 매트플랏립으로 그린 그림을 노트북 안에서 바로 볼 수 있는 명령입니다. 입력을 다했다면, 〈Ctrl〉+〈Enter〉 키를 눌러서 소스 코드를 실하세요. 모든 모듈 탑재가 완료되면 셀 좌측에 실행 순서를 나타내는 숫자 1이 등장할 것입니다. 참고로 소스 코드 좌측 숫자는 소스 코드 줄 번호이며 자동으로 매겨집니다.

```python
# 그래프를 바로 보기 위한 명령어
%matplotlib inline

import numpy as np          # 넘파이 탑재
import pandas as pd         # 판다스 탑재
import matplotlib           # 매트플랏립 탑재
```

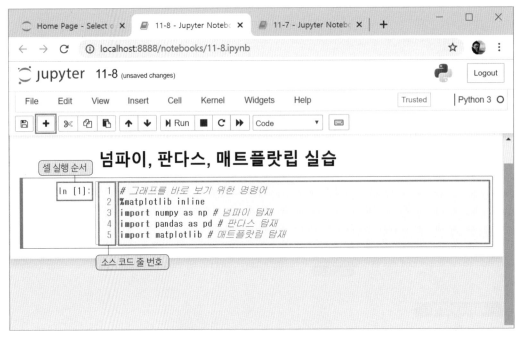

그림 11.31 numpy, pandas, matplotlib 탑재하기

03 50개 난수 생성 후 넘파이 전용 배열로 반환

좌측 상단의 [+] 버튼을 클릭하여 셀을 추가하고 나서, 아래 소스 코드를 입력합니다. 이번에는 '변수 data'에 어떤 값이 들어있는지 확인해 보겠습니다. 소스 코드 작성이 끝나면 이번에는 ⟨Alt⟩+⟨Enter⟩ 키를 눌러서, 소스 코드 실행 및 셀 추가를 동시에 해보겠습니다.

```
# 50개의 난수로 이루어진 데이터 생성
data = np.random.rand(50)
data
```

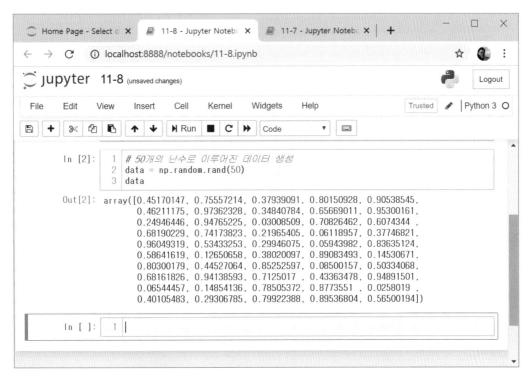

그림 11.32 ▶ 난수 50개 데이터 생성 후 실행 및 셀 추가 (⟨Alt⟩+⟨Enter⟩)

04 위에서 생성한 배열을 판다스의 시리즈 데이터로 변환

위에서 만든 넘파이 배열을 판다스의 시리즈로 변환합니다. 이번에도 생성된 데이터의 값을 확인해 보겠습니다. 아래 소스 코드를 입력하고 〈Alt〉+〈Enter〉 키를 누르세요. 값만으로 이루어져 있던 배열 데이터에 색인이 자동으로 추가되는 것을 확인할 수 있습니다.

```
# 판다스 시리즈 타입 데이터로 변환
seri = pd.Series(data)
seri
```

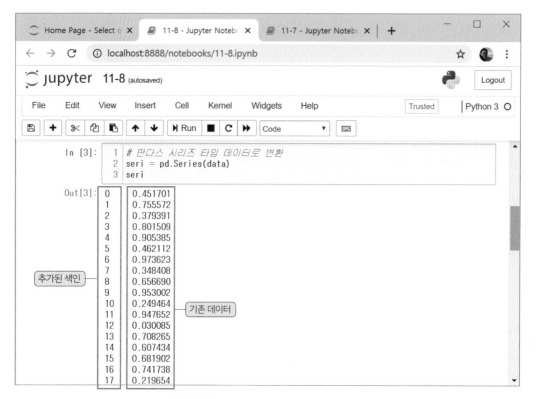

그림 11.33 넘파이 배열을 판다스 시리즈로 변환

05 판다스로 선형 그래프 그리기

이제 그래프를 그릴 차례입니다. 아래 소스 코드를 입력한 뒤, 〈Ctrl〉+〈Enter〉 키를 눌러서 실행해 보세요. 예전 실습때는 매트플랏립 모듈을 사용하여 show를 해야 새로운 창으로 그래프를 띄울 수 있었지만, 주피터 노트북에서 매직 키워드를 사용하면 다음과 같이 바로 그래프를 확인할 수 있습니다.

```python
# 선형 그래프 그리기
seri.plot()
```

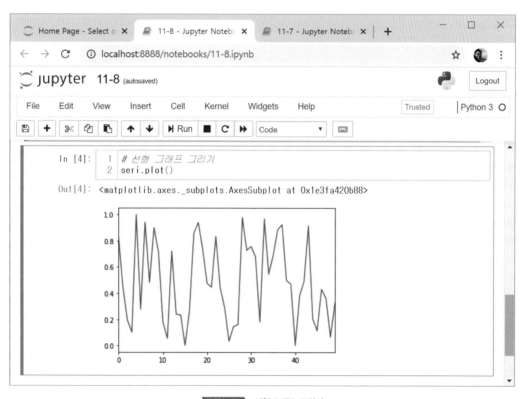

그림 11.34 선형 그래프 그리기

지난 [11-5절]에서 명령 프롬프트에서 실행한 소스 코드와 결과는 같지만, 소스 코드를 작성하고 실행하여 결과를 확인하는 과정이 무척 다릅니다. 특히, 이렇게 실행된 노트북을 저장하면, 해당 파일을 공유하는 것만으로도 그래프와 같은 소스 코드 실행 결과를 그대로 공유할 수가 있습니다. 일반적으로 소스 코드를 공유하면, 실행하기 전까지는 결과를 볼 수 없었던 것과 무척 상반되는 내용입니다. 이러한 장점들이 데이터 분석 분야에서 주피터 노트북을 사실상 표준으로 자리 매김하는데 기여하지 않았나 싶습니다.

LESSON 09 주피터 노트북 사용시 자주 사용하는 기능

01 노트북 커널 재실행

주피터 노트북으로 소스 코드를 작성하다 보면, 셀을 순서대로 방문하는 것이 아니라, 순서가 뒤죽박죽 섞이는 경우가 많습니다. 가령, 위쪽에 배치한 셀의 소스 코드를 변경해야 하는 경우라면 더욱 그렇습니다. 이런 경우, 노트북 셀의 실행 순서가 엉켜서 원하는 대로 동작하지 않는 경우가 발생합니다. 그럴땐, 지금까지 실행한 것을 초기화하는 방법이 몇 가지 있습니다. 주피터 노트북의 [상단 메뉴] – [Kernel]을 클릭해보세요. 그럼 아래와 같은 메뉴가 보입니다.

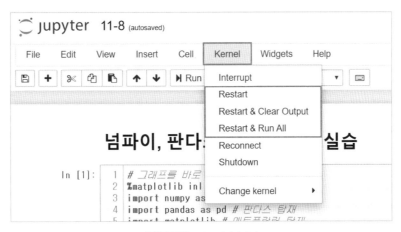

그림 11.35 커널 재시작하기

다음과 같이 크게 3가지 메뉴가 있습니다.

● Restart : 커널 재실행만 수행합니다. 기존 수행 결과는 그대로 보존합니다.

● Restart & Clear Output : 커널 재실행을 하고, 기존 수행 결과를 제거합니다.

● Restart & Run All : 커널 재실행을 하고, 기존 수행 결과를 제거한 뒤, 전체 셀을 다시 실행합니다.

02 셀 추가

만약, 셀을 추가하고 싶다면 어떻게 할까요? 특정 셀의 위(above) 혹은 아래(below)에 셀을 추가할 수 있습니다. 셀 선택 후 [상단 메뉴] - [Insert] - [Insert Cell Above] 혹은 [Insert Cell Below]를 선택하면 됩니다.

그림 11.36 셀 위/아래 추가하기

03 셀 삭제

셀을 삭제하는 방법도 간단합니다. 삭제 대상 셀 선택 후 [상단 메뉴] - [Edit] - [Delete Cell]을 선택하면 됩니다.

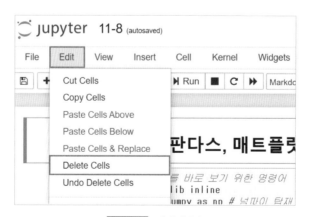

그림 11.37 셀 삭제하기

04 셀 여러 개 실행하는 방법

지금까지 셀 하나를 독립적으로 실행했지만, 여러 개를 동시에 실행할 수 있는 방법이 있습니다. [상단 메뉴] – [Cell] 메뉴에 다양한 옵션들이 있으니 한 번씩 사용해보기 바랍니다.

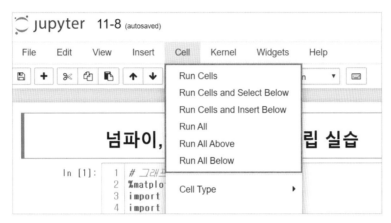

그림 11.38 ▶ 셀 실행하는 여러 방법

- Run Cells : 선택한 셀 실행하기
- Run Cells and Select Below : 선택한 셀 실행 후 아래 셀 선택
- Run Cells and Insert Below : 선택한 셀 실행 후 아래 셀 추가
- Run All : 모든 셀 실행
- Run All Above : 현재 선택한 셀 상단에 위치한 모든 셀 실행
- Run All Below : 현재 선택한 셀 하단에 위치한 모든 셀 실행

이번 파트에서는 실전 데이터 분석 프로젝트를 진행하기에 앞서 준비하는 내용을 담았습니다. 살펴 본 내용은 아래와 같습니다.

✖ 변수 초기화시 for 문, if 문 조합을 사용하여 쉽고 간결하게 데이터 생성하기

✖ 파이썬 모듈 탑재 방법

> import 탑재 대상 모듈 이름
> import 탑재 대상 모듈 이름 as 별칭

✖ 난수 발생을 위한 random 모듈 탑재 및 사용법

✖ pip를 활용한 써드파티 라이브러리 설치 및 활용법

✖ 주피터 노트북 설치 및 활용법

✖ 주피터 노트북을 사용한 데이터 시각화 방법 맛보기

✖ 주피터 노트북의 다양한 사용법 확인
  - 커널 재시작
  - 셀 추가 및 삭제
  - 여러 셀 동시 실행 방법

이번 파트 내용이 실전 데이터 분석 프로젝트를 수행하기 전에 필요한 사전 준비 작업을 하는 것으로, 데이터 변수 초기화 방법, 외부 라이브러리 설치 및 활용법, 주피터 노트북 사용법 등을 가볍게 알아보았습니다. 다음 파트에서는 데이터 분석에 대한 이해와 함께 실전 데이터 분석 프로젝트를 수행하여 나중에 현업에 활용할 수 있는 초석을 다져 보겠습니다.

생각해
봅시다
★★★

1. 아래 소스 코드를 조합 방식으로 변경해 보세요.

a)
```
>>> squares = []
>>> for x in range(10):
        squares.append(x**2)
```

b)
```
>>> items = '가위', '바위', '보'
>>> results = []
>>> for a in items:
        for b in items:
            if a != b:
                results.append((a, b))
```

c)
```
>>> a = set()
>>> for x in 'abracadabra':
        if x not in 'abc':
            a.add(x)
```

d)
```
>>> squares = {}
>>> for x in (2, 4, 6):
        squares[x] = x**2
```

2. 파이썬 모듈을 탑재하기 위해서 사용하는 명령어는 무엇인가요?

3. 외부 라이브러리를 설치하기 위해서 사용하는 도구가 무엇인가요?

4. 처음으로 numpy, pandas 모듈을 설치하려고 합니다. 어떻게 해야 하는지 빈 칸을 채우세요.

[명령 프롬프트]에서 "_____ numpy pandas"를 실행한다.

5. 다음에서 설명하는 IDLE에 비해서 주피터 노트북이 가지고 있는 장점의 빈 칸을 채우세요.

특정 프로그램 실행 없이 선호하는 _____ 에서 URL을 가지고 실행할 수 있으며,
소스 코드 뿐만이 아니라 _____ 까지 공유할 수 있다.

6. 지난 [11-3절]에서 "숫자 맞추기 게임 만들기"를 IDLE에서 실습하였습니다. 똑같은 소스 코드를 주피터 노트북에서 실습해 보세요.

7. 0~99 정수 중 난수 10개로 이루어진 리스트를 생성하세요.

8. 주피터 노트북 사용법에 대한 아래 질문들에 답하세요.

a. [상단 메뉴] - [Kernel] 메뉴 선택하면 노트북을 실행하는 3가지 방법이 있습니다. 각 방법의 설명의 빈 칸을 채우세요.

- Restart : 커널 재실행만 수행합니다. 기존 수행 결과는 ___ 합니다.
- Restart & Clear Output : 커널 재실행을 하고, 기존 수행 결과를 ___ 합니다.
- Restart & Run All : 커널 재실행을 하고, 기존 수행 결과를 ___ 한 뒤, 전체 셀을 다시 ___ 합니다.

b. 셀을 원하는 셀의 상단 혹은 하단에 추가하는 방법은 무엇인가요?

c. 셀을 삭제하는 방법은 무엇인가요?

d. 다음은 [상단 메뉴] - [Cell] 메뉴 선택하여 셀을 여러개 실행하는 3가지 방법의 차이점을 설명하고 있습니다. 빈 칸을 채우세요.

- Run All : ___ 셀 실행
- Run All Above : 현재 선택한 셀 ___ 에 위치한 모든 셀 실행
- Run All Below : 현재 선택한 셀 ___ 에 위치한 모든 셀 실행

데이터 분석 프로젝트

목차

학습 목표

- 데이터 분석에서 필수적으로 사용하는 써드파티 라이브러리 3개(넘파이, 판다스, 매트플랏립)의 특징 및 사용처를 이해한다.
- csv 파일을 읽어서 데이터 분석시 사용할 수 있다.
- type 메타클래스를 사용하여 데이터 타입을 확인할 수 있다.
- 판다스의 시리즈와 데이터프레임 데이터 타입의 특징을 이해한다.
- 데이터 전처리 과정의 정제/가공 과정을 경험한다.
- 데이터 추출 및 시각화를 할 수 있다.

주요 용어

- 넘파이 : 데이터 분석 기초 패키지
- 판다스 : 넘파이 기반으로 시리즈/데이터프레임 타입을 제공하며, 데이터 분석 고급 기능 제공 라이브러리
- 메트플랏립 : 데이터 시각화 라이브러리
- type 메타클래스 : 데이터 타입 확인시 사용
- 데이터 가공/정제 : 유실 데이터를 정리하거나, 분석 및 시각화시 필요한 형태로 변경하는 전처리 작업
- 데이터 시각화 : 데이터를 다양한 그래프로 표현하는 작업
- 시리즈 : 판다스 전용 열거형 데이터 타입
- 데이터프레임 : 판다스 전용 테이블형 데이터 타입
- 색인 : 판다스 시리즈/데이터프레임의 행 데이터 구분시 사용
- 컬럼 : 판다스 데이터프레임의 열 데이터 구분시 사용

학습 시간

150분

동영상 강의

http://www.youtube.com/ChoChris

데이터 분석이란?

데이터 분석의 과정은 생각보다 그리 단순하지 않습니다.

일단, 분석할 데이터를 수집한 뒤, 수집한 데이터를 정제하는 작업이 필요합니다. 여기서 '정제'라는 의미는 수집한 데이터 중 일부 데이터가 누락 되었거나, 지나치게 크거나 낮은 비정상 데이터가 있을 수 있기 때문에 이를 수정해야 된다는 의미입니다. 이런 비정상 데이터를 흔히 노이즈(Noise) 데이터라고도 부릅니다. 노이즈 데이터를 제거하거나 다른 데이터로 변경하는 작업을 통해 데이터를 분석이 가능한 수준으로 만들어 줘야하는 것입니다. 이런 과정은 분석을 위한 '준비' 단계이지만, 데이터 분석을 하는 분석가나 엔지니어들이 가장 많은 시간을 할애하는 곳이기도 합니다.

이렇게 정제된 데이터를 가지고 데이터 분석가들은 다양한 방식으로 데이터를 시각화하여 데이터를 쉽게 이해할 수 있게 합니다. 이러한 과정 속에는 데이터의 패턴을 추출해내기 위하여, 패턴인식이나 머신러닝 기술 등이 활용되고 있습니다. 이를 통해 얻게 된 통찰은 데이터를 통해 새로운 가치를 창출해 냅니다. 그리고 이렇게 얻어진 가치를 기반으로 다시 데이터 분석의 프로세스를 반복하는 것이 일반적인 데이터 분석 절차입니다.

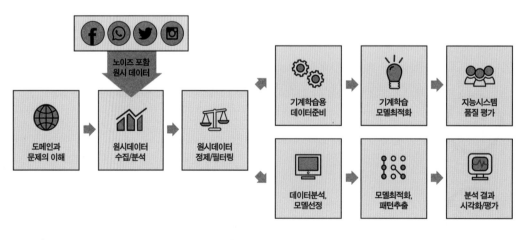

그림 12.1 데이터 분석 절차

서울에서 운영하는 심야 야간 버스, 일명 올빼미 버스 노선을 선정할 때, 이러한 데이터 분석 기술이 큰 역할을 하였습니다. 여기서 활용하였던 데이터는 통신사에서 확보한 개인의 위치 데이터와 버스 노선이 담긴 지도 데이터였습니다. 심야 시간에 집이 아닌 지역에 있는 스마트폰 사용자의 위치 데이터를 수집하여, 데이터가 많은 위치에 버스 노선을 배치하여 성공한 사례로 알려졌습니다. 또한, 인적이 드문 곳에 배치된 정류장 위치를 변경하여 잠재적인 범죄 사고를 미리 예방할 수 있었다고 합니다.

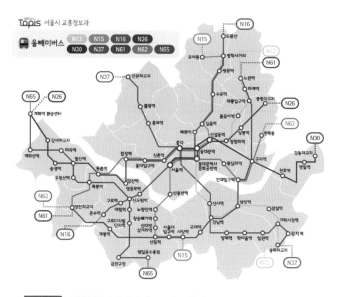

그림 12.2 서울특별시 올빼미 버스 노선도 (출처: http://bus.go.kr/nBusMain.jsp)

이 책에서 데이터 분석의 모든 과정을 깊이 살펴 보는 것은 책의 범위에서 다소 벗어나는 영역입니다. 그래서 이번 파트는 데이터 분석의 과정 대부분을 가벼운 실습으로 경험하면서 파이썬을 각 과정에서 어떻게 활용할 수 있는지 감을 잡는 것을 목표로 합니다. 이 정도 지식이면 여러분이 직접 원하는 데이터를 직접 분석할 수 있습니다.

LESSON
02

데이터 분석 모듈 소개 - 넘파이, 판다스, 메트플랏립

우선, 파이썬의 데이터 분석에서 빠질 수 없는 몇 가지 모듈을 소개하겠습니다. 이미 [파트 11] 실습에서 한 번씩 사용한 모듈입니다.

01 데이터 분석 기초 패키지, 넘파이(Numpy)

넘파이는 파이썬으로 데이터 분석을 하기 위한 가장 기초적인 기능들을 제공합니다. 넘파이의 강력한 N 차원의 배열 객체는 다양한 형태로 사용이 가능하며, 데이터를 정교하게 제어할 수 있는 다양한 함수들을 제공하고 있습니다. 넘파이의 공식 홈페이지는 아래 링크를 통해 방문할 수 있습니다.

http://www.numpy.org/

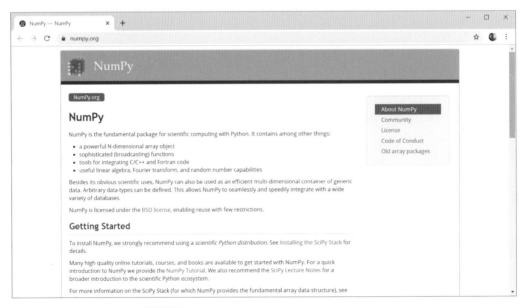

그림 12.3 넘파이 공식 홈페이지 링크 (http://www.numpy.org/)

02 파이썬 데이터 분석 라이브러리, 판다스(Pandas)

판다스는 앞서 설명한 넘파이 기반으로 만들어졌고, 고성능의 쉽게 사용할 수 있는 자체 데이터 타입인 시리즈(Series), 데이터프레임(DataFrame) 등을 제공하고 있으며, 데이터 분석을 위한 다양한 도구를 제공합니다. 특히, 데이터프레임은 마치 엑셀을 사용하는 것과 같이 행과 열로 데이터를 다룰 수 있게 해주며, 엑셀 파일이나 CSV 파일 등과 함께 사용하기 좋습니다. 게다가, [파트 11]에서 살펴본 것과 같이 데이터를 쉽게 시각화하는 함수들도 가지고 있습니다. 이번 파트의 실습에서 판다스를 주로 사용할 예정입니다. 판다스 공식 홈페이지 링크는 아래와 같습니다.

http://pandas.pydata.org/

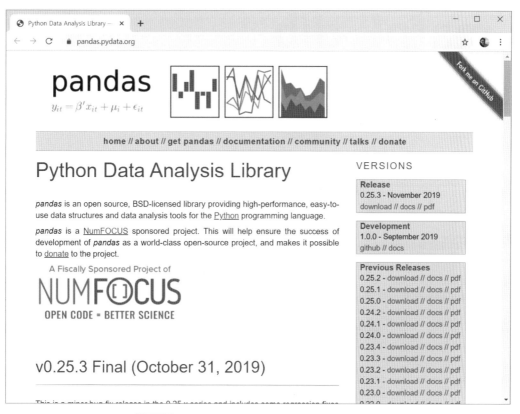

그림 12.4 판다스 공식 홈페이지 링크 (http://pandas.pydata.org/)

03 데이터 시각화 라이브러리, 매트플랏립(Matplotlib)

매트플랏립은 다양한 형태의 2차원 그래프를 그려주는 라이브러리입니다. 선형 그래프, 막대 그래프, 히스토그램, 파이 그래프 등 다양한 형태의 그래프를 그릴 수 있으며, 주피터 노트북 등을 통해 소스 코드와 실행 결과를 바로 바로 출력할 수 있는 기능을 제공하고 있습니다. 매트플랏립의 공식 홈페이지는 아래와 같습니다.

http://matplotlib.org/

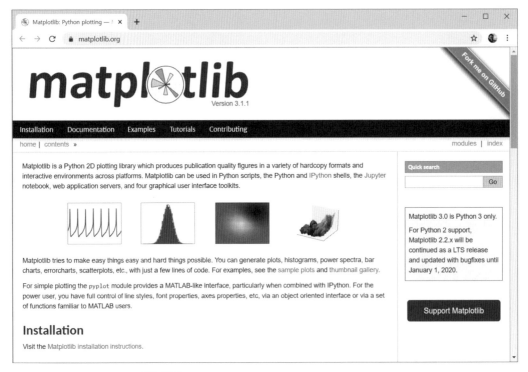

그림 12.5 매트플랏립 공식 홈페이지 링크 (http://matplotlib.org/)

공공데이터 다운로드하기

이제 본격적으로 데이터를 분석해보겠습니다. 여러분과 실습을 하기 위해서 어떤 주제를 선택할까 고민한 끝에 아래와 같은 주제를 잡아 보았습니다.

대한민국 주/야간 자동차 사고 현황을 파악하여, 주/야간 중 언제 사고 방지를 하기 위해 집중해야 하는지 파악한다.

현재 필자가 가지고 있는 가정은 아무래도 사고는 야간에 더 많이 발생할 것이고, 사망자수도 야간에 더 많이 발생할 것 같습니다. 하지만, 상대적으로 주간에 운행하는 자동차가 많으니, 정반대의 결과가 나올수도 있을 것 같습니다. 그럼 이 가정이 사실인지 아닌지 실제 데이터로 확인해 봅시다.

여러분은 혹시 "공공데이터포털(https://www.data.go.kr/)"을 알고 있나요? 공공데이터포털은 공공기관이 생성 또는 취득하여 관리하고 있는 공공데이터를 한 곳에서 제공하는 통합 창구입니다. 포털에서는 국민이 쉽고 편리하게 공공데이터를 이용할 수 있도록 파일데이터, 오픈API, 시각화 등 다양한 방식으로 제공하고 있으며, 누구라도 쉽고 편리한 검색을 통해 원하는 공공데이터를 빠르고 정확하게 찾을 수 있습니다.

공공데이터포털(https://www.data.go.kr/)에 방문하여 "도로교통공단 교통사고 통계"로 검색해보세요. 그럼 다음과 같이 "도로교통공단_교통사고 통계"라는 제목의 파일데이터 1건을 찾을 수 있습니다. (2019년 12월 기준)

그림 12.6 공공데이터포털에서 교통사고 통계데이터 검색 결과

해당 게시물을 클릭하여 들어가면, 2개 유형의 파일을 제공하고 있는데, 우리는 좌측의 "도로교통공단_월별_주야별 교통사고" 파일을 사용할 것입니다. 아래 순서대로 파일을 다운로드 받으세요.

그림 12.7 파일 다운로드하기(https://www.data.go.kr/dataset/3038489/fileData.do)

❶ 좌측 파일 하단에 [멀티다운로드] 클릭

❷ [CSV] 체크박스 선택

❸ [다운로드] 버튼 클릭

❹ 다운로드 완료된 파일 확인하기

참고로 데이터를 미리 보고 싶다면, 조금 더 아래쪽에 위치한 "미리보기" 섹션을 참고하세요.

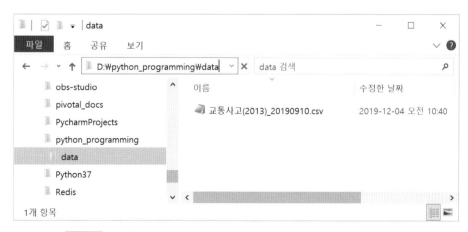

그림 12.8 ▶ 파일 데이터 미리보기

다운로드한 파일은 불러오기 쉬운 폴더로 옮겨 놓겠습니다. 필자는 "D:\python_programming\data" 밑으로 옮겨 놓았습니다. 그리고 파일 이름도 편의상 짧게 고쳐 놓겠습니다. "교통사고(2013)_20190910.csv"로 합니다.

그림 12.9 ▶ 파일 옮기기 (D:\python_programming\data\교통사고(2013)_20190910.csv)

파일 데이터 읽어오기

다운로드한 'csv' 형태의 파일은 일반적인 텍스트 파일로, 데이터 값을 보통 쉼표(,)로 구분한게 특색입니다. 그럼 이 파일을 파이썬으로 읽어 오는 방법을 알아보겠습니다.

01 주피터 노트북 실행 및 신규 노트북 생성

우선, 주피터 노트북을 실행합니다. ([11-6절] 참고) 그리고, 신규 주피터 노트북을 하나 생성합니다. 이름은 "12장. 공공 데이터 분석 실습"로 지어 보겠습니다. ([11-7절] 참고)

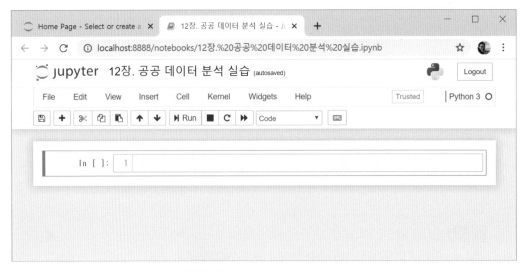

그림 12.10 실습을 위한 신규 노트북 생성

02 판다스 모듈 탑재 (import)

판다스가 제공하는 기능 중 csv 파일을 읽는 기능이 있습니다. 이 기능을 한번 활용해 보겠습니다. 그럼 먼저 pandas 모듈을 탑재합니다. 매번 pandas를 입력하기 보다는 짧게 'pd'만 입력하기 위해서 as 문도 사용하겠습니다. 아래 소스 코드를 입력하고 〈Shift〉+〈Enter〉 키를 눌러서 코드를 실행하면서 하단에 셀을 새로 생성합니다.

```
import pandas as pd
```

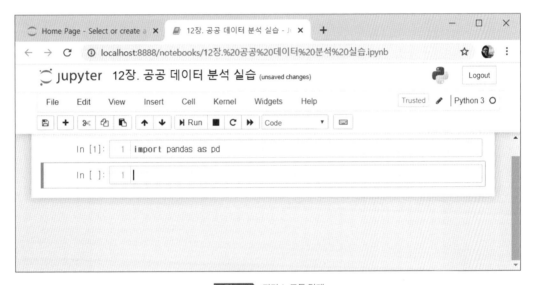

그림 12.11 판다스 모듈 탑재

참고 사항

━━━━ 셀의 테두리 색 ━━━━

주피터 노트북에서 셀을 선택하기 전에는 셀 테두리 색이 파란색이지만, 소스 코드를 입력할 수 있는 편집 모드가 되면, 해당 셀의 테두리 색이 초록색으로 변경됩니다. 셀 테두리 색이 파란색일때를 커맨드 모드라고 부릅니다. 셀이 편집 모드인지 커맨드 모드인지에 따라서 사용할 수 있는 기능이 차이가 있습니다. 편집 모드(파란색)에서 커맨드 모드(초록색)으로 변경하려면 <ESC> 키를 누르면 됩니다.

주피터 노트북의 유용한 단축키 확인 방법

주피터 노트북에는 편집 모드와 커맨드 모드에서 각각 사용할 수 있는 다양한 단축키가 있습니다. 단축키 정보는 주피터 노트북 [상단 메뉴] - [Help] - [Keyboard Shortcuts] 에서 확인 가능합니다. 참고하세요!

그림 12.12 단축키 확인 메뉴 선택 ([상단 메뉴] - [Help] - [Keyboard Shortcuts])

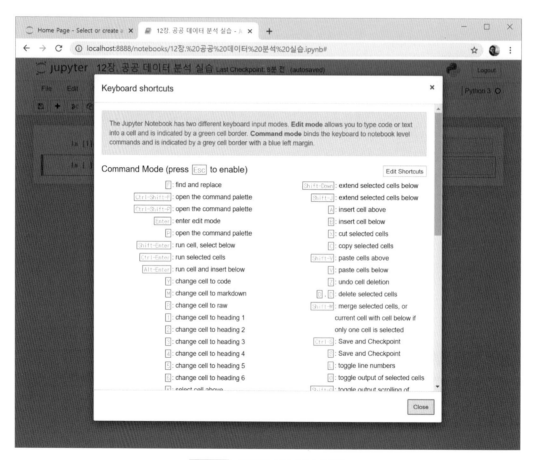

그림 12.13 주피터 노트북 단축키 도움말

03 read_csv() 함수로 CSV 파일 읽어오기

판다스의 csv 파일 읽기 기능은 read_csv() 함수로 사용할 수 있습니다. 아래 소스 코드를 입력해보세요. 올바른 데이터 경로를 입력해야 합니다. read_csv 함수의 인수가 2개인데 첫 번째 것은 파일 경로이고, 두 번째 인수()는 한글 데이터를 읽기 위한 인코딩 정보입니다. 인코딩은 문자를 저장할 때 사용하는 방식 정도로 이해하면 좋겠습니다.

```
data = pd.read_csv('D:\python_programming\data\교통사고(2013)_20190910.
csv', encoding = 'EUC-KR')
```

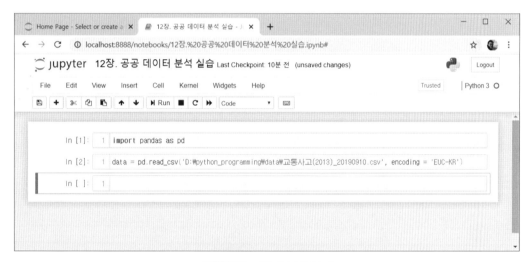

그림 12.14 파일 데이터 읽어오기

 주의하세요! 파일 경로를 잘못 입력하면 'FileNotFoundError'가 발생합니다.

경로를 잘못 입력한 경우, 아래와 같이 FileNotFoundError가 발생합니다. 에러 메시지 제일 끝에 보면, 해당 파일이 존재하지 않는다는 에러 메시지가 보입니다.

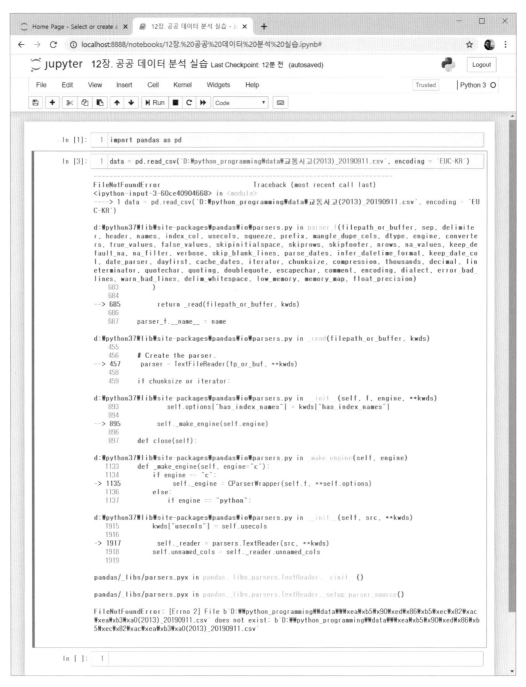

그림 12.15 ▶ 잘못된 파일 경로가 입력된 경우

 인코딩 정보를 누락하면 파일을 읽지 못하는 경우가 있습니다.

우리가 다운로드한 파일은 한글 'EUC-KR'로 인코딩하여 저장된 파일입니다. 우리나라 데이터는 특성상 한글 데이터가 빠질수 없기 때문에 인코딩 방식에 굉장히 민감합니다.

만약 인코딩 정보가 입력되지 않으면, 기본적으로 'UTC-8'이라는 방식으로 인코딩이 되었다고 가정하는데, 'EUC-KR' 방식과 문자를 저장하는 방식이 다르기 때문에 에러가 발생합니다. 에러 종류는 'UnicodeDecodeError'로 암호화된 데이터를 복호화할 때 에러가 발생했다는 의미입니다.

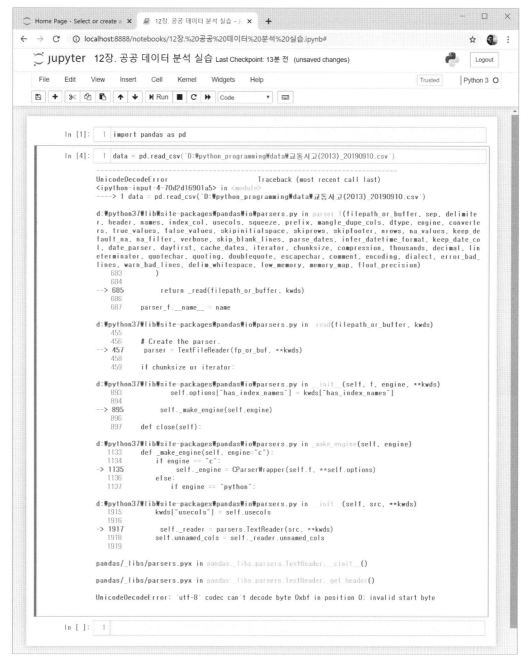

그림 12.16 인코딩 정보가 누락된 경우

04 읽어온 데이터 내용 및 타입 확인하기 - type 메타클래스

이제 읽어온 데이터를 확인해보겠습니다. 아래와 같이 변수 이름을 입력만 하더라도, 데이터를 확인할 수 있습니다.

```
data
```

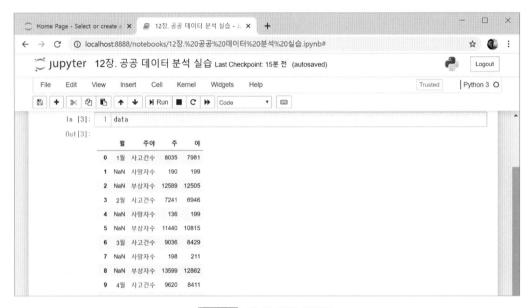

그림 12.17 읽어온 데이터 확인하기

주의하세요! 인코딩 정보가 잘못되면 한글이 정상적으로 읽히지 않습니다.

인코딩 정보를 잘 못 입력한 경우, 한글이 깨질수 있으니 주의하기 바랍니다.

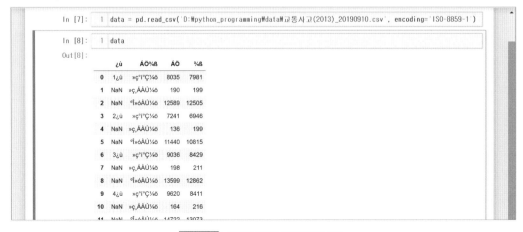

그림 12.18 인코딩 정보를 잘못 입력한 경우

데이터의 내부 모습이 무척 흥미롭습니다. 딕셔너리와 비슷한것 같지만, 왼쪽에 색인도 보이고, 마치 엑셀의 테이블처럼 컬럼 이름도 보입니다. 파이썬 기본 함수 중 type 메타클래스를 사용하면, 데이터 타입을 확인할 수 있습니다.

아래 소스 코드를 입력해 보세요. '변수 data'의 데이터 타입은 판다스가 제공하는 데이터프레임(DataFrame)인 것을 확인할 수 있습니다. type 메타클래스의 사용법은 함수 사용법처럼 인수에 해당 변수를 집어 넣으면 타입을 반환하는 형태로 사용할 수 있으며, 앞으로 빈번하게 사용할 예정이니 기억해두기 바랍니다.

```
type(data)
```

```
In [4]:     1  type(data)
Out[4]:  pandas.core.frame.DataFrame
```

그림 12.19 ▶ data 타입 확인하기 - pandas.core.frame.DataFrame

LESSON 05

판다스 데이터프레임으로 데이터 이해하기

판다스 데이터프레임 타입은 여러 내장 메소드가 존재하며, 여러 가지 방법으로 데이터를 조회할 수 있습니다. 하나씩 함께 살펴 보겠습니다.

01 info()로 데이터프레임 정보 확인

info()로 데이터프레임에 저장된 데이터의 개요를 확인해 보겠습니다. 아래 명령어를 입력하여 실행하세요.

```
data.info()
```

```
In [7]:    1  data.info()
        ①  <class 'pandas.core.frame.DataFrame'>
        ②  RangeIndex: 36 entries, 0 to 35
           Data columns (total 4 columns):
           월      12 non-null  object
        ③  주야    36 non-null  object
           주      36 non-null  int64
           야      36 non-null  int64
        ④  dtypes: int64(2), object(2)
           memory usage: 1.2+ KB
```

그림 12.20 ▶ DataFrame.info() 실행 결과

① DataFrame임을 알려주고 있습니다.

② 색인 범위를 나타내고 있군요. 총 36개의 엔트리가 있고, 색인이 0부터 35까지 할당되었다는 의미입니다.

③ 4개 컬럼을 가지고 있군요. "월", "주야", "주", "야"입니다. "컬럼 월"은 12개의 값을 가지고 있는 반면에 나머지 3개 컬럼에는 36개의 값이 들어가 있습니다. 그 이유는 "월" 컬럼에 값 자체가 없는 경우가 있기 때문입니다. 이 부분은 조금 뒤에 다시 다뤄보겠습니다.

④ 컬럼들의 데이터 타입(dtypes)은 int64 2개, object 2개임을 나타내고 있습니다. 판다스는 int64를 판다스의 정수로, object는 판다스의 문자열과 같은 개념입니다.

더 많은 정보가 있지만, 지금은 이 정도만 이해하고 넘어가도록 합시다.

02 데이터프레임 속성으로 데이터프레임 정보 추가 확인

데이터프레임은 내부에 다양한 속성(attributes)을 지니고 있습니다. 일부 정보는 바로 앞서 살펴본 info() 함수로 확인이 가능합니다. 몇가지 중요한 속성 및 값을 확인해 보겠습니다.

● 행과 열의 개수를
확인하기 위한 shape

그림 12.21 DataFrame.shape 속성 값 확인

● 컬럼 정보를 확인
하기 위한 columns

그림 12.22 DataFrame.columns 속성 값 확인

● 데이터 값만 확인
할 때 사용하는 values

```
In [8]:   1  data.values
Out[8]: array([['1월', '사고건수', 8035, 7981],
               [nan, '사망자수', 190, 199],
               [nan, '부상자수', 12589, 12505],
               ['2월', '사고건수', 7241, 6946],
               [nan, '사망자수', 136, 199],
               [nan, '부상자수', 11440, 10815],
               ['3월', '사고건수', 9036, 8429],
               [nan, '사망자수', 198, 211],
               [nan, '부상자수', 13599, 12862],
               ['4월', '사고건수', 9620, 8411],
               [nan, '사망자수', 164, 216],
               [nan, '부상자수', 14722, 13073],
               ['5월', '사고건수', 10593, 9093],
               [nan, '사망자수', 215, 205],
               [nan, '부상자수', 15843, 13833],
               ['6월', '사고건수', 9960, 8369],
               [nan, '사망자수', 195, 241],
               [nan, '부상자수', 15161, 12512],
               ['7월', '사고건수', 10010, 8431],
               [nan, '사망자수', 221, 223],
               [nan, '부상자수', 15531, 12856],
               ['8월', '사고건수', 10548, 8143],
               [nan, '사망자수', 192, 220],
               [nan, '부상자수', 16674, 12516],
               ['9월', '사고건수', 9793, 8013],
               [nan, '사망자수', 211, 219],
               [nan, '부상자수', 14741, 12197],
               ['10월', '사고건수', 10785, 9012],
               [nan, '사망자수', 236, 263],
               [nan, '부상자수', 15991, 13516],
               ['11월', '사고건수', 10435, 8961],
               [nan, '사망자수', 223, 256],
               [nan, '부상자수', 15375, 13611],
               ['12월', '사고건수', 9013, 8496],
               [nan, '사망자수', 209, 250],
               [nan, '부상자수', 13616, 13133]], dtype=object)
```

그림 12.23 DataFrame.values 속성 값 확인

이외에도 다양한 속성들이 있으니, 관심 있는 분은 아래 링크를 방문해 보기 바랍니다.
https://pandas.pydata.org/pandas-docs/stable/reference/frame.html#attributes-and-underlying-data

03 head() 함수로 데이터 첫 부분 확인

다시 데이터 자체를 살펴 보겠습니다. 이 데이터는 36건이라 건수가 많지 않지만, 건수가 많은 경우 전체 데이터를 살펴 보기 어렵습니다. 그럴 때, head() 함수를 사용하면, 데이터 첫 부분에 5행까지 출력할 수 있습니다.

| In [9]: | 1 | data.head() |

Out[9]:

	월	주야	주	야
0	1월	사고건수	8035	7981
1	NaN	사망자수	190	199
2	NaN	부상자수	12589	12505
3	2월	사고건수	7241	6946
4	NaN	사망자수	136	199

그림 12.24 DataFrame.head() 함수로 첫 5행 데이터 확인하기

head() 함수 인수에 숫자를 넣으면 해당 숫자 만큼 출력이 됩니다.

| In [10]: | 1 | data.head(3) |

Out[10]:

	월	주야	주	야
0	1월	사고건수	8035	7981
1	NaN	사망자수	190	199
2	NaN	부상자수	12589	12505

그림 12.25 첫 3행 데이터 확인하기

04 tail() 함수로 데이터 끝 부분 확인

tail() 함수를 사용하면 데이터 끝 부분에서 5행까지 출력됩니다.

```
In [11]:    1  data.tail()
Out[11]:
                월      주야      주      야
        31    NaN    사망자수    223     256
        32    NaN    부상자수   15375   13611
        33    12월    사고건수    9013    8496
        34    NaN    사망자수    209     250
        35    NaN    부상자수   13616   13133
```

그림 12.26 ▶ DataFrame.tail() 함수로 끝 5행 데이터 확인하기

tail() 함수 인수에 숫자를 넣으면 해당 숫자 만큼 출력이 됩니다.

```
In [12]:    1  data.tail(9)
Out[12]:
                월      주야      주      야
        27    10월    사고건수   10785    9012
        28    NaN    사망자수    236     263
        29    NaN    부상자수   15991   13516
        30    11월    사고건수   10435    8961
        31    NaN    사망자수    223     256
        32    NaN    부상자수   15375   13611
        33    12월    사고건수    9013    8496
        34    NaN    사망자수    209     250
        35    NaN    부상자수   13616   13133
```

그림 12.27 ▶ 끝 9행 데이터 확인하기

LESSON 06 데이터 가공/정제하기

데이터의 모습은 가지각색입니다. 데이터 자체가 깔끔하고 의도대로 저장되어 있다면 좋겠지만, 그런 경우는 거의 없다고 볼 수 있습니다. 실무에서 분석하는 데이터는 '가공'이 반드시 필요합니다. 이런 가공 작업을 '정제'한다고도 표현합니다. 이런 작업을 '데이터 전처리 작업'으로 볼수 있습니다.

끝에서 9개의 데이터를 다시 한번 살펴 보겠습니다. 1개월치 데이터는 3개의 행으로 구성되어져 있군요. 첫 번째 행은 "사고건수", 두 번째 행은 "사망자수", 세 번째 행은 "부상자수"입니다.

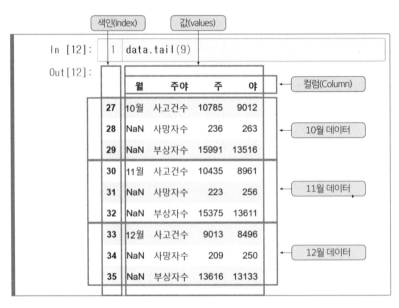

그림 12.28 데이터 이해하기

그런데 몇가지 변경이 필요해 보이는데 필자가 생각하는 항목은 아래와 같습니다.

○ 컬럼 이름 "주야"를 "유형"으로 변경
○ NaN이 포함된 "사망자수", "부상자수" 데이터 제거
○ 숫자 기반 색인(Index)을 "월" 정보로 변경
○ "유형" 컬럼 제거

01 컬럼 이름 변경하기

두 번째 컬럼 이름이 현재 '주야'로 되어 있지만, 데이터는 사고건수, 사망자수, 부상자수로 되어 있습니다. 이는 데이터 유형을 의미하고 있습니다. 컬럼 이름 '주야'를 '유형'으로 바꿔보겠습니다. 아래 소스 코드를 실행해 봅시다.

rename 함수의 첫 번째 인수로 들어간 columns에 딕셔너리 형태의 데이터를 넣었습니다. 키에는 기존 컬럼 이름을 넣었고, 값에 변경할 컬럼 이름을 넣습니다. 두 번째 인수는 'inplace=True'로 현재 변수에 담긴 데이터를 바로 바꿀것인지 말지 결정하는 인수입니다. True로 설정했기 때문에 변수 데이터가 바로 바뀝니다.

```
data.rename(columns={'주야': '유형'}, inplace=True)
data.head()
```

In [15]:
```
1  data.rename(columns={'주야': '유형'}, inplace=True)
2  data.head()
```

Out[15]:

	월	유형	주	야
0	1월	사고건수	8035	7981
1	NaN	사망자수	190	199
2	NaN	부상자수	12589	12505
3	2월	사고건수	7241	6946
4	NaN	사망자수	136	199

그림 12.29 ▶ 컬럼 이름 변경하기

 주의하세요! inplace=True 옵션은 데이터를 바로 변경한다는 것을 잊지 마세요.

처음 읽은 데이터를 보존해야 하는 경우에는 이 옵션이 True로 설정되어 있으면 안됩니다.

02 NaN 데이터 정리하기

판다스에서 값이 없는 경우 NaN으로 표기를 합니다. 이런 데이터를 "유실(Missing) 데이터"라고도 부릅니다. 데이터 분석시 이러한 데이터를 어떻게 정리하느냐가 굉장히 중요합니다. 정리하는 방법은 여러가지 방법이 있습니다. 보통, 적당한 기준으로 제거를 하거나, 0과 같은 특정 값으로 바꾸기도 합니다. 필자는 현재 데이터의 "사고건수"에만 관심이 있기 때문에 NaN을 갖고 있는 "사망자수"와 "부상자수" 행은 삭제하도록 하겠습니다.

판다스는 이런 유실 데이터를 제거하는 함수 dropna()를 제공합니다. 그럼 아래 소스 코드를 실행해 보세요. 새 변수 "new_data"에 NaN 값이 제거된 데이터를 저장해보겠습니다.

```
new_data = data.dropna()
new_data
```

In [16]:
```
1 new_data = data.dropna()
2 new_data
```

Out[16]:

	월	유형	주	야
0	1월	사고건수	8035	7981
3	2월	사고건수	7241	6946
6	3월	사고건수	9036	8429
9	4월	사고건수	9620	8411
12	5월	사고건수	10593	9093
15	6월	사고건수	9960	8369
18	7월	사고건수	10010	8431
21	8월	사고건수	10548	8143
24	9월	사고건수	9793	8013
27	10월	사고건수	10785	9012
30	11월	사고건수	10435	8961
33	12월	사고건수	9013	8496

그림 12.30 ▶ NaN 데이터 제거한 새 데이터 만들기

하나 더 알기

dropna() 함수 사용법 참고 문서

dropna() 함수로 할 수 있는 일은 무척 다양합니다. 행을 지우는 대신 열을 지울수도 있고, 한 행/열의 데이터가 전부 NaN인 경우에만 지우는 것도 가능합니다. 더 다양한 사용법을 다음 링크에서 확인해 보세요.

https://pandas.pydata.org/pandas-docs/stable/reference/api/pandas.DataFrame.dropna.html#pandas.DataFrame.dropna

03 행 데이터 확인(loc, iloc) 및 색인(Index) 변경

판다스 데이터프레임에서 말하는 색인은 파이썬 리스트에서 말하는 색인과는 다른 의미입니다. 오히려 파이썬 딕셔너리의 키와 같은 개념입니다. 행을 대표하며 loc 속성으로 원하는 행의 값을 추출할 수 있습니다. 가령, 3월 데이터를 추출하려면 아래와 같이 3번째 행의 색인인 6을 loc 속성의 색인으로 사용해야 합니다. 함수가 아니라 리스트의 색인처럼 대괄호 기호([ ])로 검색하는 것에 유의하세요.

```
new_data.loc[6]
```

```
In [17]:  1  new_data.loc[6]

Out[17]: 월          3월
         유형       사고건수
         주        9036
         야        8429
         Name: 6, dtype: object
```

그림 12.31 색인으로 3월 행 데이터 추출

이를 행번호로 검색하는 방법도 있습니다. iloc 속성을 사용하는 것입니다. 3월 데이터는 3번째 행의 값이니 "행번호 2"를 넣으면 같은 값을 조회할 수 있습니다. (참고로, 행번호는 0부터 시작합니다.)

```
new_data.iloc[2]
```

```
In [19]:  1  new_data.iloc[2]

Out[19]: 월          3월
         유형       사고건수
         주        9036
         야        8429
         Name: 6, dtype: object
```

그림 12.32 행번호로 3월 행 데이터 추출

행번호로 데이터를 추출하는 경우 데이터의 위치로 추출하기 때문에 "행번호 2"는 의미가 있다고 볼 수 있습니다. 하지만, 먼저 사용한 "색인 6"은 어떤가요? 처음 데이터를 파일에서 읽어 왔을때는 입력 순서에 의해 자동으로 맺어진 색인이라 그나마 위치와 부합된 값이었지만, NaN 값을 제거한 이후에는 오히려 혼란을 야기하고 있습니다.

색인을 컬럼 "월"에 있는 데이터로 변경하도록 하겠습니다. set_index() 함수를 사용하면 쉽게 원하는 컬럼으로 색인을 변경할 수 있습니다.

```
new_data.set_index('월', inplace=True)
new_data
```

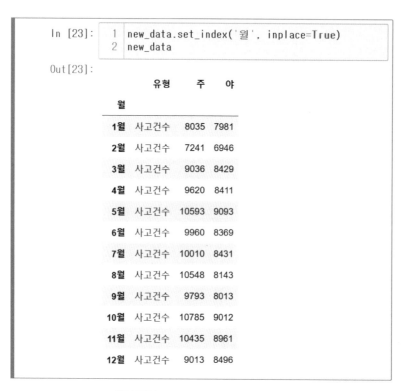

그림 12.33 색인을 '월' 컬럼으로 변경한 결과

04 컬럼(열) 삭제

색인까지 바꾸고 나니, 컬럼 "유형"에 있는 값 "사고건수"가 무의미해 보입니다. 컬럼 "유형"의 열을 전체 삭제하겠습니다. 판다스는 drop() 함수로 열 혹은 행 전체를 삭제할 수 있는 기능을 제공합니다. 아래 소스 코드를 입력해보세요.

그리고 이번엔 "사고건수" 이름이 내포된 변수 이름인 "monthly_accident_counts"에 저장하고 값을 확인해 보겠습니다.

```
monthly_accident_counts = new_data.drop(columns=['유형'])
monthly_accident_counts
```

```
In [26]:  1  monthly_accident_counts = new_data.drop(columns=['유형'])
          2  monthly_accident_counts

Out[26]:
```

월	주	야
1월	8035	7981
2월	7241	6946
3월	9036	8429
4월	9620	8411
5월	10593	9093
6월	9960	8369
7월	10010	8431
8월	10548	8143
9월	9793	8013
10월	10785	9012
11월	10435	8961
12월	9013	8496

그림 12.34 컬럼 "유형" 삭제 및 새 변수 저장 결과 확인

이제 정말 필요한 데이터만 깔끔하게 남았습니다. 참고로 작업중에 사용한 변수 중 필요없는 변수는 아래와 같이 'del 문'으로 삭제하면 메모리 사용량을 줄이는데 좋습니다. 데이터 사이즈가 크다면 중복 데이터를 반드시 지워야 합니다.

```
del new_data
```

LESSON 07 데이터 추출 및 시각화하기

01 시각화 그래프 한글 폰트 설정

시각화 그래프를 그리는 모듈은 매트플랏립의 기본 폰트는 한글이 표기가 되지 않습니다. 만약, 폰트 설정을 따로 하지 않고 그래프를 그리면, 아래와 같이 한글 부분이 □□□□ 형태로 깨지기 마련입니다.

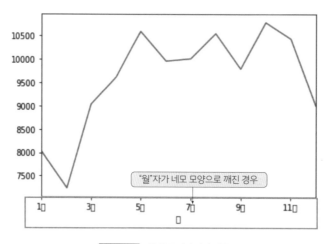

그림 12.35 한글 표기가 깨진 경우

아래 소스 코드는 현재 폰트를 변경하는 코드입니다. 윈도우 운영체제의 "맑은 고딕체"를 사용하기 위한 소스 코드입니다. 철자에 유의하여 실행하기 바랍니다.

```python
from matplotlib import font_manager, rc
font_name = font_manager.FontProperties(fname="c:/Windows/Fonts/malgun.ttf").get_name()
rc('font', family=font_name)
```

```
In [21]:    1  from matplotlib import font_manager, rc
            2  font_name = font_manager.FontProperties(fname="c:/Windows/Fonts/malgun.ttf").get_name()
            3  rc('font', family=font_name)
```

그림 12.36 한글 적용하기

02 판다스 시리즈를 활용한 주간 월별 교통 사고 건수 추이 분석

먼저 주간 교통 사고 건수만 추출해보겠습니다. "주" 컬럼의 값들만 뽑으면 됩니다. 열의 값을 추출하는 방법은 파이썬 리스트의 값을 추출하는 것과 비슷합니다. 아래 소스 코드를 입력해보세요. 색인과 하나의 값으로 구성된 데이터를 확인할 수 있습니다.

```
day_counts = monthly_accident_counts['주']
day_counts
```

```
In [35]:  1  day_counts = monthly_accident_counts['주']
          2  day_counts

Out[35]: 월
         1월      8035
         2월      7241
         3월      9036
         4월      9620
         5월     10593
         6월      9960
         7월     10010
         8월     10548
         9월      9793
         10월    10785
         11월    10435
         12월     9013
         Name: 주, dtype: int64
```

그림 12.37 주간 데이터 추출

그럼 이번에 생성한 "변수 day_counts"의 데이터 타입은 무엇일까요? type 메타클래스로 확인해 봅시다. 아래 소스 코드를 입력해보세요. 판다스의 또 하나의 주요 데이터 타입인 시리즈(Series)임을 확인할 수 있습니다.

```
type(day_counts)
```

```
In [36]:  1  type(day_counts)

Out[36]: pandas.core.series.Series
```

그림 12.38 주간 데이터 추출 변수 데이터 타입 확인 (시리즈)

이 데이터로 Y축은 교통 건수, X축은 시간(월)을 나타내는 선형 그래프를 그려 보겠습니다. 앞서 살펴본 것과 같이 판다스는 이런 데이터를 쉽게 시각화할 수 있는 다양한 기능을 제공하는데 선형 그래프는 plot.line() 함수를 사용하면 됩니다.

```
day_counts.plot.line()
```

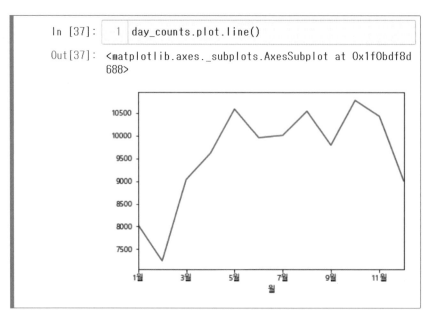

그림 12.39 주간 데이터 선형 그래프 그리기 결과 - Series.plot.line()

선형 그래프를 보니, 2월에 가장 사고가 적고, 5월, 10월에 사고가 가장 많아 보입니다.

이번에는 막대 그래프로 표현해보겠습니다. 아래와 같이 plot.bar() 함수를 사용하면 됩니다.

```
day_counts.plot.bar()
```

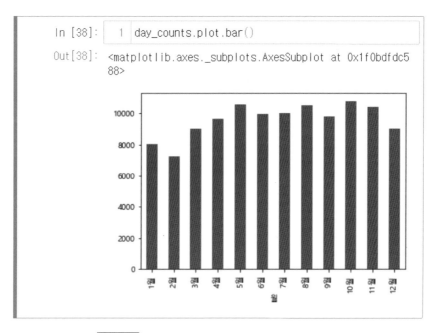

그림 12.40 주간 데이터 바 그래프 그리기 결과 - Series.plot.bar()

04 판다스 데이터프레임을 활용한 주/야간 월별 교통 사고 건수 추이 분석

이번엔 주간 데이터와 야간 데이터를 한 그래프에 넣어서 함께 시각화하는 방법을 알아 보겠습니다. 앞서 살펴 본 방법은 한 컬럼의 데이터를 다뤘다면, 이번에는 여러 컬럼의 데이터를 한 번에 그리는 개념인 셈입니다. 이럴 때는 데이터프레임에서 바로 그래프를 그리면 됩니다. 아래와 같이 plot.line() 함수를 사용하면 됩니다. 주간에 나는 사고가 야간보다 더 많다는 것을 알 수 있습니다.

```
monthly_accident_counts.plot.line()
```

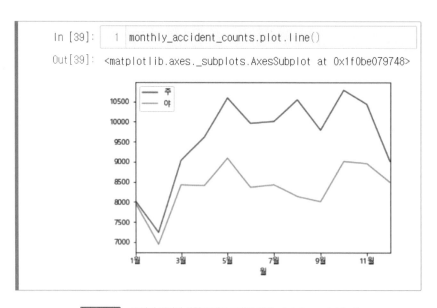

그림 12.41 주/야간 데이터 선형 그래프 그리기 결과 - DataFrame.plot.line()

위 그래프는 얼핏보면 두 값 차이가 거의 2배 정도 되는 걸로 보이지만, y축을 보면 0이 아니라 6500부터 시작하고 있어서 값의 차이가 왜곡될 수 있습니다.

y축을 전체를 바라보는 바 그래프로 바꿔 보겠습니다. 바 그래프를 그리는 방법은 시리즈의 방법과 똑같습니다. 아래와 같이 plot.bar()를 사용하면 됩니다. 주/야간의 값을 정량적으로 비교하기에는 더 좋은 방법 같습니다.

```
monthly_accident_counts.plot.bar()
```

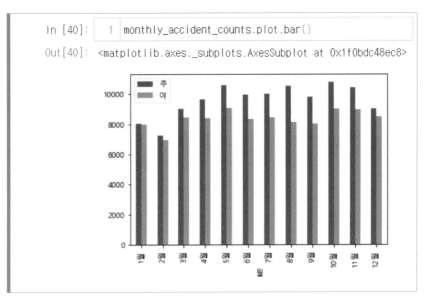

그림 12.42 주/야간 데이터 바 그래프 그리기 결과 - DataFrame.plot.bar()

이번 데이터 분석을 시작할 때 세웠던 주제를 다시 살펴 보겠습니다.

대한민국 주/야간 자동차 사고 현황을 파악하여, 주/야간 중 언제 사고 방지를 하기 위해 집중해야 하는지 파악한다.

필자는 아무래도 야간에 사고가 더 많이 발생하지 않을까 생각했지만, 제 가정이 틀렸습니다. 데이터 분석 결과 자동차 운행이 더 많은 주간에 사고가 더 많았으며, 사고 방지를 하기 위해 주간에 더 집중할 필요가 있어 보입니다.

주/야간 자동차 사고시 사망자율 분석

같은 데이터를 가지고 아래와 같이 주제를 바꿔 보겠습니다.

주간/야간 자동차 사고시 사망자율을 분석하여 일반적으로 어느쪽이 더 높은지 확인해보세요. 또한, 몇 월에 가장 사망자율이 높은지도 확인해 보세요.

01 데이터 확인 및 이해하기

현재 "변수 data" 값을 한번 확인해 보겠습니다. 위 실습시 "변수 data"의 기존 값은 변경하지 않았기 때문에 값이 그대로 유지되고 있고, 사고건수와 사망자 건수가 함께 조회됩니다.

```
data.head(10)
```

In [27]: 1 data.head(10)   # 10개 행 데이터 확인

Out[27]:

	월	유형	주	야
0	1월	사고건수	8035	7981
1	NaN	사망자수	190	199
2	NaN	부상자수	12589	12505
3	2월	사고건수	7241	6946
4	NaN	사망자수	136	199
5	NaN	부상자수	11440	10815
6	3월	사고건수	9036	8429
7	NaN	사망자수	198	211
8	NaN	부상자수	13599	12862
9	4월	사고건수	9620	8411

그림 12.43 ▶ data 값 확인

데이터 패턴을 다시 한번 짚고 넘어가겠습니다. 1개월 데이터는 총 3개 행으로 구성됩니다. "사고건수" 행, "사망자수" 행, "부상자수" 행으로 되어있고, "주" 컬럼에는 주간 데이터, "야" 컬럼에는 야간 데이터가 저장되어 있습니다.

사고건수 대비 사망자 비율을 백분율로 계산하려면 아래와 같은 공식이 필요합니다.

사망자 비율(%) = (사망자수 × 100) / 사고건수

그럼 일단 1월의 주간 자동차 사고의 사망자 비율을 계산하려면 아래 소스 코드를 참고해서 실행해 보세요.

```
(data.iloc[1]['주']*100) / data.iloc[0]['주']
```

```
In [35]:    1    (data.iloc[1]['주']*100) / data.iloc[0]['주']
Out[35]:    2.3646546359676415
```

그림 12.44 1월 주간 자동차 사고 사망자율

❶ data 의 iloc 속성으로 두 번째 행(색인 1)의 "컬럼 '주'" 데이터에 접근하였습니다.

❷ data 의 iloc 속성으로 첫 번째 행(색인 0)의 "컬럼 '주'" 데이터에 접근하였습니다.

소수점이 너무 길어 보이니 소수점 2째자리까지 남기고, 3째자리에서 반올림하는 함수 round(항목, 2)를 추가하겠습니다. 아래 소스 코드를 실행해 보세요. 소괄호 개수가 많아지니 좌우 짝이 맞도록 각별히 신경쓰기 바랍니다.

```
round( ( ( data.iloc[1]['주']*100 ) / data.iloc[0]['주'] ) , 2)
```

```
In [37]:    1    round( ( ( data.iloc[1]['주']*100 ) / data.iloc[0]['주'] ) , 2)
Out[37]:    2.36
```

그림 12.45 소수점 둘째자리 아래를 반올림 처리 - round()

야간 데이터는 위 소스 코드의 "컬럼 '주'" 대신 "컬럼 '야'"를 추출하면 됩니다.

```
round( ( ( data.iloc[1]['야']*100 ) / data.iloc[0]['야'] ) , 2)
```

```
In [38]:    1  round( ( ( data.iloc[1]['야']*100 ) / data.iloc[0]['야'] ) , 2)
Out[38]:  2.49
```

그림 12.46 ▶ 1월 야간 자동차 사고 사망자율

02 데이터 가공 및 추출하기

1월 데이터를 구하는 방식으로 나머지 11개월의 데이터의 사망자율을 구해보겠습니다. 아주 단순하게 생겼을 때는 위 소스 코드를 11번 복사한 다음, 색인 숫자만 변경하는 것도 방법이겠지만 지나치게 많은 중복 코드가 생기게 됩니다. 비효율적이며 보기에도 좋지 않습니다.

필자는 for 문을 활용하려고 합니다. 주간과 야간 사망자율을 저장하기 위해 2개의 빈 리스트를 선언하고, for 문 루프를 돌면서 필요한 값만 추출하여 계산하여 리스트에 담도록 하겠습니다. 그리고 완성된 2개 리스트를 사용하여 딕셔너리를 하나 만들겠습니다. 그럼 아래 소스 코드를 천천히 살펴 봅시다.

```python
day_death_rate_list = []
night_death_rate_list = []

for i in range(36):
    if i%3 == 1:
      day_death_rate = round((data.iloc[i]['주']*100) / data.iloc[i-1]['주'], 2)
        night_death_rate = round((data.iloc[i]['야']*100) / data.iloc[i-1]['야'], 2)

        print(data.iloc[i-1]['월'], '주간 사망율(%):', day_death_rate, '야간 사망율(%)', night_death_rate)

        day_death_rate_list.append(day_death_rate)
        night_death_rate_list.append(night_death_rate)

death_rate_dict = {'주': day_death_rate_list, '야': night_death_rate_list}
death_rate_dict
```

```
In [34]:    1   day_death_rate_list = []
            2   night_death_rate_list = []
            3
            4   for i in range(36):
            5       if i%3 == 1:
            6           day_death_rate = round((data.iloc[i]['주']*100) / data.iloc[i-1]['주'], 2)
            7           night_death_rate = round((data.iloc[i]['야']*100) / data.iloc[i-1]['야'], 2)
            8
            9           print(data.iloc[i-1]['월'], '주간 사망율(%):', day_death_rate, '야간 사망율(%)', night_death_rate)
           10
           11           day_death_rate_list.append(day_death_rate)
           12           night_death_rate_list.append(night_death_rate)
           13
           14   death_rate_dict = {'주': day_death_rate_list, '야': night_death_rate_list}
           15   death_rate_dict

            1월 주간 사망율(%): 2.36 야간 사망율(%) 2.49
            2월 주간 사망율(%): 1.88 야간 사망율(%) 2.86
            3월 주간 사망율(%): 2.19 야간 사망율(%) 2.5
            4월 주간 사망율(%): 1.7 야간 사망율(%) 2.57
            5월 주간 사망율(%): 2.03 야간 사망율(%) 2.25
            6월 주간 사망율(%): 1.96 야간 사망율(%) 2.88
            7월 주간 사망율(%): 2.21 야간 사망율(%) 2.65
            8월 주간 사망율(%): 1.82 야간 사망율(%) 2.7
            9월 주간 사망율(%): 2.15 야간 사망율(%) 2.73
           10월 주간 사망율(%): 2.19 야간 사망율(%) 2.92
           11월 주간 사망율(%): 2.14 야간 사망율(%) 2.86
           12월 주간 사망율(%): 2.32 야간 사망율(%) 2.94

Out[34]:   {'주': [2.36, 1.88, 2.19, 1.7, 2.03, 1.96, 2.21, 1.82, 2.15, 2.19, 2.14, 2.32],
            '야': [2.49, 2.86, 2.5, 2.57, 2.25, 2.88, 2.65, 2.7, 2.73, 2.92, 2.86, 2.94]}
```

그림 12.47 월간 주간/야간 사망자율 딕셔너리 만들기

조금 복잡해 보이지만, 소스 코드 한 줄씩 살펴 보면 그렇게 어렵지 않습니다. 아래 소스 코드 설명을 참고하세요!

● 1~2줄 : 주간용/야간용 사망자율을 담기 위해 2개 빈 리스트 생성

● 4줄 : for문 시작, 전체 데이터가 36개인 것을 알기 때문에 range(36)으로 범위를 잡음

● 5줄 : "조건문 i%3 == 1" 은 for 문 루프 수행에 따라 증가하는 i 변수를 3으로 나눠서 나머지가 1인 경우에만 if 문 안으로 들어가라는 의미다. 이렇게 하면, 매달 두 번째 데이터에 접근하기 위한 색인 정보를 확보할 수 있다.

● 6~7줄 : 주간용/야간용 사망자율을 계산하여 변수에 따로 저장하였다. 색인이 일반 숫자에서 "i", "i-1"로 변한 것에 주목

● 9줄 : 출력문을 활용하여 방금 만든 변수 값이 의도대로 저장되는지 확인한다. 소스 코드 실행 결과를 확인하는 아주 보편적인 방법이다. 이 출력 값은 출력 내용 상단에 12줄로 출력되었다.

● 11~12줄 : 리스트에 추가하고 있다.

● 14~15줄 : for 문이 모두 돌고 완성된 리스트 2개를 딕셔너리에 저장하였다. 키는 "주"와 "야"를 사용하였다. 이렇게 만든 딕셔너리로 판다스 데이터프레임을 쉽게 생성할 수 있다.

이제 사망자율 그래프를 그리기 위한 데이터프레임 하나를 신규로 만들어 보겠습니다. 아래 소스 코드를 실행해 보세요. 특히, 데이터프레임 인수에 데이터를 어떻게 집어 넣는지 주의 깊게 살펴 보세요.

```
# 파이썬 딕셔너리 데이터로 판다스 데이터프레임 만들기
death_rate_df = pd.DataFrame(data=death_rate_dict)
death_rate_df
```

```
In [29]:    1  # 파이썬 딕셔너리 데이터로 판다스 데이터프레임 만들기
            2  death_rate_df = pd.DataFrame(data=death_rate_dict)
            3  death_rate_df
```

Out[29]:

	주	야
0	2.36	2.49
1	1.88	2.86
2	2.19	2.50
3	1.70	2.57
4	2.03	2.25
5	1.96	2.88
6	2.21	2.65
7	1.82	2.70
8	2.15	2.73
9	2.19	2.92
10	2.14	2.86
11	2.32	2.94

그림 12.48 ▶ 데이터프레임 만들기

값을 확인해보니, 우리에게 필요한 데이터만 간결하게 표기가 되었습니다. 그런데 색인은 0부터 11로 되어 있어 월 정보로 바꾸는 것이 좋겠습니다. 월 색인을 위한 리스트를 하나 생성해서, 데이터프레임 색인을 교체하겠습니다.

```
# 월 색인 생성
month_index = [str(m)+'월' for m in range(1, 13)]
# 색인 변경
death_rate_df.index = month_index
death_rate_df
```

In [44]:
```
1  # 월 색인 생성
2  month_index = [str(m)+'월' for m in range(1, 13)]
3  # 색인 변경
4  death_rate_df.index = month_index
5  death_rate_df
```

Out[44]:

	주	야
1월	2.36	2.49
2월	1.88	2.86
3월	2.19	2.50
4월	1.70	2.57
5월	2.03	2.25
6월	1.96	2.88
7월	2.21	2.65
8월	1.82	2.70
9월	2.15	2.73
10월	2.19	2.92
11월	2.14	2.86
12월	2.32	2.94

그림 12.49 ▶ 데이터프레임 인덱스를 월 정보로 변경하기

색인 정보가 월로 변경되니 훨씬 보기 좋군요! 이제 그래프를 그려 보겠습니다. 선형 그래프를 먼저 그려 보겠습니다. 12개월 동안 야간 사망자율이 주간보다 항상 높다는 것을 알 수 있습니다.

```
death_rate_df.plot.line()
```

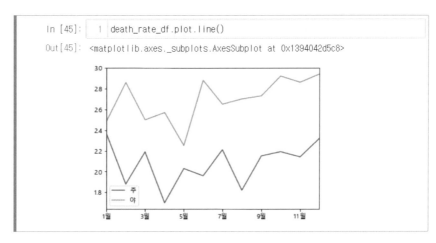

그림 12.50 사망자율 선형 그래프 그리기

이번엔 막대 그래프를 그려 보겠습니다. 연말로 갈수록 사고 건수가 더 많아지는 경향이 보입니다.

```
death_rate_df.plot.bar()
```

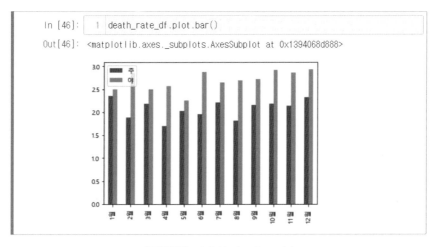

그림 12.51 사망자율 바 그래프 그리기

사망자율 분석까지 마무리 해 보았습니다. 데이터를 원하는 형태로 가공하여 그래프로 시각화한 다음, 통찰을 이끌어내는 과정을 어느 정도 이해하는 좋은 경험이 되었다고 생각합니다.

하나 더 알기

판다스에서 제공하는 그래프 종류

이번 실습에서는 선형 그래프와 막대 그래프만을 사용했지만, 판다스에서 제공하는 그래프 종류는 굉장히 많습니다. 관심있는 분들은 아래 링크에서 실제 사용사례를 확인해 보세요!

https://pandas.pydata.org/pandas-docs/stable/user_guide/visualization.html

이번 파트에서는 데이터 분석에 대해서 본격적으로 알아보고 실습해 보았습니다. 이번 파트에서 배운 내용을 정리해 봅시다.

✖ 넘파이(Numpy) : 데이터 분석 기초 패키지

✖ 판다스(Pandas) : 넘파이 기반의 파이썬 데이터 분석 라이브러리

✖ 매트플랏립(Matplotlib) : 데이터 시각화 라이브러리

✖ 공개된 공공데이터 다운로드

✖ CSV 파일 읽어오기 - read_csv() 함수

✖ 읽어온 데이터 내용 및 타입 확인하기 - type 메타클래스

✖ 판다스 데이터프레임으로 데이터 이해하기

   • info()로 데이터프레임 정보 확인
   • 데이터프레임 속성(shape, columns, values)으로 데이터프레임 정보 추가 확인
   • head() 함수로 데이터 첫 부분 확인 / tail() 함수로 데이터 첫 부분 확인

✖ 데이터 가공/정제하기

   • 컬럼 이름 변경하기 / NaN 데이터 정리하기 / 색인 변경 / 컬럼 삭제

✖ 데이터 추출 및 시각화하기

   • 시각화 그래프 한글 폰트 설정
   • 판다스 시리즈를 활용한 주간 월별 교통 사고 건수 추이 분석
   • 판다스 데이터프레임을 활용한 주/야간 월별 교통 사고 건수 추이 분석

✖ 파이썬 모듈 탑재 방법

넘파이, 판다스, 매트플랏립에 대해서 더 자세히 알아 보고 싶지만, 책의 범위에서 벗어나는 영역이라 깊이 다루지 못했습니다. 각 라이브러리를 설명하는 좋은 책들이 서점에 많이 있으니, 관심 있는 분들은 조금 더 깊이 다루는 책으로 학습하기 바랍니다. 이번 파트에서는 데이터 분석 전체 과정에 대해서 가볍게 알아보고, 몇 가지 기능들을 실제로 코딩하여 결과를 얻어내는 과정에 동참한 것에 의의를 두었으면 합니다.

데이터 분석 추천 도서 목록

● 데이터 분석을 위한 판다스 입문(이지스퍼블리싱)
● 파이썬 Jupyter Notebook 실전 입문 (터닝포인트)
● 파이썬 데이터 분석 입문 (한빛미디어)
● 파이썬 라이브러리를 활용한 데이터 분석 (한빛미디어)

생각해
봅시다
★★★

1. 파이썬 데이터 분석시 주로 사용하는 써드파티 라이브러리 3개는 무엇인가요?

2. 다음은 판다스에서 제공하는 2가지 데이터 타입입니다. 어떤 특징을 가지고 있는지 빈 칸을 채우세요.

● 시리즈(Series) : 리스트와 같이 _____ 데이터
● 데이터프레임(DataFrame) : 딕셔너리와 같이 _____ 과 ___이 있는 테이블식 데이터

3. 아래 데이터를 보고 질문에 답하세요.

a. "변수 data"의 데이터 타입을 확인하는 소스 코드를 작성하세요.

b. "변수 data"의 데이터 타입이 무엇인가요?

c. 이 데이터의 "색인"은 무엇인가요?

d. 이 데이터의 "컬럼"은 무엇인가요?

e. 이 데이터의 4행 데이터를 추출하는 소스 코드를 작성하세요.

f. 이 데이터의 "주" 열에 해당하는 값을 추출하는 소스 코드를 작성하세요.

g. "NaN"으로 출력되는 값은 무엇을 의미하나요?

h. DataFrame 내장 함수를 사용하여 "NaN"을 제거하는 소스 코드를 작성하세요.

i. "NaN"이 제거된 "월" 열에 있는 데이터를 색인으로 지정하는 소스 코드를 작성하세요.

j. 특정 열을 지우는 소스 코드를 작성하세요.

4. 아래 데이터를 보고 질문에 답하세요.

a. "주" 열과 "야" 열의 데이터 2개로 그려진 선형 그래프를 그리는 소스 코드를 작성하세요.

b. "주" 열과 "야" 열의 데이터 2개로 그려진 바 그래프를 그리는 소스 코드를 작성하세요.

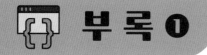

파이썬 학습 사이트

파이썬을 책으로도 배울 수 있지만, 온라인으로 공개되어 있는 좋은 강좌들이나 프로그래밍 사이트들이 많습니다. 필자도 처음 파이썬을 접할 때 도움을 많이 받은 사이트 몇 개를 소개합니다.

1. MOOC(Massive Open Online Course)의 대명사, edX

근래에는 온라인 공개수업 형태로 전 세계의 유명한 학교에서의 강의를 쉽게 접할 수 있으며, 청강뿐만이 아니라 강의에 직접 참여할 수 있습니다. 이런 온라인 공개수업을 통칭하여 MOOC라고 부릅니다. 필자도 이곳에서 파이썬과 아파치 스파크를 활용한 빅 데이터 분석 강의를 2개 이수하였습니다. 여러 MOOC 중 IT 영역에서 가장 인기 있는 사이트가 바로 edX입니다. edX에서는 MIT나 하버드, UC 버클리와 같이 유명한곳의 강의를 아주 쉽게 접할 수 있습니다.

MIT나 하버드에서 진행되는 파이썬 강좌를 집에 앉아서 따뜻한 커피 한잔과 함께 편하게 참여 할 수 있다는 것 만으로도 충분히 매력적입니다. 대부분 영어로 강의가 이루어져있지만, 간혹 한글 자막이 있는 강의를 찾을 수도 있습니다. 좌측 카테고리에서 강좌를 다양하게 분류하였으니 아래 링크를 통해 방문해보기 바랍니다.

https://www.edx.org/course?search_query=python

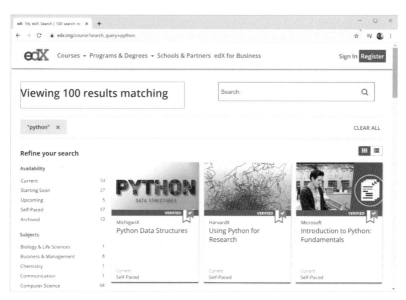

edX 파이썬 강좌 리스트

2. 또 하나의 MOOC, 코세라

edX와 마찬가지로 잘 알려진 MOOC는 바로 코세라(Coursera)입니다. 코세라는 edX에서 제공하는 다소 범용적인 범위의 학교 강의형태의 강좌보다 조금 더 특화된 교육 과정을 제공하고 있습니다. 아래 링크를 방문해서 다양한 조건으로 필터링하여 원하는 강좌를 찾아보세요.

https://www.coursera.org/search?query=python

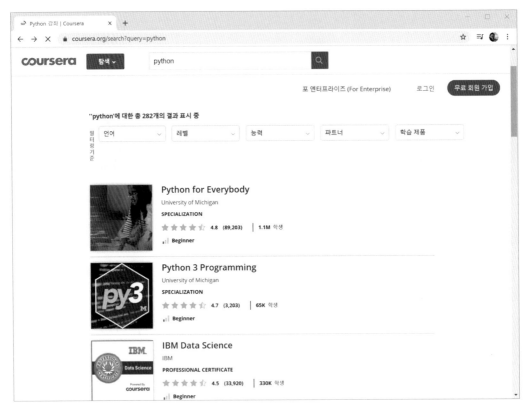

코세라의 파이썬 강좌

3. 마이크로소프트의 한글 학습 사이트

영어가 부담스러운 분에게도 좋은 소식이 있습니다. 마이크로소프트에서는 본인들의 기술 이외에도 인기가 많은 기술에 대한 온라인 아카데미를 운영하고 있습니다. 아래 링크를 방문하면 Python 관련 강좌들을 확인할 수 있습니다.

https://docs.microsoft.com/ko-kr/learn/browse/?term=python

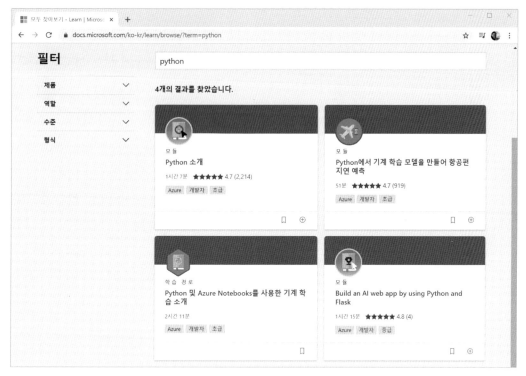

마이크로소프트 학습 강좌 리스트

4. 다양한 문제를 풀어보자. 해커랭크

어느 정도 파이썬에 익숙해지면, 강좌보다는 재미있는 문제를 풀어 보는 것도 좋습니다. 필자는 해커랭크라는 곳을 좋아합니다. 구글 계정이나 페이스북 계정, 깃 허브 계정 등으로 쉽게 접속할 수 있습니다. 아래 링크로 파이썬 관련 문제들을 확인해보세요.

https://www.hackerrank.com/domains/python

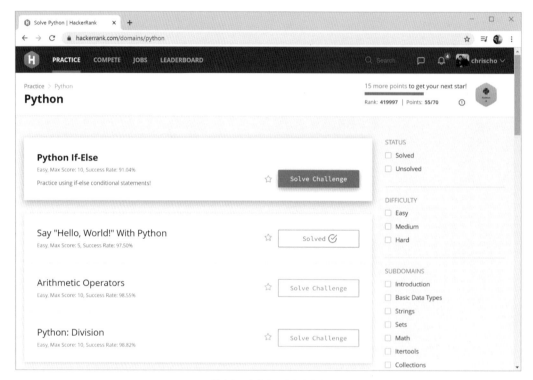

해커랭크 파이썬 도메인 페이지

5. 데이터 분석 학습 및 대회의 장, 캐글

실제 데이터를 활용하여 분석하는 프로젝트를 실습해보고 싶다면, 캐글(kaggle)을 추천합니다. 파이썬 기초 강좌부터 데이터 분석이나 기계 학습, 데이터 시각화 등을 위해 필요한 지식을 공부하고, 실제 데이터 세트를 제공하며, 데이터 분석 대회를 개최하여 경쟁할 수 있는 장을 열고 있습니다. 아래 링크에서 강좌들을 확인해보고, 대회에도 도전해보세요!

https://www.kaggle.com/learn/overview

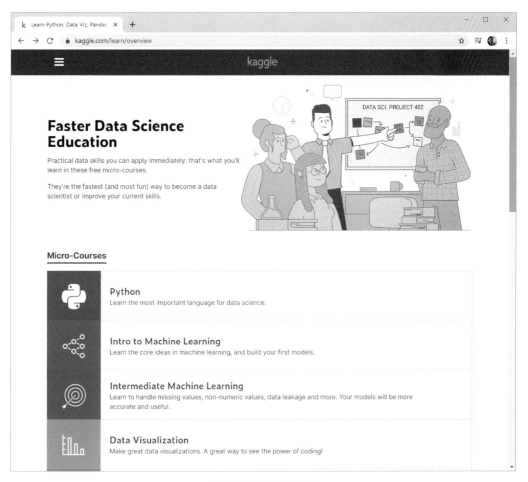

캐글 데이터 강좌 개요 페이지

이외에도 파이썬을 배울 수 있는 곳은 무척이나 많습니다. 하지만 너무 여러 곳에서 공부할 필요는 없습니다. 본인 성향에 맞는 곳을 찾아서 처음부터 끝까지 독파할 수 있도록 꾸준히 노력하는 것이 더 큰 효과를 가져다줄 것입니다. 파이썬을 더욱 재미있게 배우는 데 도움이 되었으면 합니다.

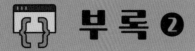

문제 해답

PART 01 생각해 봅시다

1. 아래는 프로그래밍 언어에 대한 설명입니다. 빈 칸에 들어가는 한 가지 단어는 무엇인가요? 명령어

> 프로그래밍은 결국 컴퓨터에게 명령을 하기 위한 _____들을 나열하는 과정의 연속입니다.
> 그러한 _____들의 집합이 바로 '프로그래밍 언어'입니다.

2. 다음 항목 중 파이썬의 특징으로 옳지 않은 것을 고르세요. c
    a. 파이썬은 쉽게 배울 수 있는 프로그래밍 언어이다.
    b. 파이썬은 다른 프로그래밍 언어와 호환이 잘 된다.
    c. 파이썬으로 웹 프로그래밍을 할 수 없다.
    d. 파이썬은 데이터 분석에서 널리 사용된다.

3. 파이썬을 설치하면 소스 코드 편집을 위한 도구를 제공합니다. 한글로 '통합 개발 환경'이라는 의미의 도구 이름은 무엇인가요? (영문 4글자) IDLE

4. 아래 빈 칸을 채워서 'Hello' 를 출력하는 소스 코드를 작성해보세요. print / Hello

> >>> _____ ('_____')

5. 여러분의 이름을 출력하는 소스 코드를 작성해 보세요. print('조인석')

> >>> _____

6. 다음과 같이 홑따옴표 하나를 실수로 누락하면, 무슨 일이 발생하는지 선택하세요. b

```
>>> print('파이썬)
```

    a. '파이썬'이 그대로 출력된다.

    b. 구문 에러(SyntaxError)가 발생한다.

    c. 오타가 발생했다고 알려준다.

7. "Hello"를 출력하려고 하였으나, 아래와 같이 실수로 "Helo"로 오타를 입력했다고 가정해봅시다. 무슨 일이 발생하는지 선택하세요. a

```
>>> print('Helo')
```

    a. 'Helo'가 그대로 출력된다.

    b. 구문 에러(SyntaxError)가 발생한다.

    c. 오타가 발생했다고 알려준다.

생각해 봅시다

1. 아래 빈칸을 채우세요. 인수 / 반환값 / 데이터 / 데이터

● 함수는 ___ 를 받아서 미리 약속한 작업을 수행한 뒤 _____ 을 반환해 주는 장치

● 변수는 _____ 를 쉽게 찾아주고, _____ 를 전달하기 위한 매개체

2. 아래 함수에 대한 설명 중 바른 것은? e

    a. 함수는 반드시 인수가 있어야 한다.

    b. 함수는 반드시 값을 반환해야 한다.

    c. 인수가 있는 함수는 값을 반환해야 한다.

    d. 값을 반환하는 함수는 인수가 있어야 한다.

    e. 함수는 인수나 반환 값이 반드시 있을 필요는 없다.

3. email이라는 변수에 여러분의 이메일 주소를 저장하는 소스 코드를 작성해 보세요.

```
>>> email = '_____'
```

4. 아래와 같이 생성하지 않은 실수로 대문자로 시작하여 존재하지 않는 변수 이름을 사용하면 어떤일이 발생하는지 선택하세요. b

```
>>> Email
```

   a. 'Email'이 출력된다.

   b. 이름 에러(NameError)가 발생한다.

   c. 변수 email에 저장된 이메일 주소가 출력된다.

   d. 아무일도 일어나지 않는다.

5. 아래와 같이, 출력하려는 문자열을 홑따옴표(')가 아닌 쌍따옴표(")를 사용하면 무슨일이 발생하나요? a

```
>>> print("Hello")
```

   a. 'Hello'가 출력된다.

   b. 이름 에러(NameError)가 발생한다.

   c. 구문 에러(SyntaxError)가 발생한다.

   d. 아무일도 일어나지 않는다.

6. 홑따옴표나 쌍따옴표 없이 단어만 사용하면 어떤 일이 생기나요? b

```
>>> print(Hello)
```

   a. 'Hello'가 출력된다.

   b. 이름 에러(NameError)가 발생한다.

   c. 구문 에러(SyntaxError)가 발생한다.

   d. 아무일도 일어나지 않는다.

PART 03 생각해 봅시다

1. 아래는 문자열 타입의 3가지 특징을 나열한 것입니다. 빈 칸을 채우세요. 문자 / 연결 / 길이

   ○ _____로 이루어져 있다.

   ○ 문자를 서로 _____ 할 수 있다.

   ○ 문자열의 _____를 확인할 수 있다.

2. 문자열을 표시하려면 어떻게 해야 하나요? 아래 빈칸을 채우세요. **작은 따옴표 / 큰 따옴표**

_____ 기호 혹은 _____ 기호로 감싼다.

3. 아래와 같이 실수로 문자열 표기를 잘못하면 무슨 일이 발생하나요?   c

```
>>> a = 'I love Python
```

  a. 변수 a에 'I love Python'가 저장된다.

  b. 이름 에러(NameError)가 발생한다.

  c. 구문 에러(SyntaxError)가 발생한다.

  d. 아무일도 일어나지 않는다.

4. 서로 다른 문자열을 연결하려면 어떤 기호를 사용해야 하나요? 보기 중에 고르세요.   a

  a. +   b. -   c. *   d. /

5. 하나의 문자를 여러번 출력하려면 어떻게 해야 하나요? 보기 중에 고르세요.   c

  a. +   b. -   c. *   d. /

6. f-string 사용을 사용하여 문자열의 특정 위치에 변수 값을 끼워 넣고 싶습니다. 아래 빈 칸을 채우세요.
f / name

```
>>> name = '조인석'
>>> message = __ '안녕하세요, { ___ }님. 반갑습니다!'        #f-string 사용 예시
```

PART 04 생각해 봅시다

1. 다음 변수 number의 데이터 타입이 무엇인지 동그라미 치세요. (숫자 타입)/ 문자 타입)

```
number = 100
```

2. 다음 변수 number의 데이터 타입이 무엇인지 동그라미 치세요. (숫자 타입 / 문자 타입)

> number = '100'

3. 아래 기본 연산 결과를 적어 보세요.

a. 10 + 20 30   b. 30 - 15 15   c. 10 * 20 200   d. 20 / 2 10.0

e. 25 // 4 6   f. 25 % 4 1   g. 3 ** 4 81

4. 아래 두 소스 코드 중 변수 num의 값을 변경하는 소스 코드는 무엇인가요? b

a. num = num + 1

b. num += 1

5. 연산 처리시 데이터 타입이 일치하지 않으면 어떤일이 발생하는지 선택하세요. b

a. 자동으로 하나의 타입으로 통일하여 연산 처리가 된다.

b. 타입 에러(TypeError)가 발생한다.

c. 아무 일도 발생하지 않는다.

6. 아래 함수는 어떤 용도로 사용하는지 기술하기 위해 빈 칸을 채우세요.

a. str() 함수: _____ → _____ 로 변경   숫자 / 문자열

b. int() 함수: _____ → _____로 변경   문자열 / 숫자

7. 아래와 같이 문자열 타입을 숫자 타입으로 바꾸려고 하는데, 문자열이 숫자 형태가 아닙니다. 소스 코드 실행 결과는 어떻게 되는지 선택하세요. b

> ```
> >>> int('non-int')
> ```

a. 구문 에러(SyntaxError)가 발생한다.

b. 값 에러(Value Error)가 발생한다.

c. 이름 에러(Name Error)가 발생한다.

d. 아무 일도 발생하지 않는다.

생각해 봅시다

1. 데이터 중 참과 거짓을 통하여 표현할 수 있는 데이터 타입은 무엇인가요? 논리 타입

2. 논리 타입의 참과 거짓을 어떻게 표기하나요?

   a. 참 :　　　True

   b. 거짓 :　　False

3. 아래 비교 연산자를 설명하는 테이블의 빈 칸을 채워 보세요.

비교 연산자	의미	수학 기호
<	왼쪽 값이 오른쪽 값보다 작은 (미만)	<
<=	왼쪽 값이 오른쪽 값보다 작거나 같은 (이하)	≤
>	왼쪽 값이 오른쪽 값보다 큰 (초과)	>
>=	왼쪽 값이 오른쪽 값보다 크거나 같은 (이상)	≥
==	왼쪽 값과 오른쪽 값이 같은	=
!=	왼쪽 값과 오른쪽 값이 같지 않은	≠

4. 아래 논리 연산자를 설명하는 테이블의 빈 칸을 채워 보세요.

논리 연산자	결 과	참고 사항
[A] or [B]	조건식 [A], [B] 둘 중에 하나만 참이면 참, 나머지는 거짓	조건식 [A]가 거짓인 경우에만 조건식 [B] 수행
[A] and [B]	조건식 [A], [B] 모두 참이면 참, 나머지는 거짓	조건식 [A]가 참인 경우에만 조건식 [B] 수행
not [A]	조건식 [A]가 참이면 거짓, [A]가 거짓이면 참	논리 연산자가 아닌 연산자에 비해 우선순위가 낮음, 다른 연산자와 함께 사용하는 경우 주의

5. 다음 문장을 조건식으로 표현해 보세요

   a. a는 b보다 작거나 같다.　　　　　a <= b

   b. a는 c보다 크다.　　　　　　　　a > c

   c. a는 b보다 크고 c보다 작다.　　　(a > b) and (a < c)

   d. a는 b보다 작거나 같거나 c보다 크거나 같다.　　　(a <= b) or (a >= c)

6. 조건에 따라 프로그램의 흐름을 제어하는 3가지 제어문을 다뤘습니다. 아래 항목 중 제어문이 아닌 항목은 무엇인가요? c

    a. if 문　　　　b. else 문　　　　c. else if 문　　　　d. elif 문

7. 제어문 중 여러번 사용할 수 있는 제어문은 무엇인가요? elif 문

PART 06

생각해 봅시다

1. 아래는 이번 파트에서 배운 2가지 반복문입니다. 각각 어떤 용도로 사용하는지 빈 칸을 채우세요.
    a. 조건　b. 횟수

    a. while문 : _____이 만족할 때까지 반복

    b. for문 : 정해진 _____만큼 반복

2. 아래는 while 문의 문법입니다. 빈 칸을 채우세요. 조건문 / 참

```
while _____ :
    조건문이 ___ 일때 실행하는 소스 코드 블록
```

3. 아래는 for 문의 문법입니다. 빈 칸을 채우세요. 변수 / 나열식

```
for _____ in 데이터(_____):
    반복할 소스 코드 블록
```

4. 반복문을 처음부터 다시 시작할 때 사용하는 문법은 무엇인지 고르세요. a

    a. continue 문　　　　b. del 문　　　　c. break 문　　　　d. go to 문

5. 반복문을 탈출할 때 사용하는 문법은 무엇인지 고르세요. c

    a. continue 문　　　　b. del 문　　　　c. break 문　　　　d. go to 문

6. 100보다 큰 숫자를 입력 받을 때까지 무한루프를 도는 소스 코드를 작성해보세요.

```
>>> while True:
        number = int(input('숫자를 입력하세요: '))
        if number > 100:
            print('입력한 숫자가 100이 넘었군요!')
            break
```

7. for 문을 사용하여 구구단 7단을 출력해보세요.

```
>>> for i in range(1, 10):
        print('7 x', i, '=', (i*7))
```

8. 100보다 작은 23의 배수를 출력해보세요.

```
>>> for i in range(1,100):
        if i%23 == 0:
            print(i)
```

9. 2, 3, 4의 제곱수를 1승부터 5승까지 출력해보세요. 2의 제곱수 출력 결과는 아래와 같습니다.

```
2
4
8
16
32
3
9
27
81
243
4
16
64
256
1024
```

```
>>> for n in (2, 3, 4):
        for f in range(1, 5):
            print(n**f)
```

1. 이번 파트에서 배운 나열식 데이터 타입 두 가지는 무엇인가요? **튜플, 리스트**

2. 두 가지 나열식 데이터 타입 중 값을 변경할 수 없는 타입은 무엇인가요? **튜플**

3. 아래 예시는 튜플 패킹인가요? 튜플 언패킹인가요? a) 튜플 패킹, b) 튜플 언패킹

a)
```
>>> book = '파이썬', 2019, 300, '터닝포인트'
```

b)
```
>>> name, publish_year, pages, publisher = book
```

4. 변수 a에 1, 2, 3, 4를 담는 리스트를 만드는 소스 코드를 작성하세요. [1, 2, 3, 4]

```
>>> a = _____
```

5. 리스트 a에 아래 작업을 하려고 합니다. 소스 코드를 작성해 보세요.

    a. 5를 추가합니다 :   a.append(5)

    b. 3을 제거합니다 :   a.remove(3)

    c. 맨 앞에 7을 추가합니다 :   a.insert(0, 7)

    d. 세 번째 항목의 값을 확인하고 버립니다 : a.pop(2)

    e. 항목 값을 정렬합니다 :   a.sort()

    f. 모든 항목을 삭제합니다 :   a.clear()

6. 0부터 9까지의 정수의 제곱수로 이루어진 리스트를 만들어 보세요.

```
>>> squares = []                    # 빈 리스트 생성
>>> for x in range(10):             # 0~9까지 반복문 수행
        squares.append(x**2)        # 숫자의 제곱수를 리스트에 추가

>>> squares                         # 리스트 값 확인
[0, 1, 4, 9, 16, 25, 36, 49, 64, 81]
```

생각해 봅시다

1. 파이썬의 리스트를 자르는 방법은 아래와 같습니다. 빈 칸을 채우세요.   시작 / 끝

> 변수이름[<____ 색인>:< __ 색인>]

2. 자를 때 반환되는 리스트는 기존 리스트인가요? 신규 리스트인가요?   신규 리스트

3. scores라는 리스트가 있다고 가정해봅시다. scores[:]의 의미는 무엇인지 다음 빈 칸을 채우세요.   복제

> 전체 리스트를 _____한 신규 리스트를 반환하라

4. 위 3과 동일한 목적으로 사용하는 리스트 내장 메소드가 무엇인지 고르세요.   c

   a. replicate()   b. clone()   c. copy()   d. boksa()

5. 다음은 리스트 2개를 하나로 합치는 2가지 방식을 소스 코드로 표현한 예시입니다. 두 방식 중 기존 리스트에 추가 리스트를 확장하는 방법은 무엇인가요?   b

   a. list_c = list_a + list_b

   b. list_a.extend(list_b)

6. 아래 소스 코드의 동작 방식은 다음과 같습니다. 빈 칸을 채우세요.   삭제

```
>>> del list[1:3]
```

동작 방식 : list[1:3]에 해당하는 리스트 일부를 ____ 한다.

7. 다음 중첩 리스트 설명의 빈 칸을 채우세요.   리스트

> _____ 를 항목으로 갖는 리스트

8. 다음 항목 중 빈 리스트를 만드는 방법을 선택하세요. (복수 선택 가능)   a, c

   a. a = []   b. a = list[]

   c. a = list()   d. a = ()

9. 다음 설명대로 소스 코드를 작성해 보세요.

❶ 빈 리스트 생성

❷ 30미만의 5의 배수 정수를 리스트에 추가

❸ 리스트 값 확인

```
>>> empty = list()
>>> for n in range(1, 30):
        if n%5 == 0:
                empty.append(n)


>>> empty
[5, 10, 15, 20, 25]
```

10. 중첩 for 문을 사용하여, 2명이 가위-바위-보 게임을 하였을 때 나올 수 있는 모든 경우의 조합(9개)을 출력하세요.

```
>>> for a in ('가위', '바위', '보'):
        for b in ('가위', '바위', '보'):
                print(a, 'x', b)
```

생각해 봅시다

1. 다음은 주석에 대한 설명입니다. 빈칸을 채우세요. 해시 / 큰 따옴표

부연 설명이 시작되는 곳에서 _____ 기호를 넣으면 된다. 여러 줄의 주석인 경우,

_____ 3개를 감싸서 사용하기도 한다.

2. 데이터 중복을 허용하지 않고 순서를 보장할 필요가 없는 데이터 집합을 저장할 때 무슨 타입을 사용하나요?
세트 타입

3. 다음 항목 중 빈 세트 타입을 만드는 방법은 무엇인가요? (복수 선택 가능) b

    a. a = ()   b. a = set()   c. a = []

    d. a = set[]   e. 정답이 없다.

4. 세트 타입에서 아래 기능을 수행하는 내장 메소드는 무엇인가?

    a. 세트 항목 추가 :   add(항목)

    b. 세트 특정 항목 제거 :   remove(항목)

    c. 세트 항목 폐기 :   discard(항목)

    d. 세트내 임의 항목 추출 :   pop()

    e. 세트 모든 항목 제거 :   clear()

5. 세트 타입은 재밌게도 집합 연산 기능을 제공합니다. 아래 상황에서 어떤 연산자를 사용하는지 적어 봅시다. (집합 A, 집합 B가 있다고 가정)

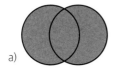 a)

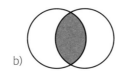 b)

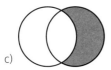 c)

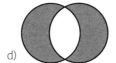 d)

6. 다른 열거형 데이터 타입과 다르게 색인을 사용자가 직접 숫자, 문자나 튜플로 정할 수 있는 데이터 타입은 무엇인가요? 딕셔너리 타입

7. 딕셔너리를 만들고(a_dict) 아래 연산 처리를 하려면 어떻게 해야 하는지 작성해 보세요.

    a) 딕셔너리(a_dict)에 특정 항목(key1)의 값을 확인해 봅시다.   a_dict[key1]

    b) 딕셔너리(a_dict)에 특정 항목(key1)의 값을 7로 변경해 봅시다.   a_dict[key1] = 7

    c) 딕셔너리(a_dict)에 항목(key2)에 값을 8로 주고 추가해 봅시다.   a_dict[key2] = 8

    d) 딕셔너리(a_dict)에 항목(key2)을 하나 제거해 봅시다.   del a_dict[key2]

    e) 딕셔너리(a_dict)의 모든 항목을 제거해 봅시다.   a_dict.clear()

8. 정렬되지 않은 리스트를 하나 만들고, 정렬하려고 합니다. 아래 빈 칸을 채우세요.   sorted

```
>>> nums = 4, 2, 5, 7, 1, 3         # 숫자로 이루어진 튜플 생성
>>> _____ (nums)             # 튜플 항목들을 오름차순으로 정렬
```

9. 다음 설명 중 옳은 것을 고르세요.   b

    a. 파이썬 기본 함수 sorted(리스트) 함수를 사용하면 인수로 들어간 리스트의 값이 변경된다.

    b. 리스트의 내장 메소드 sort()를 사용하면 리스트의 값이 변경된다.

    c. 어떤 방법을 사용하더라도 기존 리스트의 값이 변경되지 않는다.

10. sorted(항목) 함수를 사용하여 딕셔너리 데이터를 정렬하면 어떤 결과가 나오는지 고르세요.   c

    a. 키들이 정렬되어 딕셔너리 데이터의 순서가 바뀐다.

    b. 값들이 정렬되어 딕셔너리 데이터의 순서가 바뀐다.

    c. 키들이 정렬되어 키만 리스트로 반환된다.

    d. 값들이 정렬되어 값만 리스트로 반환된다.

11. 내림차순으로 정렬하기 위해서 아래 빈 칸을 채워주세요.   reverse=True

```
>>> nums = 4, 2, 5, 7, 1, 3              # 숫자로 이루어진 튜플 생성
>>> sorted(nums, _____ = _____ )   # 튜플 항목들을 내림차순으로 정렬
```

생각해 봅시다

1. 함수를 만드는 예약어는 무엇인가?   def

2. 다음 클래스 설명의 빈 칸을 채우세요.   변수 / 함수

클래스는 여러 개의 _____와 _____들을 모아서 재사용할 수 있는 기능을 제공합니다.

3. 클래스를 만드는 예약어는 무엇인가?   class

4. 클래스가 지닌 함수를 메소드라고 합니다. 메소드 정의시 본인 객체를 전달하기위해 일반적으로 추가하는 인수의 이름은 무엇인가요? self

5. 다음 클래스 이름 중 파이썬 커뮤니티에서 권장하는 스타일은 무엇인가요? C
  a. Book_Reader
  b. book_reader
  c. BookReader
  d. BOOKREADER
  e. BOOK_READER

6. 클래스 초기화 함수를 정의하려면 어떤 함수 이름을 사용해야 하나요? _init_

7. 모듈을 탑재할 때 사용하는 예약어는 무엇인가요? import

8. 모듈들의 집합을 무엇이라고 부르나요? 패키지

9. 아래는 이번 파트에서 작성한 BookReader 클래스의 선언문입니다. 빈 칸을 채우세요.
class / _init_ / self / self

```
>>> _____ BookReader:                    # 클래스 BookReader 선언


def _____ (self, name):               # 초기화 함수
        self.name = name                   # 입력 받은 인수를 속성에 넣는다


def read_book( _____ ):                   # 함수 read_book 선언
    print(_____ .name + '님이 책을 읽습니다!')   # 출력
```

생각해 봅시다

1. 아래 소스 코드를 조합 방식으로 변경해 보세요.

a)
```
>>> squares = []
>>> for x in range(10):
        squares.append(x**2)
```

>>> squares = [x**2 for x in range(10)]

b)

```
>>> items = '가위', '바위', '보'
>>> results = []
>>> for a in items:
        for b in items:
                if a != b:
                        results.append((a, b))
```

>>> results = [(a, b) for a in items for b in items if a!=b]

c)

```
>>> a = set()
>>> for x in 'abracadabra':
        if x not in 'abc':
                a.add(x)
```

>>> a = {x for x in 'abracadabra' if x not in 'abc'}

d)

```
>>> squares = {}
>>> for x in (2, 4, 6):
        squares[x] = x**2
```

>>> squares = {x: x**2 for x in (2, 4, 6)}

2. 파이썬 모듈을 탑재하기 위해서 사용하는 명령어는 무엇인가요? import 문

3. 외부 라이브러리를 설치하기 위해서 사용하는 도구가 무엇인가요? pip

4. 처음으로 numpy, pandas 모듈을 설치하려고 합니다. 어떻게 해야 하는지 빈 칸을 채우세요. pip

[명령 프롬프트]에서 "_____ numpy pandas"를 실행한다.

5. 다음에서 설명하는 IDLE에 비해서 주피터 노트북이 가지고 있는 장점의 빈 칸을 채우세요.
웹 브라우저 / 실행 결과

특정 프로그램 실행 없이 선호하는 _____ 에서 URL을 가지고 실행할 수 있으며,
소스 코드 뿐만이 아니라 _____ 까지 공유할 수 있다.

6. 지난 [11-3절]에서 "숫자 맞추기 게임 만들기"를 IDLE에서 실습하였습니다. 똑같은 소스 코드를 주피터 노트북에서 실습해 보세요.   11-3.ipynb 참고

```
In [1]:   1  import random                      # random 모듈 탑재
          2
          3  print('>> 숫자 맞추기 게임 <<')       # 게임 시작 알림
          4
          5  choice = random.randrange(100)   # 100 미만 임의 숫자 선택
          6
          7  while True:                        # 무한 루프 시작
          8
          9      # 사용자에게 숫자 입력 요청 후 정수로 타입 변환
         10      user_choice = int(input('정수를 입력하세요: '))
         11
         12      # 컴퓨터가 선택한 숫자와 입력받은 숫자가 맞으면 무한루프 탈출
         13      if choice == user_choice:
         14          break
         15
         16      # 입력 숫자와 컴퓨터 선택 숫자 비교 및 정보 제공
         17      if choice < user_choice:
         18          print('너무 높아요!')
         19      else:
         20          print('너무 낮아요!')
         21
         22  # 무한 루프를 탈출했다는 의미는 숫자를 맞췄으니 프로그램 종료
         23  print('정답입니다! 프로그램을 종료합니다.')
         24
```

```
>> 숫자 맞추기 게임 <<
정수를 입력하세요: 33
너무 낮아요!
정수를 입력하세요: 55
너무 낮아요!
정수를 입력하세요: 77
너무 낮아요!
정수를 입력하세요: 99
너무 높아요!
정수를 입력하세요: 88
너무 낮아요!
정수를 입력하세요: 90
너무 낮아요!
정수를 입력하세요: 93
너무 높아요!
정수를 입력하세요: 91
너무 낮아요!
정수를 입력하세요: 92
정답입니다! 프로그램을 종료합니다.
```

7. 0~99 정수 중 난수 10개로 이루어진 리스트를 생성하세요.

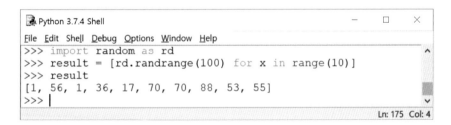

```
Python 3.7.4 Shell                                    —    □    ×
File  Edit  Shell  Debug  Options  Window  Help
>>> import random as rd
>>> result = [rd.randrange(100) for x in range(10)]
>>> result
[1, 56, 1, 36, 17, 70, 70, 88, 53, 55]
>>>
                                                      Ln: 175  Col: 4
```

8. 주피터 노트북 사용법에 대한 아래 질문들에 답하세요.

a. [상단 메뉴] - [Kernel] 메뉴 선택하면 노트북을 실행하는 3가지 방법이 있습니다. 각 방법의 설명의 빈 칸을 채우세요.

 • Restart : 커널 재실행만 수행합니다. 기존 수행 결과는 ___ 합니다.   보존

 • Restart & Clear Output : 커널 재실행을 하고, 기존 수행 결과를 ___ 합니다.   제거

- Restart & Run All : 커널 재실행을 하고, 기존 수행 결과를 ___ 한 뒤, 전체 셀을 다시 ___ 합니다.

  제거 / 실행

b. 셀을 원하는 셀의 상단 혹은 하단에 추가하는 방법은 무엇인가요?

  [상단 메뉴] - [Insert] - [Insert Cell Above] 혹은 [Insert Cell Below] 선택

c. 셀을 삭제하는 방법은? [상단 메뉴] - [Edit] - [Delete Cell]

d. 다음은 [상단 메뉴] - [Cell] 메뉴 선택하여 셀을 여러개 실행하는 3가지 방법의 차이점을 설명하고 있습니다. 빈 칸을 채우세요.

- Run All : ___ 셀 실행   모든
- Run All Above : 현재 선택한 셀 ___ 에 위치한 모든 셀 실행   상단 혹은 위
- Run All Below : 현재 선택한 셀 ___ 에 위치한 모든 셀 실행   하단 혹은 아래

생각해 봅시다

1. 파이썬 데이터 분석시 주로 사용하는 써드파티 라이브러리 3개는 무엇인가요? 넘파이, 판다스, 매트플랏립

2. 다음은 판다스에서 제공하는 2가지 데이터 타입입니다. 어떤 특징을 가지고 있는지 빈 칸을 채우세요.
- 시리즈(Series) : 리스트와 같이 _____ 데이터   나열식
- 데이터프레임(DataFrame) : 딕셔너리와 같이 _____ 과 ___이 있는 테이블식 데이터   색인 / 값

3. 아래 데이터를 보고 질문에 답하세요.

In [9]:	1 data.head()

Out [9]:

	월	주야	주	야
0	1월	사고건수	8035	7981
1	NaN	사망자수	190	199
2	NaN	부상자수	12589	12505
3	2월	사고건수	7241	6946
4	NaN	사망자수	136	199

a. "변수 data"의 데이터 타입을 확인하는 소스 코드를 작성하세요.　　　`type(data)`

b. "변수 data"의 데이터 타입이 무엇인가요?　　　**데이터프레임(DataFrame)**

c. 이 데이터의 "색인"은 무엇인가요?　　　**좌측 끝에 숫자로 이루어진 열(0, 1, 2, 3, 4)**

d. 이 데이터의 "컬럼"은 무엇인가요?　　　**최상단 행(월, 주야, 주 야)**

e. 이 데이터의 4행 데이터를 추출하는 소스 코드를 작성하세요.　　　`data.loc[3]` 혹은 `data.iloc[3]`

f. 이 데이터의 "주" 열에 해당하는 값을 추출하는 소스 코드를 작성하세요.　　　`data['주']`

g. "NaN"으로 출력되는 값은 무엇을 의미하나요?　　　**값이 없다.**

h. DataFrame 내장 함수를 사용하여 "NaN"을 제거하는 소스 코드를 작성하세요.　　　`data.dropna()`

i. "NaN"이 제거된 "월" 열에 있는 데이터를 색인으로 지정하는 소스 코드를 작성하세요.

`data.set_index('월', inplace=True)`

j. 특정 열을 지우는 소스 코드를 작성하세요.　　　`data.drop(columns=['컬럼이름'])`

4. 아래 데이터를 보고 질문에 답하세요.

```
In [45]:    1  monthly_accident_counts
Out[45]:
                주      야
       월
       1월    8035   7981
       2월    7241   6946
       3월    9036   8429
       4월    9620   8411
       5월   10593   9093
       6월    9960   8369
       7월   10010   8431
       8월   10548   8143
       9월    9793   8013
      10월   10785   9012
      11월   10435   8961
      12월    9013   8496
```

a. "주" 열과 "야" 열의 데이터 2개로 그려진 선형 그래프를 그리는 소스 코드를 작성하세요.

`monthly_accident_counts.plot.line()`

b. "주" 열과 "야" 열의 데이터 2개로 그려진 바 그래프를 그리는 소스 코드를 작성하세요.

`monthly_accident_counts.plot.bar()`

초보자도 간단히 단숨에 배우는 파이썬

2020년 4월 6일 초판 1쇄 인쇄
2020년 4월 13일 초판 1쇄 발행

지은이   조인석

펴낸이   정상석
책임편집   엄진영
디자인   김보라
일러스트   김희연
펴낸 곳   터닝포인트(www.diytp.com)
등록번호   제2005-000285호

주소   (03991) 서울시 마포구 동교로27길 53 지남빌딩 308호
전화   (02) 332-7646
팩스   (02) 3142-7646
ISBN   979-11-6134-065-4 (13000)

정가   15,800원

내용 및 집필 문의 diamat@naver.com
터닝포인트는 삶에 긍정적 변화를 가져오는 좋은 원고를 환영합니다.

—

이 도서의 국립중앙도서관 출판예정도서목록(CIP)은 서지정보유통지원시스템 홈페이지(http://seoji.nl.go.kr)와
국가자료공동목록시스템(http://www.nl.go.kr/kolisnet)에서 이용하실 수 있습니다. (CIP제어번호: CIP2020010013)